개소리는
어떻게 세상을 정복했는가

일러두기

1 옮긴이가 독자의 이해를 위해 덧붙인 글에는 '옮긴이'로 표시했습니다. '옮긴이' 표시가 없는 것은 원저자의 글입니다.

2 본문에서 언급하는 단행본이 국내에서 출간된 경우 국역본 제목으로 표기했고, 출간되지 않은 경우 제목을 번역하고 원어를 병기했습니다.

3 책 제목은 겹낫표(『 』), 영화, 공연, 방송프로그램 등은 화살괄호(〈 〉), 신문, 잡지, 온라인 언론 매체는 겹화살괄호(《 》)를 써서 묶었습니다.

개소리는 어떻게 세상을 정복했는가

진실보다 강한 탈진실의 힘

제임스 볼 지음 | 김선영 옮김

How Bullshit Conquered the World

다산초당

정말 모두 믿습니까?

이가혁 기자(JTBC 뉴스룸 〈팩트체크〉 진행)

정말 개소리라고 해도 되나?

미국의 정치 전문 팩트체크 매체 《폴리티팩트Politifact》가 팩트체크 기사마다 넣는 검증 결과 체계 '트루스 오 미터TRUTH-O-METER'는 독특한 점이 있습니다. '사실, 대체로 사실, 절반의 사실, 대체로 거짓, 거짓'이라는 다섯 단계 외에 여섯 번째 단계로 '새빨간 거짓말'을 따로 둔 것이죠. 홈페이지의 설명에 따르면 이 표시는 정확하지 않은 내용인 '거짓'에서 더 나아가, 터무니없는 주장을 만들어낼 때 붙여집니다. 검증하는 사람의 감정이 조금은 포함된 셈입니다. "무슨 이따위 개소리를 하고 있어" 같은 말이 나올 정도라는 거죠.

반려견들에게는 미안하지만, 말 그대로 '개소리'라는 표현이 딱 어울리는 허위 정보가 많습니다. 과거 언론보도를 찾아보거나 현장에 가보면 금방 거짓인 게 드러나는 수준의 허위 정보가 몇 년에 걸쳐 온라인에서 사라지지도 않고 퍼집니다. 계속 언론에 노출되기 위해, 많은 댓글을 유지하기 위해, 광고 수익을 극대화하기 위해 개소리를 이어가는 사람도 많습니다. 미디어가 이들의 주장을 거짓이라고 검증하면, 자신이 탄압받고 있다는 식으로 또 다른 영상을 촬영해 올립니다.

왜 이런 개소리가 계속되는 걸까요. 위에서 말한 '과거 언론보도를 찾아보거나 현장에 가보기만 해도'에 답이 있습니다. 이게 말처럼 쉽지 않기 때문이죠. 친구가 전송한 글을 보고 곧바로 관련 기사나 논문을 검색하거나 현장에 직접 찾아가기에는 우리가 너무 바쁩니다.

그래서 팩트체크를 전담하는 기자, 코너, 전문 언론사가 속속 생겨나고 있습니다. 하지만 언론이 검증 결과를 내놓아도 넘쳐나는 '개소리'에 특효약은 아닙니다. "사실이 아닙니다." "근거가 없습니다"라고 점잖게 말하는 기성 언론의 팩트체크 기사보다 개소리들이 훨씬 더 재미있고 귀에 쏙쏙 박힙니다. 기성 언론에서도 "이건 순전히 개소리입니다"라고 표현해도 될까요? 고민은 잠시 미뤄두고, 최근 국내에 퍼진 몇 가지 개소리부터 함께 살펴보죠.

흐릿한 사진은 당신을 속이기 쉽다

제임스 볼의 책 『개소리는 어떻게 세상을 정복했는가』에 한국의 사례는 등장하지 않습니다. 그러나 책을 읽을수록 국내 상황과 겹치는 부분이 많습니다. 너무 똑같아서 피식 웃음이 날 정도인 것도 있습니다. 한국의 개소리도 '글로벌 스탠다드'를 잘 따르고 있는 셈이죠.

온라인 게시판 이곳저곳을 돌아다니던 당신, '오늘의 인기 게시물'을 무심코 누릅니다. 한 장의 사진이 나오는군요. 일단 하늘이 어두운 것으로 보아 저녁이고, 사람들은 촛불을 켜고 가운데를 비워놓고 모여 있습니다. 화질이 나빠 정확히 어딘지는 잘 모르겠고, 사람들 표정도 잘 보이지 않습니다. 가운데 텅 빈 공간에는 네모난 물체 여러 개가 빼곡히 깔려 있고, 물체에는 풍선이 달려 있습니다. 무슨 상황인지 궁금하던 차에 사진 아래 누군가 설명을 써놓았네요.

'프로 시위꾼들의 집회 참가 인원 부풀리기 수법'

유명 정치인도 자신의 페이스북에 이 사진을 공유했습니다. 공신력이 추가된 겁니다. 이 정치인이 달아놓은 설명은 좀 더 친절하기까지 합니다.

띄엄띄엄 앉아 빈자리에 촛불 켜놓고, 풍선 달아놓고 (중략) 프로 시위꾼들의 대표적인 참가 인원 부풀리기 장난질입니다. 밤에는 순식간에 참가 인원을 두세 배 늘릴 수 있습니다.

실제로 2019년 9월, 국내 온라인 커뮤니티와 소셜 미디어에 퍼졌던 사진과 글입니다. 당시 주말마다 서울 서초동 검찰청 인근에서 집회가 열렸는데, 이 집회 참가자들을 비난하기 위한 것으로 추정됩니다. 과연 이 사진과 설명, 얼마나 믿을 수 있을까요? 사진의 정체를 추적해봤더니 2019년 상황이 아닌 2017년 3월 상황입니다. 서울 광화문광장에서 세월호 참사를 추모하는 의미로 시민들이 희생자 숫자에 맞게 구명조끼를 바닥에 깔고 풍선을 달아놓은 것이었죠. '희생자를 상징하는 구명조끼'가 '참가자 부풀리기용 방석'으로 조작된 겁니다.

날짜도 다르고, 집회 성격도 다르고, 참가자 부풀리기도 아닌데 어떻게 이런 글이 퍼지게 된 걸까요? 인터넷 전체를 추적하지 않는 이상 정확한 사실을 파악할 수는 없습니다. 하지만 흥미로운 현상이 하나 확인됩니다. 과거 똑같은 사진이 포함된 게시물을 더 추적해보니, 사진이 촬영된 2017년 3월 당시에도 일부 네티즌들이 '참가자 숫자를 늘리기 위한 조작질 현장'이라며 내용을 왜곡해 퍼뜨렸던 겁니다. 일종의 밈meme이 허위 정보로서 대중에게 영향력을 행사한 사례입니다. 국내에서는 '짤'이라는 표현으로도 대체 가능합니다. 밈은 보기에 간명합니다. 그리고 반복적으로 등장합니다. 2017년 세월호 참사 추모객들을 조롱하는데 쓰인 짤이 2019년 또 다른 집회 참가자들을 조롱하는데 쓰였습니다. 계속 재활용되는 겁니다. 파급효과는 여기서 그치지 않습니다. 이 집회를 다룬 언론보도까지 불신하게 만듭니다. 예를 들면 이런 식입니다. "인터넷에 돌아다니는 사진 보니까 참가자 부풀리고 난리도 아니던데 많은 인파가 몰렸다고? 역시 뉴스는 믿을 게 못 돼."

저자 제임스 볼은 밈에 대해 "매우 위험한 사건을 낳지 않더라도, 이런 종류의 메시지는 개소리를 실어나르는 완벽한 매개체다. 이런 정보는 선뜻 믿고 공유하면서도, 이와 다른 정보를 주는 주류 언론은 믿지 않으려는 대중에게 영향을 주기 때문이다"라고 말합니다.

개소리는 타이밍을 안다

지난 4 · 15 총선을 딱 열흘 앞두고 '정부가 북한에 지원하려고 하루 100만 장씩 마스크를 만들어 비축하고 있다'는 글이 퍼졌습니다. 시작은 언론인 출신 어느 유튜버의 동영상이었습니다. 이 유튜버가 '실제 몰래 비축되고 있는 마스크'라며 사진까지 보여준 까닭에 이 소식은 빠르게 확산됐습니다. 예상치 못한 코로나19 대유행으로 인해 마스크 공급에 심각한 차질이 있던 상황, 약국 앞에서 길게는 몇 시간씩 줄을 서야 겨우 마스크를 구할 수 있었던 사람들의 마음을 파고들기 딱 좋은 내용입니다. 분노는 적극적인 공유로 이어집니다. 어느 순간 이 주장의 사실 여부는 중요하지 않게 됐죠. 영상이 올라온 지 하루도 지나지 않아 각종 온라인 카페, 사이트, 소셜 미디어에 퍼졌습니다. 언론사에도 제보 요청이 여러 건 접수됐습니다.

그래서 영상에 등장한 마스크 제조 업체에 직접 찾아갔습니다. 우선 해당 업체는 하루 100만 장을 만들 생산설비 자체가 없었습니다. 대북 지원을 위한 비축은커녕 이미 계약된 국내 거래처 네 곳에 납품하기도 빠듯한 상황이었습니다. 갑작스럽게 찾아갔지만, 업체 관계자는 거래처 내역과 생산현황을 충분히 확인시켜주었습니다. 관계자는 "알지도 못하는 유튜버가 왜 이런 내용을 퍼뜨려서 회사만 곤란하게 하는지 모르겠다"라고 말했습니다. 개소리는 적절한 순간에 등장합니다. 사람들이 분노할 만한 타이밍에, 모두에게 큰 영향을 줄 수 있는 어떤 이벤트가 다가올 때입니다. 이번 경우처럼 선거철이 대표적입니다. 타격 지점을 정확하게 공략한 정교한 허위 정보의 사례입니다.

평소에는 별로 관심 없을 법한 정보도 타이밍을 잘 만나면 급격히 확산합니다. 일본의 수출규제 조치로 한국과 일본의 관계가 급격하게 나빠진 2019년 7월, '일본인 관광객이 서울역에서 한국인에게 집단 폭행을 당했다'는 확인 안 된 정보가 퍼졌습니다. 출처는 한 일본인 트위터 사용자가 올린 글이었습니다.

> [긴급] 친구가 서울역 근처에서 한국인 남성 여섯 명 정도에 둘러싸여 뭇매! 드디어 우려했던 일이 한국에서 일어난 것 같다.

이 트위터 게시글에 다른 일본인 네티즌이 "이번 달에 한국으로 여행을 갈 계획인데 사실입니까? 너무 불안해서 증거라도 있으면 보여주셨으면 합니다"라고 묻자 글쓴이는 "증거는 없지만 친구가 폭행당한 것은 사실입니다"라고 답하기도 했습니다. 유명인도 아닌 일본의 평범한 네티즌이 올린, 증거도 제시되지 않은 글. 하지만 며칠 만에 7000번 넘게 공유되며 국내 온라인 게시판에도 퍼지기 시작했습니다. '한일 관계 악화'라는 상황이 확산세를 키운 겁니다. 글쓴이에게 트위터로 연락을 취했지만 응답이 없었습니다. 최대한 검증을 하기 위해 서울역 치안을 담당하는 서울역 파출소, 남대문경찰서, 서울지방경찰청을 통해서도 확인했습니다. 하지만 경찰에 접수된 사건은 없었습니다. 외국인 관광객을 지원하는 서울역 관광정보센터에도 접수된 사건은 없었습니다. 자국민의 폭행 피해가 실제로 있었다면 이를 인지했을 가능성이 큰 주한일본대사관에도 물었습니다. 대사관 역시 "사건이 있었다면 우리에게 공유됐을 텐데, 듣지 못했다"라고 밝혔습니다. 결국 해당 트위터 글은 사실로 보기 어렵다고 판단했습니다. 검증 결과가 보도된 이후 이 일본인은 스스로 글을 삭제했습니다. 확인 요청에 응답은 여전히 없었지만요.

냉철한 당신도 흔들릴 수 있다

코로나19 대유행은 인간의 심리 구조가 불안감이나 공포에 얼마나 취약한지 보여줍니다. 2020년 1월 20일, 국내에 첫 확진자가 발생한 이후 온라인에는 코로나19 환자가 쓰러졌다는 목격담이 쏟아졌습니다. 인증 사진이라며 연달아 사진 네 장이 온라인에서 퍼졌습니다.

> 서울 잠실새내역 계단에서 30대 남성이 갑자기 굴렀다(2월 22일), 부천 송내역 승강장에서 60대 남성이 쓰러졌다(2월 23일), 고양 롯데아울렛 지하 푸드코트에서 기침하던 사람이 쓰러졌다(2월 23일), 서울 코엑스에서 젊은 여성이 쓰러졌다(2월 23일).

'코로나19 환자가 쓰러졌다'는 제목 말고는 사진 속 어디에도 코로나19 상황이라고 볼 근거는 없었습니다. 실제 확인 결과 모두 코로나19와 무관했습니다. 단순 취객이었거나, 평소 앓던 심혈관계 질환 또는 빈혈로 인해 쓰러진 환자였습니다. 이 광경을 보고 코로나19를 떠올리는 반응 자체를 비판할 수는 없습니다. 코로나19에 대한 경각심을 일깨우는 보도나 정부 발표가 급격히 늘어나다 보니, 오해를 하는 것도 어찌 보면 자연스럽습니다. 하지만 그 오해를 바로잡지 않고, 공포를 조장해 이용하려는 움직임도 분명히 감지됐습니다. '실시간 코로나 상황소', '코로나 상황 대신 전해드립니다' 같은 이름을 단 페이스북 페이지들입니다. 지금은 대부분 자취를 감췄지만, 당시 이런 소셜미디어 페이지를 통해 확인되지 않은 사진과 목격담이 '코로나19 환자 발생 사례'로 결론 내려졌습니다. 사진마다 네티즌들의 걱정하는 댓글이 이어졌습니다. 하지만 게시글 대부분의 가장 첫 번째 댓글은 페이지 운영자가 올린 손 소독제 쇼핑몰 링크였습니다.

참, 그렇다면 왜 갑자기 쓰러진 사람들이 많아졌을까요? 사실 갑자기 많아졌다고 보기도 어렵습니다. 소방청 통계(2018년 전국 기준)에 따르면, 119구급대는 하루 평균 8013번 현장에 출동해, 5150명을 응급처치하거나 병원으로 옮깁니다. 증상이 가벼워 119구급대원이 출동하지 않고 상황이 일찍 마무리되거나, 다른 방법으로 병원에 간 경우까지 따지면 일상 속에서 사람이 쓰러지는 경우는 훨씬 더 흔한 셈이죠. 단지 코로나19라는 공포 때문에 우리가 이런 장면을 더 눈여겨보게 됐고, 더 열심히 사진을 찍었으며, 걱정되는 마음에 친구들과 더 적극적으로 공유했을 뿐입니다.

국제 연대를 구축한 팩트체크

『개소리는 어떻게 세상을 정복했는가』라는 이 책의 제목에 수긍이 가는 사례가 있습니다. '개소리 현상'에는 국경이 따로 없는 문제라는 것은 코로나19 세계 대유행을 통해 다시금 확인됐습니다. 코로나19 확산이 한창 본격화하던 지난 2월 27일, 국내 카카오톡과 네이버 밴드를 중심으로 이런 글(일명 '찌라시')이 퍼졌습니다.

> 대만 전문가들은 매일 아침 스스로 할 수 있는 간단 진료법을 제시했습니다. 숨을 깊이 들이쉬고 10초 이상 숨을 참으세요. 기침, 불편함, 답답함 없이 가능하다면 폐에 섬유증이 없다는 뜻으로 감염되지 않았다는 증거입니다.

특히 가족 단체 카톡방, 동창회 밴드 게시판 등으로 많이 퍼졌습니다. 추측컨대, 가족과 친구를 걱정하는 마음에서 공유한 것으로 보입니다. 하루하루 코로나19 감염자가 늘던 시기에 도움이 되는 건강 정보처럼 보이는 글이니 큰 의심 없이 공유할 법합니다(허위 정보가 정략적이고 누군가에게 타격을 주기 위해서만 있는 것은 아닙니다). 흥미로운 것은 정말로 이 찌라시가 대만에서 시작되어 퍼졌다는 점입니다. JTBC를 비롯한 전 세계 99개 인증 언론사로 구성된 국제팩트체킹네트워크IFCN 멤버인 타이완 팩트체크센터를 통해 확인한 결과, 위의 글은 올해 2월 초 이미 대만에서 한 차례 화제가 됐고, 사실무근이라는 판단이 내려진 상태였습니다. 2주 후쯤 국내에 전파된 것이죠.

여정은 여기서 그치지 않았습니다. 국제팩트체킹네트워크가 각 나라 팩트체크 보도를 통해 파악한 바에 따르면, 이 허위 정보는 대만(2020년 2월 12일)에서 시작해 한국(2월 28일), 미국 · 스페인 · 벨기에(3월 10일), 크로아티아 · 프랑스(3월 11일), 아일랜드 · 보스니아헤르체고비나 · 덴마크 · 그리스(3월 12일), 콜롬비아(3월 15일), 브라질 · 인도네시아(3월 16일), 인도(3월 17일), 폴란드(3월 18일), 케냐(3월 23일), 파라과이(3월 24일), 미얀마(4월 15일), 일본(4월 29일)까지 퍼졌습니다. 이 정도면 세상을 정복했다고 할 만합니다.

'유럽 의사 640명이 현 코로나 상황은 기획된 사기라고 양심 고백했다'라는 글과 영상도 비슷합니다. 우리나라에는 2020년 8월 말 온라인 게시판에서 조금씩 공유되기 시작했습니다. 일부 네티즌 사이에서 '국내 주류 언론은 이런 것을 다루지 않는다'거나 '해외에서 의사들이 참다못해 드디어 양심선언을 한 것'이라는 반응이 나왔습니다. 확인 결과, '진실을 찾는 의사들Doctors for Enlightenment'이라는 단체에서 활동하는 한 독일 의사가 2020년 7월 25일 스페인에서 열린 기자회견에서 "코로나19는 사기극이고 가짜다"라고 발언한 일이 있었습니다. 하지만 이 단체는 '마스크 쓸 필요 없다.' '백신도 믿을 수 없다.' '5G 이동통신 전파를 통해서 코로나19가 퍼진다' 같은 주장을 해온 이력이 있습니다. 아르헨티나, 스페인, 콜롬비아, 독일 등 여러 나라 팩트체크 언론사가 현재 공신력 있는 연구 결과와 기관에서 인정되지 않는 주장이라고 검증했지만, 언어를 바꿔가며 계속 퍼졌습니다. 이렇게 국경을 넘나드는 코로나19 관련 허위 정보에 대응하기 위해 국제팩트체킹네트워크는 '코로나바이러스 팩트 동맹CoronaVirusFacts Alliance'을 구축했습니다. 70여 개 나라, 40여 개 언어를 사용하는 100여 개 언론사가 참여해 각 나라에 퍼진 코로나19 관련 허위 정보 사례를 공유하고 있습니다. 국내에서는 JTBC가 참여하고 있습니다.

팩트체크 저널리즘은 해결책이 될 수 있나

한국에서 팩트체크 저널리즘은 더 이상 낯선 분야가 아닙니다. JTBC 〈뉴스룸〉은 2014년 9월부터 고정 코너를 만들어 팩트체크 보도를 시작했습니다. 국내 방송사 중 최초로 저녁 메인 뉴스에 팩트체크 코너가 생긴 겁니다. 이후 SBS, KBS, YTN, MBC 등 다른 방송사들도 잇따라 팩트체크 코너를 운영하고 있습니다. 2017년 6월에는 팩트체크 전문 온라인 매체 《뉴스톱NewsToF》도 등장했습니다. 국내 팩트체크 언론사들의 연합체도 있습니다. 19대 대통령 선거를 앞둔 2017년 3월, 서울대학교 언론정보연구소가 국내 언론사를 상대로 회원사를 모집해 만든 〈SNU 팩트체크〉입니다. 이밖에도 방송기자연합회, 한국PD연합회, 한국기자협회, 사회적협동조합 빠띠가 함께 기존 언론사와 일반 시민이 협업하는 형식의 오픈 플랫폼을 계획 중입니다.

팩트체커의 고민은 제대로 검증을 하기 전부터 시작됩니다. 무엇을 검증할 것인가 결정하는 부분부터죠. 예를 들어 여당 원내대표 연설 내용은 검증하지 않고, 다음 날 진행된 야당 원내대표 연설 내용만 검증하는 기사를 낸다면, 왜 중립을 지키지 않느냐는 비판을 받을 수 있습니다. 그렇다고 외형적인 균형을 지키기 위해 양쪽 연설에서 고르게 검증 대상을 찾으려고 해도, 검증할 만한 문제적 발언이 꼭 나오지 않는 경우도 있습니다.(최근에 일부 정치인은 팩트체크 대상이 되지 않으려 전략적으로 두루뭉술한 표현을 쓰는 경우도 있습니다.)

선불리 검증 대상으로 삼았다가 오히려 개소리를 홍보해주거나 부수적인 주장만 강화하는 결과로 이어질 수 있다는 점도 고민입니다. 2020년 3월 '문재인 대통령이 청와대 회의에서 왼손으로 국기에 대한 경례를 했다'며 합성 사진이 퍼졌습니다. 언론은 큰 관심을 기울이지 않았습니다. 온라인에서도 대다수 웃어넘기는 분위기였기 때문입니다.(청와대는 소셜 미디어 공지를 통해 "허위 조작된 합성사진"이라고 밝혔습니다.) 하지만 이른바 '종북 빨갱이' 프레임을 활용하고 싶은 쪽에서는 이 사진을 진지하게 검증해야 할 사안으로 취급해주길 바랄 수 있습니다. 어떤 식으로든 판이 커져야 이른바 '왼손 경례'를 기회삼아 주장하고 싶은 메시지를 퍼뜨릴 수 있기 때문입니다. 팩트체커 입장에서는 고민이 생깁니다. 이에 대해 방송에서 5분 동안 팩트체크를 하는 행위 자체가 허접한 허위 정보를 링 위에 올려 키워주는 꼴이 되기 때문입니다. 합성이라는 검증 결과를 제시해도 누군가에게는 좋은 기회입니다. 실제 오른손 경례 사진을 근거로 제시하면 '다른 날짜 회의 사진을 다 확인해보지 않고 어떻게 단정하느냐'거나 '왼손을 올렸다가 이후에 바꿨을 것'이라고 계속 의심합니다. 이쯤 되면 진흙탕 싸움이 되는 겁니다. 이 책의 저자 제임스 볼은 이를 '승산이 없는 참호전'에 비유합니다. 말도 안 되는 프레임을 걷어내는 일은 프레임을 씌우는 일보다 훨씬 더 많은 설명과 시간이 필요합니다. 사안마다 참호전을 벌일 것인가 결정하는 데에는 많은 용기가 필요합니다.

저자는 언론사의 팩트체크 활동이 현재 만연한 허위 정보 생태계를 고쳐나가는 여러 방안 중 일부분일 뿐이라는 입장입니다. 2016년 미국 대선 레이스 당시 미국 언론은 팩트체크를 통해 트럼프 후보가 힐러리 후보보다 압도적으로 거짓말을 많이 한다는 사실을 여러 차례 입증했습니다. 하지만 승자는 트럼프였죠. 팩트체크 저널리즘이 무기력하게 보이는 장면입니다. 2020년 7월 《워싱턴포스트》는 트럼프 대통령이 2017년 1월 취임 이후, 3년 6개월 동안 거짓말 또는 사실과 다른 주장을 2만 건 넘게 했다는 자체 집계 결과를 공개했습니다. 하루 평균 15번 넘게 허위 정보를 말한 셈입니다. 하지만 아예 참호 밖으로 나올 생각이 없는 사람에게는 팩트체크 저널리즘이 힘을 내기 어렵습니다.

저자는 기성 언론의 관행과 한계에 대해 날카롭게 비판합니다. 미국과 영국 언론계에 대한 자아비판 성격이 강하지만, 우리 언론계의 현실 역시 그대로 비추고 있습니다. '기사 쓸 시간은 줄어들고, 취재할 자원은 적어진다'는 지적이 대표적입니다. 그는 "자원이 줄어든 편집실에서는 보통 안전한 대책을 찾는다. 대학을 갓 졸업한 미숙한 기자가 정치 논쟁을 보도한다고 할 때, 가장 간단한 방법은 한 후보가 한 말을 그냥 보도한 후 상대 후보의 반박을 싣는 것이다. 내용을 확인하는 일 따위는 생략한다"라고 말합니다. 최근 국내에서도 비판의 목소리가 나왔던 '따옴표 저널리즘'이 떠오릅니다. 무심코 따옴표를 달아 보도를 한 덕분에 어떤 개소리에는 권위가 생깁니다. 네이버나 다음 같은 포털사이트에서 조회수를 높이는 소위 '클릭 장사'가 되려면 조금이라도 더 빨리, 사람들의 이목을 끄는 제목을 달아야 합니다. 발언의 진위를 확인하려면 시간이 지체됩니다. 진위를 확인하면 자극적인 제목을 다는 일에 주저하게 됩니다. 매일 반복되는 이런 관행이 허위 정보를 키우는 한 축이라고 저자는 지적합니다.

이 책은 가짜뉴스뿐만 아니라 미디어 산업 전반을 이해하는 데 많은 도움이 됩니다. 물론 언론계 종사자 입장에선 씁쓸한 이야기가 대부분이지만 말입니다. 제임스 볼은 개소리가 생산되고 유통되는 과정을 여러 사례를 들어 다각도로 보여줍니다. 세계에서 가장 막강한 힘을 가진 정부 기관들이 퍼뜨리는 허위 정보 사례를 보면 간담이 서늘하지만, 고작 용돈을 벌기 위해 가짜뉴스를 만들어 퍼뜨리는 마케도니아의 10대 청소년 사례에선 허무함마저 느껴집니다. 분명한 사실은 우리 모두가 이와 관련된 사람들이 될 수 있다는 겁니다. 그래서 이 책은 저널리즘 연구자나 미디어 종사자만 읽어야 할 책이 아닙니다.

이제 개소리에 맞서는 자세를 다시 정비할 필요가 있습니다. '팩트체크 저널리즘이 더 활성화되어야 한다' 수준의 기존 담론을 넘어서야 할 시간입니다. 저자는 "개소리꾼을 대하는 주류 미디어의 태도는 칼을 들고 총에 맞서는 격일지도 모른다"라고 말합니다. 뼈를 때리는 정확한 지적입니다. 저자는 모든 주체(정치인, 미디어, 독자와 유권자)에게 더 적극적이고 직접적으로 대응할 것을 요청하고 있습니다. 지면이 주어진 김에 숟가락을 얹겠습니다. 우리는 마트에 진열된 우유가 저지방인지, 유통기한이 언제까지인지는 꽤 꼼꼼하게 살핍니다. 그런데 우유 한 잔을 마시는 것보다 훨씬 더 많은 시간을 글과 영상과 사진을 보는 데 할애하면서, 정작 이런 정보는 얼마나 꼼꼼하게 살피고 있는지 묻지 않을 수 없습니다. 정말 모두 믿습니까? 아, 너무 독자와 유권자만 몰아붙였군요. 미디어도 잘하겠습니다.

차례

거짓말보다 강력한 개소리

미국 정부는 단두대 3만 대를 강제수용소에 비축했다. 개인의 무기 소유 권리를 명문화한 미국 수정헌법 제2조 지지자들을 시간당 300만 명씩 쓸어버릴 준비를 마친 것이다. 그중 한 곳인 알래스카 강제수용소는 200만 명을 수용할 수 있는 규모다.[1] 도널드 트럼프 지지자들은 당선 축하 집회에서 "우리는 무슬림이 싫다. 흑인도 싫다. 우리는 위대한 국가를 되찾고 싶다"라고 외쳤다.[2] 할리우드 유명 배우 덴절 워싱턴이 트럼프를 공개 지지했고,[3] 주류 언론의 보도 내용과 다르게 트럼프는 사실 대선 총득표수에서도 승리를 거뒀다.[4]

하나같이 솔깃하고 이해하기 쉬우며 퍼뜨리기도 좋은 이야기다. 그러나 모두 가짜다. 전부 예전부터 존재했지만 최근에서야 문제가 된 가짜뉴스 사례에 해당한다. 쉽게 공유되고 논란을 낳는 이야기들로 소셜 미디어에 재미 삼아서 또는 특정한 이념으로, 정치적 이유로, 대개는 돈을 벌어볼 요량으로 올리는 글이다.

이 예시들은 이 장르의 고전이다. 몇 분이면 만들지만 사실을 증명하려면 몇 시간이 걸린다. 누가 봐도 황당한 주장조차 그것이 거짓임을 밝히려면 시간과 노력이 든다. 힐러리 클린턴에게 반대하는 사람 200만 명을 가두려고 강제수용소를 마련했다는 이야기부터 살펴보자. 워싱턴에 있는, 세계에서 가장 큰 제조 공장인 보잉사의 항공기 생산 공장[5] 내부를 몽땅 교도소로 바꿔도 겨우 100만 명가량 수용할 수 있다. 그것도 복도나 주방, 보안 시설 등이 전혀 없을 때 얘기다. 실제로 200만 명을 수용하려면 이보다 서너 배는 넓은 공간이 필요하고, 철저히 비밀리에 건물을 지어야 하며, 땅에서든 공중에서든 사람들의 눈에 띄지 않아야 한다. 그러나 이 가운데 어느 것도 이미 가짜뉴스를 믿어버린 사람들에게는 문제가 되지 않는다. 그럼 이런 장소가 존재하지 않는다는 진짜 증거는 무엇일까? 애초부터 존재하지 않으니 당연히 증거도 있을 리 없다.

진실을 밝히기 위해 익명의 블로그나 허위 사이트에서 흘러나온 노골적이고 명백한 거짓말과 맞서봤자 승산 없는 싸움이 될 뿐이다. 허위 사실보다 훨씬 더 폭넓은 문제, 즉 근본적으로 사실이 아닌데도 이를 믿거나 믿는 척하는 사람들이 주장하는 온갖 이야기를 상대해야 하기 때문이다.

유럽연합EU 탈퇴, 브렉시트Brexit를 둘러싸고 영국 내부에서 벌어진 논쟁도 이런 주장들로 얼룩졌다. 먼저 영국은 매주 3억 5000만 파운드를 EU에 분담금으로 내는데, EU를 탈퇴하면 이 돈을 국민건강보험에 지원할 수 있다는 주장이 나왔다. 이에 맞서 영국 재무장관이었던 조지 오즈번George Osborne은 국민투표로 탈퇴를 결정하면 소득세가 2퍼센트 오를 것이라고 말했다. 한편 잔류로 결정이 나면 영국은 터키에 이민의 문을 열어줘야 하고, 이주를 계획하고 있는 터키인 1200만 명이 영국으로 쏟아져 들어올 것이라는 주장도 있었다.[6]

자세히 보면 브렉시트 논쟁에서 나온 주장들도 앞서 살핀 이야기들처럼 똑같이 거짓이지만, 둘 사이에는 두 가지 중요한 차이점이 있다. 첫 번째는 각 주장에 핵심이 담겨 있어서 본질적으로 논쟁이 가능하다는 점이다. 몇 문장은 노골적인 거짓말일지 몰라도, 자세히 파고들면 반대 입장의 정치인이 미디어에 나와 막상막하로 설전을 벌일 법한 사안이다. 두 번째 차이는 익명의 인물이 만들어낸 주장이 아니라는 점이다. 정치인, 각 진영 핵심 인사들이 내놓은 주장이다.

진짜 문제는 두말할 필요도 없이 미국이 오랜 세월을 거치며 이에 점점 익숙해졌다는 것이다. 도널드 트럼프가 한 시간 동안 쏟아내는 정치적 헛소리는 그의 경쟁자 대다수가 1년 동안 만들어내는 헛소리보다도 많다. 반쪽짜리 진실, 진실이 아닌 것, 노골적이고 현란한 허위 사실을 만드는 일에 트럼프는 천재적인 재능을 발휘한다.

트럼프는 사소한 것부터 중대한 국가정책에 이르기까지 다양한 영역에서 거짓말을 하며, 어떤 발언도 전에 한 말에 구애받지 않는다. 트럼프는 미디어가 자신의 취임식에 모인 관중 수를 25만 명으로 거짓 보도했다며 언론을 비난하면서 사실은 100만여 명이 모였다고 주장했다. 또 여론조사 기관들이 자신의 지지율을 낮게 조작했고, 미국중앙정보국CIA이 러시아가 자신을 지원하려고 대선에 개입했다는 증거를 날조했으며, 익명의 기관들이 부정투표 수백만 건을 묵인했다고 비난했다. 본인이 이긴 대선에서 말이다. 트럼프는 영상으로 찍힌 사건을 놓고도 태연하고 거리낌 없이 거짓말을 한다.[7]

엘리트를 향한 분노와 무너진 미디어 신뢰도, 결과가 뻔한 투표라는 전문가들 사이에 만연한 (그리고 잘못된) 믿음, 그리고 앞으로 이 책에서 개소리bullshit라고 부를, 끊임없이 사람들의 입에 오르내린 가짜뉴스로 대표되는 2016년의 두 가지 투표는 세계를 이전과 완전히 다르게 재편했다.

국민투표로 EU 탈퇴를 결정지은 영국은 세계 최대 무역권과 40년 넘게 맺어온 관계에 마침표를 찍는다. 이제 영국은 신규 및 기존 파트너와 안보 협력과 교역 관계를 다시 만들어야 하고, EU는 자신의 미래를 재검토해야 한다.

전 세계에 미치는 영향력으로 말하자면 미국 대선 결과가 훨씬 더 중요하다. 도널드 트럼프는 임기가 시작되면 바로 미국 의료보험제도를 손보고, 러시아 및 북대서양조약기구NATO와의 관계를 재정립하며, 무역협정을 뜯어고칠 계획이라고 발표했다. 또 미국의 오랜 대對중국 정책에 변화를 주고, 오바마가 세운 기후변화 정책을 폐지하며, 불법 이민자들을 전임 대통령들보다 한결 더 많이 추방할 것이라고 말했다.

영국과 미국 각각의 투표 결과는 더할 나위 없이 중요하다. 그러나 그러한 결과를 이끌어낸 캠페인과 미디어의 숱한 보도가 주로 다룬 바는 사소한 내용, 반쪽짜리 진실 그리고 거짓말이었다. 양쪽 유권자 모두 캠페인이 꾸민 계략에 넘어가 투표했다고 주장하면 지나친 단순화겠지만, 두 가지 사례 모두 표 차이가 비교적 근소했음을 고려할 때 개소리가 판세를 뒤흔들었을 가능성을 배제하기 어렵다. 1억 3000만 명이 넘는 전체 등록 유권자 중 세 개 주에서 단 5만 5000명만 다른 후보를 찍었다면 힐러리 클린턴이 당선되었을 테다.[8] 낮은 수준의 정보와 편향된 보도 혹은 트럼프의 미심쩍은 주장을 되풀이하는 주류 대중매체를 제외하고서라도, 가짜뉴스 혼자서 5만 5000명이 넘는 사람들에게 영향을 끼친 것이다.

브렉시트 투표는 이보다는 덜 극적이었다. 미국 대선만큼 접전은 아니었다. 52:48로 탈퇴 의견이 이겼는데 탈퇴캠프가 약 130만 표를 더 얻은 결과였다. 실제로 누가 어디에 투표했는지를 분석해보니 승패를 가른 결정적 요인은 평소 투표장에 모습을 보이지 않았던 소외된 저소득층이었다.[9] 브렉시트 선거 바로 전해에 열린 총선거 때는 집에 머물렀던 이 집단이 어떤 이유로 국민투표에 나섰는지는 아직 설명되지 않았다. 어찌 됐든 한쪽은 2030년의 복잡한 경제 전망을 제시했고 다른 쪽은 돈을 EU 관료에게 줄지 아니면 국민건강보험에 쓸지 택하라는 명확한 메시지를 던진 상황에서, 승리는 당연히 후자의 것이었다.

개소리가 비주류 세력이나 영향력이 떨어지는 가짜뉴스 사이트에만 머물렀다면 이런 의문들을 무시해도 상관없을 테다. 그러나 정작 현실에서는 전적으로 사실이 아닌 주장들이 그대로 옮겨지고 반복됨으로써 주요 언론을 장악했다. 어느 쪽이 진실인지 서로 치고받고 싸우게 내버려 두는 미디어의 오랜 관행은 거짓말하는 쪽에 유리했다. 즉 어떤 주장을 내세우면 인쇄 매체와 텔레비전, 온라인에서 다뤘고 상대방이 주장의 진위를 문제 삼으면 다시 한번 보도에 오르내렸다.

주요 매체는 보통 정치적 주장의 진실을 문제 삼을 때 주요 뉴스 방송이나 라디오의 뉴스 단신을 따르기보다 전문가의 사실 검증 칼럼이나 시사 전문 프로그램에 의존하곤 한다. 얼핏 봐도 개소리가 유리한 형국이다. 방송에서 개소리 주장을 문제 삼으면, 논란이 불거지면서 며칠씩 그 주장이 거듭 언급된다. 문제 삼지 않으면, 그 주장은 반박할 길 없는 주장처럼 보인다.

논의를 더 진행하기에 앞서 왜 이 책이 거짓말이나 허위 사실 또는 다른 용어가 아닌 '개소리'를 논하는지 그 이유를 설명하는 게 좋겠다. 한 가지 이유는 단순히 말해 사실 와전, 반쪽짜리 진실, 터무니없는 거짓말 모두를 포괄하는 용어가 필요하기 때문이다. 또 다른 이유는 프린스턴대학교의 철학 교수 해리 프랭크퍼트Harry Frankfurt의 주장 때문이다. 그는 2005년에 쓴 빼어난 저서 『개소리에 대하여』에서 이 용어를 정의했다.

프랭크퍼트가 주장한바 거짓말을 하려면 어떤 형태의 절대적 진실이나 거짓에 신경을 써야 한다. 그런데 점점 진실이나 거짓 어느 쪽으로도 크게 신경 쓰지 않는 사람들이 정치판을 장악해가고 있다. 이들이 신경 쓰는 것은 담론이다.

프랭크퍼트는 "사실을 전하거나 숨기려는 사람은 어느 정도 확실하고 인식 가능한 사실이 실제로 있다고 가정한다. 진실이나 거짓을 말해서 이익을 얻으려는 사람은 상황을 잘못된 쪽으로 이끄는 것과 바로잡는 것 사이에 차이가 있고, 적어도 때에 따라서는 그 차이를 분간할 수 있다고 전제한다"라고 주장했다. 반면 이런 견해를 부인하는 사람에게는 두 가지 선택지가 있다. 어떤 것도 사실이라고 절대 말하지 않거나 그냥 개소리를 하는 것이다. 그냥 자기주장을 말할 뿐 진실에 신경 쓰지 않는 것이다. 프랭크퍼트는 다음과 같이 결론지었다.

> 거짓을 말하는 사람과 진실을 말하는 사람이, 이를테면 같은 게임에서 맞서 싸운다고 해보자. 각자는 어떤 사실에 대해 자신이

이해한 대로 반응한다. 물론 한쪽은 진실의 권위에 따라 반응하고, 다른 쪽은 그 권위를 거부하고 권위의 요구에 응하지 않겠지만 말이다.

개소리꾼은 이런 요구 자체를 완전히 무시한다. 그는 거짓말쟁이와 달리 진실의 권위를 거부하지도, 이에 맞서지도 않는다. 전혀 신경 쓰지 않을 뿐이다. 이런 이유로 진실의 더 큰 적은 거짓말보다 개소리다.

다시 말해 개소리꾼은 자신이 원하는 결과를 얻는 데 유리한 발언을 할 뿐 그것이 사실인지 여부는 개의치 않는다. 이는 나를 포함해 많은 사람에게 현대의 여러 정치 캠페인의 양상을 비교적 타당하게 설명해주는 근거가 되며, 그 결과는 프랭크퍼트가 자신의 책에서 예견한 대로 해로워 보인다.

이런 식으로 대량생산되는 개소리는 이에 맞서 공정하고 정확한 보도를 하려는 착실한 매체에 큰 부담을 준다. 언론 매체는 그들의 문화와 규범 때문에, 특히 정치 논쟁이 벌어질 경우 양쪽 모두에게 똑같이 귀 기울이려는 뿌리 깊은 관행 때문에, 개소리의 맹습에 맥을 못 춘다. 개소리꾼을 상대하는 주류 미디어는 칼을 들고 총에 맞서는 격일지도 모른다.

그러나 상당수의 대형 매체는 이에 맞서려는 노력조차 하지 않는다. 스스로 개소리 제조기가 되어 비난받는 경우가 많은데, 일부는 다분히 의도적이다. 매체들이 분노하는 가짜뉴스

만큼이나 광범위한 주제에서 독자의 편견을 부추기는 기사가 상습적으로 나온다. 영국의 경우 자극적인 기사를 주로 싣는 우파 타블로이드 신문은 무슬림,[10] 난민, 이주자에 관한 왜곡된 보도로 규제기관의 경고를 받고 사과하는 일이 잦다.

편집실에서 사실로 판단했다고 보기 힘든 내용을 1면에 싣는 매체들도 있다. 브렉시트 국민투표를 앞두고 《데일리메일Daily Mail》은 영국에 밀입국하려는 사람을 가득 실은 화물차 사진을 1면에 실었다. 기사 제목은 "우리는 유럽에서 왔다. 들여보내 달라"였다. 《데일리메일》은 EU 시민은 영국에서 거주하거나 일할 권리가 있으므로 영국에 불법으로 들어갈 필요가 없다는 점을 분명 알았을 테다. 실제로 그 기사에서 언급한 사람이 한 말은 "우리는 이라크에서 왔다"였다.[11]

일부 신문사들은 사이트 트래픽을 높이기 위해 한술 더 뜬 짓도 한다. 하루에 40만 부가 팔리고 사이트 일일 방문자 수도 150만 명에 이르는 신문사 《데일리익스프레스Daily Express》는 "켐트레일chemtrails(항공기가 공중에서 살포한 화학물질로 생기는 비행운을 닮은 구름-옮긴이)이 '인류를 쓸어버리고' 성서에 나온 것과 같은 대홍수를 일으킬 것이라고 전문가가 주장하다"와 같은 제목의 기사를 온라인에 주기적으로 실으면서, 인구를 통제하기 위한 손쉬운 방법으로 비행기가 공중에서 화학물질을 뿌린다는 신빙성 없는 음모론을 언급한다.[12]

이런 문화는 영국만의 것이 아니다. 슈퍼마켓에서 파는 미국 타블로이드 신문들도 이런 기사 제목을 1면에 싣는다. "힐러리, 6개월 시한부 선고받아…." "힐러리, FBI의 비밀 거짓말 탐지기에 걸리다!" "힐러리 저격수, 모든 사실을 털어놓다!"[13]

미디어의 정확성에 대한 우려는 새삼스러운 일이 아니다. 1989년 영국 셰필드의 힐즈버러 스타디움에서 축구 팬 96명이 압사한 참사가 발생했을 때, 피해자의 친인척들은 일간지 《더 선The Sun》 1면에 실린 오보로 깊은 후유증에 시달려야 했다. 경찰의 허위 진술에 근거한 기사는 축구 팬들이 경찰서를 습격했고, 다쳐서 죽어가는 사람의 물건을 훔쳤으며, 경찰을 향해 소변을 봤다고 전했기 때문이다.

온라인의 가짜뉴스도 마찬가지다. 영국 언론인 존 다이아몬드John Diamond는 21년 전, 가짜뉴스가 전면에 등장하기 전에 이러한 현상을 포착했다. 1995년에 그는 이렇게 지적했다.[14] "인터넷의 진짜 문제는 그곳에 쓰인 모든 내용이 진실처럼 보인다는 점이다. 더 정확히 말하면, 참과 거짓을 분간할 실질적인 방법이 없다. 인터넷은 사실과 통계, 데이터의 저장소다. 명백하게 틀린 사실이 아닌 한 우리는 컴퓨터 스크린에 뜨는 모든 사실을 똑같이 취급하려고 한다."

1995년에 불거진 이 문제는 지금도 해결되지 못했다. 어떤 사이트가 그럴듯한 이름을 걸고 주요 뉴스 사이트와 비슷하게 디자인해놓으면, 우리는 그 사이트를 믿어버린다. 지금은 사라진 《보스턴트리뷴》이라는 사이트는 존재한 적도 없는 신문사의 이름을 그럴듯하게 갖다 붙인 곳으로, 오바마가 중동에 은퇴 주택을 샀고 자기 아기를 돌봐준 대가로 장모에게 평생 연금을 지급했다거나, 한 노인이 일곱 살짜리 아이를 유괴하려던 사내에게 총격을 가해 체포당했다는 기사를 올렸다.

2001년에 사망한 다이아몬드는 자신이 앞서 목격한 현상, 즉 온라인에서 모든 정보가 똑같이 신뢰받는 현상이 '필터 버블'(인터넷 이용자가 선별된 정보만 접하면서 고정관념과 편견이 강해지는 현상-옮긴이) 효과로 더욱 극심해지리라고는 예상하지 못했을 것이다. 우리는 자기 생각과 일치하는 정보를 클릭하고, 선입견과 부합하는 내용은 사실인지 아닌지 확인하지 않는다. 달리 말해, 미국의 진보 세력은 오바마가 케냐에서 태어났다는 주장의 사실 여부는 확인할지 몰라도, 트럼프가 공화당 지지자들을 일컬어 "미국에서 제일 멍청한 유권자들"이라고 했다는 주장이 사실인지를 따져볼 확률은 훨씬 낮다. 오바마는 케냐에서 태어나지 않았고, 트럼프는 그런 말을 한 적이 없다.[15]

대부분 세계를 보는 관점이 비슷한 사람끼리 친분을 맺는다는 점을 고려할 때, 우리는 쉽게 동의할 수 있지만 검증은 안 된 뉴스를 점점 더 많이 접하게 된다. 결과는 어떨까? 전에는 보수와 진보의 열성적 지지자들이 어느 정도 접점이 있는 이야기를 놓고 해석에서 의견 차를 보였다면, 지금은 상대 진영이 완전히 다른 이야기를 한다고 보고, 그들의 이야기가 편향됐으며 사실에서 크게 벗어났다고 여긴다. 또 서로가 유난히 가짜뉴스에 휩쓸린다고 본다. 진보는 우파 성향의 온라인 매체 《브레이트바트Breitbar》나 트럼프에 우호적인 허위 사이트를, 보수는 좌파 성향의 온라인 매체 《카나리The Canary》나 반反트럼프 세력을 사로잡으려고 만든 허위 사이트를 그런 담론을 퍼뜨리는 사이트로 지목한다.

정치인들이 갑자기, 또 전반적으로 거짓말을 더 많이 하게 된 것은 아니다. 언론의 거짓말도 갑자기 늘어난 것은 아니다. 이견은 있지만, 대중이 전보다 더 멍청해졌거나 더 혼란에 빠진 것도 아니다. 오히려 그 어느 때보다 교육 수준이 높다. 그렇다면 지금 왜 이렇게 개소리가 기승을 부리는 걸까?

개소리가 승리한 체계적이고 중대한 이유는 상당 부분 미디어 측면에 있다. 즉 전통 매체의 변화와 인터넷이 낳은 새로운 경제적 조건에서 비롯한다. 대개 우리가 오늘날의 미디어 환경을 논할 때 신기술과 플랫폼 그리고 이들이 우리에게 끼치는 영향에 초점을 맞추다 보니 다른 극심한 변화를 놓친다. 바로 경제적 환경이다.

'진지한' 매체들의 비즈니스 모델은 끊임없이 압박받는다. 특히 인쇄 매체가 심각하다. 발행 부수가 계속 줄면서 판매 수익은 물론이고 광고 수익도 동시에 줄었다. 구독자가 줄면서 기사가 얼마나 많은 사람들에게 노출되었는지를 측정하는 지표인 도달률도 크게 떨어졌다. 기업들이 인쇄 매체에서 디지털 매체로 광고를 옮기면서 광고 수익은 더욱 줄어들었다. 신문을 팔아 얻는 수입도 매해 15퍼센트씩 감소하고 있다. 수입이 줄었다는 말은 기자가 줄었다는 뜻으로, 이제 기자들은 적은 예산으로 어느 때보다 많은 업무를 처리해야 한다. 그러다 보니 정치인이 한 말을 그대로 옮겨 쓰는 것이 발언의 내용을 파헤치는 것보다 비용 측면에서 훨씬 효율적이다.

여기서 연쇄작용이 일어난다. 일부 매체는 점점 그 수가 줄어들고 고령화하는 독자층에 맞추어 보도 방식을 바꾸고, 젊은 구독자를 확보하는 일은 깨끗이 포기해버린다. 대다수 언론사는 줄어든 수입을 만회하기 위해 온라인 보도에 치중하면서 개소리 문제를 더욱 키운다. 반면 규모와 전문성에서 으뜸가는 매체인《뉴욕타임스》나《파이낸셜타임스》같은 곳은 온라인 유료 구독자를 충분히 확보할 수 있어서 자사의 전통적인 비즈니스 모델과 유사한 형태를 유지한다.

다른 대부분의 매체는 구독자보다는 도달률에 관심을 둔다. 방문자가 기사를 읽을 때마다 함께 뜨는 각종 광고로 아주 적은 돈을 버는데, 이것만으로는 기사 작성에 드는 비용을 마련하기 힘들다. 이런 푼돈으로 이윤을 내려면 하루에 수백만 명에 달하는 엄청난 수의 방문객을 확보하고 기사를 가급적 적은 비용으로 써야 한다.

이는 개소리를 막는 비즈니스 모델이 아니라 오히려 개소리를 전 세계로 널리 퍼뜨리는 모델이다. 기자 한 명이 오랜 시간을 들여 주장을 검토한 후 사실을 토대로 신중히 기사를 작성하면 비용은 더 들고 클릭 수는 줄어든다. 이보다 더 쉽게 수익을 늘리는 방법이 있다. 원래 주장이 사실인지 확인하지 않고 그대로 서둘러 기사로 내보내서 그 주장에 대한 분노와 반박을 조금이라도 더 끌어내는 것이다. 폭로 기사는 다른 언론사가 쓴 기사를 그냥 베끼기도 한다. 그러다 보면 관련 기사가 예닐곱 개 나오는데 그중에는 서로 모순되는 내용도 있을뿐더러 직접 취재한 기사는 하나도 없다.

이러한 모델 역시 뉴미디어와 가짜뉴스가 차용한다. 의견이 팽팽하게 맞서는 진지한 기사들의 홍수 속에서 방문자를 (따라서 광고 수익을) 최대한 확보하려면 어떤 논란이든 과장 보도로 당파적인 독자들을 대거 끌어모아야 한다.

이 특별한 비즈니스 모델은 결국 가짜뉴스 사이트를 낳는다. 어차피 사실 여부를 확인하지 않거나 과장해서 쓸 것이라면 아예 지어내서 비용을 절감하지 않을 이유가 무어란 말인가? 초대박이 난 가짜뉴스는 광고 수익으로 돈벌이가 되기도 하고, 카지노 가입이나 벼락부자 사이트 방문, 수상한 건강 제품 판매 등을 목적으로 하는 제휴 마케팅에 이용되기도 한다. 낚시 기사로 이런 제품을 구매하거나 서비스에 가입하는 사람이 생길 때마다 광고 노출보다 훨씬 넉넉한 수입이 생기므로 사기꾼들에게는 또 하나의 수지맞는 장사가 생기는 셈이다.

여기에 반전이 하나 있다. 거의 모든 주요 뉴스 사이트들이 가짜뉴스 사이트와 어떻게 싸울지 고심하고 이들의 위험성을 경고하면서도, 한편으로는 이들 덕분에 이윤을 얻는다는 점이다. 거의 모든 주요 사이트의 기사 하단이나 옆에 있는 '스폰서 링크'는 방문자가 클릭할 때마다 해당 언론사에 소소한 수익을 안겨주는데, 대부분의 링크가 가짜뉴스나 낚시 기사로 이어진다. 전통적인 미디어들은 가짜뉴스와 싸우면서도 한편으로는 이런 뉴스를 띄워 이익을 얻는 것이다.

지금까지 한 이야기는 이 책이 풀고자 하는 복잡한 내용을 요약한 것이다. 1부는 가짜뉴스와 개소리의 핵심 행위자인 가짜 미디어, 소셜 미디어, 뉴미디어, 레거시 미디어, 정치인, 그리고 뉴스 소비자인 우리를 하나하나 살핀다. 각 주체가 현재 벌어지는 현상에 어떤 역할을 했는지, 각 집단의 행동에는 어떤 한계가 있는지, 그리고 결정적으로 각 집단이 어떤 이유로 지금처럼 행동하는지를 확인할 것이다.

2부에서는 2016년 가장 중요했던 두 개의 선거에 개소리가 서로 어떤 방식으로 영향을 미쳤는지 살펴보고, 브렉시트의 전개 과정과 트럼프가 백악관을 접수한 경로를 자세히 훑는다.

이어 3부에서는 개소리가 효과적인 전술인 이유에 주목한다. 해로운 개소리 조합이 대중의 심리를 파고들어 기존의 믿음을 강화하고 친교 집단을 돈독히 하는 과정, 정치 행위자의 목표를 이루게 하는 과정, 독자와 정치인 사이에 낀 미디어 집단의 비즈니스 모델과 이들의 오랜 문화에 끼치는 영향을 살핀다.

마지막으로 우리가 개소리까지는 아니어도 적어도 가짜뉴스에 맞서려고 지금까지 한 행동을 짚고, 이것이 무력했던 이유 그리고 근본적인 문제와 맞서는 과정에서 우리가 시도할 수 있는 획기적인 방법을 알아본다.

사실 검증만으로는 턱없이 부족하다. 미디어 이론가 클레이 셔키Clay Shirky는 2017년 7월에 "우리는 사실 검증 전문가를 문화 전쟁에 끌어들였다"라고 말했다. 사실 검증은 분명 유용하다. 문제는 진위를 폭로한 기사를 읽는 사람이 극히 적을 뿐 아니라 최초의 거짓 주장을 읽은 사람이 이를 읽느냐 하면 그것도 아니다. 또 폭로 기사는 정치적 갈등을 좁히기 힘들뿐더러 의도치 않게 갈등을 더욱 부추기기도 한다. 우리가 개소리에 제대로 맞서려면 적당히 대처하려는 자세를 버려야만 한다.

그렇다면 개소리는 우리가 대처할 필요가 있는 이슈일까? '탈진실post-truth'이 2016년 올해의 단어로 선정되기는 했지만 가짜뉴스는 새로운 현상이 아니다. 기승을 부리는 포퓰리즘과 민족주의, 갈수록 심해지는 당파적 분열과 그에 따라 정치적 중도가 무너진 현상이 더 큰 문제처럼 보인다.

나는 개소리가 포퓰리즘적 분위기와 동시에 발흥한 것이 우연의 일치라고 생각하지 않는다. 이 둘은 서로를 부채질한다. 진실에 무심한 태도는 서로 상충하는 담론을 검증할 합의된 방법을 없앤다. 결국 우리는 나와 생각이 다른 사람들을 악의적이고 부패했으며 거짓말쟁이라고 부를 뿐이다. 도널드 트럼프는 언론을 맹비난한다. 진보와 보수 매체들은 성향이 다른 정치인을 거짓말쟁이라 부르고 경쟁 매체가 보도한 기사를 가짜뉴스라고 말한다. 그리고 각 집단을 지지하는 사람들은 반대 세력을 얼간이나 배신자라고 공격한다.

가짜뉴스는 신뢰의 부재를 낳은 원인이라기보다, 이를 보여주는 현상에 가깝다. 개소리는 말할 것도 없이 진실의 적이다. 진실을 인지하는 능력 없이는 절대로 정치적 성향을 넘어 토론할 수 없고 그저 상반된 담론을 향해 고함치는 데 그치고 만다. 이런 풍토에서는 BBC 방송이나《뉴욕타임스》를 페이스북이나 극우 정치 블로그처럼 가볍게 여기게 된다. 장기적으로는 민주주의의 건전성과 안정성을 해친다.

이 책의 많은 내용 중 하나는, 우리 모두는 인정하든 안 하든 저마다 편견이 있고 그 편견에 따라 읽고 공유하고 반응한다는 점이다. 그러므로 먼저 저자인 나에 대해 알리는 게 합당하다. 특히 나는 앞서 언급한 여러 매체에서 일을 했기 때문이다.

이 책을 쓸 동안 나는《버즈피드뉴스BuzzFeedNews》특파원으로 있었다. 그 전에는 미국과 영국에서 일간지《가디언》의 기자로 활동했고《워싱턴포스트》와 비영리 뉴스 기관 탐사보도국TBIJ에서 일했으며 2010년 첼시 매닝 기밀문서 유출 사건(미 육군 일병으로 복무 중이던 매닝이 군사 기밀 문서 수십만 건을《위키리크스》에 공개한 사건-옮긴이) 때는 《위키리크스WikiLeaks》에서 잠시 일하기도 했다. 다양한 영국 신문사에서 프리랜서로 일했으며 《뉴욕타임스》, 국제탐사보도언론인협회ICIJ, 비영리 독립 언론 《프로퍼블리카ProBublica》와 프로젝트도 진행했다. 당신이 나를 주류 언론과 한통속으로 본다면 그에 대한 반박 증거는 내가 몸담았던 모든 곳에 있다. 그리고 나는 이 책에 나오는 모든 주장의 출처와 증거를 찾으려고 애썼다. 이와 관련해 할 말이 있는 독자는 트위터로 연락하길 바란다. 나의 트위터 계정은 @jamesrbuk이다.

이 책이 개소리가 득세하는 현상을 바로잡을 모든 답을 담고 있지는 않다. 다만 그 문제가 얼마나 심각한지, 왜 이런 일이 생기는지, 어떤 동기로 사람들이 여기에 가담하는지 그리고 지금까지 취한 조치들이 왜 부적절했는지를 알리고 이 문제에 맞설 방안 몇 가지를 제시하고자 한다.

1부

누가 어떻게
우리를 조종하는가

How Bullshit Conquered the World

01

가짜 미디어

탈진실에 관한 이야기에서 소리 없는 악당이 하나 있다면 그것은 분명 가짜뉴스일 것이다. 이 현상은 소셜 미디어 시대에 와서 두드러지더니 처음에는 우리의 미디어를, 뒤이어는 민주주의 자체를 위협했다. 가짜뉴스는 몇 달 만에 보편적인 용어로 자리 잡았고, 소셜 미디어 이용자들은 자신이 지지하는 정치인을 다룬 부정적인 기사를 밀어내려고 가짜뉴스를 상습적으로 퍼뜨렸다. 비주류 매체가 주류 매체의 뉴스를 덮어버릴 때, 또 제러미 코빈Jeremy Corbyn과 도널드 트럼프를 비롯한 정치 지도자들이 못마땅한 보도나 매체를 공격할 때도 가짜뉴스를 이용했다. 소셜 네트워크는 가짜뉴스의 확산을 막기 위해 공개적으로 노력했고, 광고업체는 가짜뉴스 사이트를 차단할 방법을 모색했으며, 영국 의회에서는 가짜뉴스 실태 조사에 나서기까지 했다.

이 장에서 가짜뉴스를 논할 때는 다양한 목적으로 다수의 대중에게 노출하기 위해 완전히 조작한 이야기라는, 본래의 매우 엄밀한 정의를 사용하려고 한다. 가짜뉴스를 과도하게 해석해 풍자 기사를 썼다는 이유로 주간지 《뉴요커New Yorker》와 격주간지 《프라이빗아이Private Eye》 두 매체를 가짜뉴스 사이트와 나란히 취급하는[1] 일부 단체도 있지만 기성 매체가 의도한 패러디는 가짜뉴스에서 제외하겠다. 비록 일부 네티즌이 패러디 기사의 풍자를 놓쳐서 진지하게 받아들이는 경우가 있더라도 말이다. 우리가 다루는 대상은 사기나 고약한 장난이 목적인 사람, 양극화한 지지층을 자극하려는 사람, 순전히 재미로 기사를 꾸며내는 사람들이다. 가짜뉴스가 어떻게 주류 미디어에서 자주 논하는 화젯거리가 됐는지도 살필 것이다.

가짜이미지와 가짜뉴스, 유명 사이트를 모방한 속임수 사이트와 수년째 맞서는, 《버즈피드뉴스》의 미디어 편집자 크레이그 실버먼Craig Silverman은 2016년 50대 가짜뉴스를 선정했다.[2] 인기를 끈 가짜 기사를 살펴보면, 무해한 뉴스부터 매우 위험한 뉴스, 의심스럽지만 흥미진진한 실제 범죄물, 인종 갈등을 자극하는 기사, 정치 콘서트를 열겠다는 가짜 약속, 비밀스러운 정치 암살 주장까지 참으로 다양했다. 제목에는 유명인의 이름을 넣은 경우가 많았다. 화제에 오르기 위해서였다.

구체적으로 살펴보면, "오바마가 전국 학교에서 국기에 대한 맹세를 금지하는 행정명령에 서명하다."(1위) "트럼프, 미국을 떠나고 싶어 하는 사람들에게 아프리카와 멕시코행 편도 티켓을 무료로 제공하기로."(4위) "플로리다주의 한 남성이 마약 제조 공장에서 방귀로 불붙이기를 하다가 사망하다."(6위) "경찰, 백인 여성 시신 열아홉 구를 냉동실에서 발견. 이들 피부에는 '흑인 목숨도 소중하다'라고 새겨져 있어…."(9위) "도널드 트럼프 반대 시위 참가자의 증언, '나는 3500달러를 받고 트럼프 반대 집회에 나갔다.'"(15위) "여장 남자 가수 루폴, 1990년대에 트럼프가 자신에게 부적절하게 손댔다고 주장."(28위) "애틀랜타의 한 경찰관이 모유 수유로 말다툼을 벌이다 흑인 여성을 죽이고 아이에게 상해를 가하다"(44위) 등이다.

가짜뉴스 생태계는 한 사이트에서 성공한 기사를 다른 사이트가 그대로 이용하는 식으로 굴러간다. 50대 가짜뉴스 중에서도 핵심만 살짝 수정했을 뿐 제목이 거의 같은 기사가 여럿 있었다. 47위에 오른 기사는 7월에 처음 나왔으며 "프란치스코 교황, 힐러리 클린턴 후보를 공개 지지한다는 성명서 발표로 세상을 충격에 빠뜨리다"였다. 한편 3위에 오른 기사의 제목은 "프란치스코 교황, 도널드 트럼프 후보를 공개 지지한다는 성명서 발표로 세상을 충격에 빠뜨리다"였다. 외관상 완전히 달라 보이는 사이트에서 10월에 낸 기사였다. 뒤에 나온 기사는 선거를 앞두고 정치에 관심이 많은 시기에 나온 덕에 소셜 미디어에서 공유된 횟수가 앞서 나온 기사보다 네 배나 많았다.

모든 사람이 재미로 이런 기사를 공유한다고 보기는 어렵다. 진짜처럼 보이려고 위장한 경우가 많기 때문이다. 주요 가짜뉴스 사이트는 언뜻 보기엔 기존 뉴스 사이트처럼 보이는 주소를 쓴다. 착각하기 쉬운 가짜뉴스 사이트로 'abcnews.com.co'가 있다. ABC 방송국의 진짜 주소는 'abcnews.go.com'이다. 네티즌을 헷갈리게 만드는 또 다른 사이트 주소로는 'tmzhiphop.com'이 있다. 연예인 가십으로 인기가 많은 사이트인 'TMZ.com'을 따라 한 것이다. 단순하게 진짜 뉴스 매체처럼 들리는 이름을 쓰기도 한다. 《보스턴트리뷴》, 《밸리리포트the Valley Report》, 《엠파이어헤럴드the Empire Herald》, 《볼티모어가제트the Baltimore Gazette》 등이 그런 사이트다. 마지막 사이트는 19세기에 잠깐 나왔던 신문 《볼티모어》에서 따온 이름인데, "볼티모어 지역에서 가장 오래된 뉴스원이자 미국에서 가장 오래 일간지를 발행한 매체"라고 자신들을 뻔뻔스럽게 소개한다.[3]

마케도니아 10대들이 쥐고 흔든 미국 대선

2016년 미국 대선을 다룬 가짜뉴스의 면면을 살펴보면 허위 사이트가 꾸며낸 이야기보다도 더 생뚱맞은 사실들이 있다. 가장 의아한 점은 대선 막바지에 넘쳐난, 트럼프에게 호의적인 가짜뉴스 상당수가 발칸반도에 있는 마케도니아의 작은 도시

벨레스Veles에서 나왔다는 점이다. 겨우 4만 5000명이 사는 도시에서, 기묘한 온라인판 골드러시라도 열린 듯 가짜뉴스 사이트가 140개 넘게 만들어졌다. 가짜뉴스를 만들면 쉽게 돈을 번다는 소문이 벨레스에 파다했다. 크레이그 실버먼과 로런스 알렉산더Lawrence Alexander의 보도에 따르면, 이 도시에 사는 10대들은 도널드 트럼프나 미국 정치에 큰 관심이 없었지만 사이트를 만들어 가짜뉴스를 지어내거나 다른 사이트에서 훔쳐 오는 식으로 돈을 벌었다고 한다.[4]

가짜뉴스 사이트를 운영하는 한 10대는 기자들에게 이렇게 말했다. "돈을 쉽게 벌려고 사이트를 시작했어요. 마케도니아는 경제가 안 좋고 우리는 일을 못 하거든요. 돈을 벌려면 창의적인 방법을 찾아야 했죠. 저는 음악을 하는데 장비를 마련할 형편이 못 돼요. 대신 마케도니아에서는 작은 사이트에서 얻은 수입으로도 살 수 있는 게 참 많아요."

일찍이 가짜뉴스판에 뛰어든 사람들은 사이트 운영으로 한 달에 5000달러 정도를 벌었다고 한다. 다른 지역에서라면 그럭저럭 괜찮은 수준이지만 마케도니아에서는 엄청난 액수다. 마케도니아는 평균 월급이 400달러 정도이기 때문이다. 마을에서 10대들이 올린 기사는 엄청나게 많은 사람에게 퍼졌다. 그중 힐러리가 2013년에 트럼프가 대선에 출마해야 한다고 말했다는 거짓 주장은 페이스북에서 무려 40만 명이 공유했다. 1995년 트럼프의 납세 내역을 다룬 《뉴욕타임스》 선거 특종을 공유한 횟수보다 두 배 이상 많은 수치다.

전 세계에서 몰려온 기자들이 벨레스 주민들에게 인터뷰를 요청했다. 기자들은 이런 기사가 미 대선을 좌우할 수 있다는 사실에 도덕적 갈등은 느끼지 않는지 물었다. 가짜뉴스 사이트를 운영하는 한 16세 소년이 〈채널4뉴스〉에 나와 자신은 그저 수요를 충족했을 뿐이라고 설명했다.[5] "사람들은 이런 기사에 목말라 있어요. 제가 드릴 말씀은 그것뿐이에요. 사람들은 도널드 트럼프에 관한 뉴스를 듣고 싶어 해요." 소년은 인터뷰 내내 짤막하게 답했다. "어떻게 표현해야 할지 모르겠는데, 이곳에는 할 게 많지 않아요. 밖에 잘 나가지도 않고요. 이런 걸로 지루함을 달래요." 소년은 사실이 아닌 기사들 때문에 마음이 편하지는 않지만 사이트는 계속 운영할 생각이라고 말했다.

또 다른 소년은, 부모님이 사이트 운영에 반대하지 않는지 BBC 기자가 묻자 이렇게 답했다. "기자님 아이가 한 달에 3만 유로를 벌면 이를 문제 삼으시겠어요?"[6] 이 도시의 시장도 기자에게 이렇게 말했다. "벨레스에는 부정한 돈이 없습니다."

벨레스 주민의 태도는, 범죄자와 자금 세탁자를 비롯해 전 세계 초갑부와 회사들이 조세회피지로 이용하는 나라의 현지인이 보이는 태도와 놀랍도록 닮았다. 이런 나라에서 역외탈세를 저지르는 기업의 꼭두각시 관리자 노릇을 하는 사람은 한 해에 수백 달러에서 수천 달러를 챙기고, 기업은 수백만 달러에서 수십억 달러의 세금을 빼돌린다.

2012년에 나는 취재차 카리브해에 있는 작은 섬이자 평균 소득이 한 달에 1000달러가 조금 넘는 나라 세인트키츠네비스에 갔다. 허물어진 주유소 맞은편에 버려진 호텔이 이 나라 총리 대변인의 사무실이었는데, 그에게 역외탈세에 관해 묻자 이런 답이 돌아왔다. "역외탈세는 네비스의 국가 경제를 원활히 굴러가게 하는 요인 중 하나입니다. 그런 불만을 드러내는 사람이 우리 국민일까요, 아니면 다른 나라 국민일까요? 우리 국민은 불만이 없습니다! 영국이 조세회피로 우는소리를 한들 우리 문제가 아닙니다."[7]

벨레스의 10대들이 보여준 비즈니스 모델은 더할 나위 없이 간단했고, 주류 미디어의 재정 문제 타개책과도 유사했다. 즉, 벨레스의 10대들은 자신의 기사가 엄청난 화제에 올라 수백만 건의 조회 수를 기록하고, 각종 저급한 배너 광고가 달리길 바랐다. 조회나 클릭에 따른 광고 수익은 미미한 푼돈이지만, 이것이 수십만에서 많게는 수백만 번 쌓이면 금세 상당한 수입원이 된다. 기사를 지어냈든 어디서 훔쳐 왔든 콘텐츠 제작에 돈이 안 드니, 웹호스팅 비용이나 사이트를 어느 정도 신뢰하게끔 디자인하는 비용 외에는 사실상 드는 돈도 없다.

배너나 팝업 광고 말고도 가짜뉴스 장사치들이 돈을 버는 방법은 더 있다. 수익성이 아주 좋은 가짜뉴스 비즈니스 모델 중 하나는 카지노 사이트나 매우 위험한 바이너리 옵션(주가나 환율의 등락에 돈을 거는 신종 금융상품-옮긴이) 투자 사이트에 가입하도록 사람들을 유도하는 것이다. 이런 사이트에 새로 회원을 가입시키면 고정된 액수든, 수천 파운드에 달하는 판돈의 일정 비율이든 넉넉한 수수료를 받는다.

《버즈피드뉴스》가 처음 보도한 특히 정교한 사례로, CNN 사이트를 그럴듯하게 모방한 사이트가 있었다.[8] 브라우저의 새 창에 광고로 불쑥 뜬 이 사이트는 "스티븐 호킹 박사가 매우 독창적인 컴퓨터 코드를 개발하다"라는 제목과 함께 에릭 브라우어Eric Brauer라는 기자의 사진을 보여주었다. 하지만 CNN에는 그런 기자가 없었고, 사진도 훔친 것이었다. 이 사이트는 존재하지 않는 기자의 개인 페이스북 페이지까지 만들어놓았다.

기사는 전설적인 물리학자 스티븐 호킹이 리스크 없이 시장 수익률보다 높은 수익을 계속 올릴 수 있는 새로운 트레이딩 알고리즘을 가까스로 개발했으며, "지나치게 잘살거나 지나치게 못사는 사람 없이 열심히 일하는 이들 모두 부를 골고루 누리는" 세상이 10년 내에 오길 바라는 마음에서 이 알고리즘을 대중에게 무료로 공개하기로 결심했다고 전했다. 기사에는 심지어 페이스북 댓글(회의감을 드러내는 댓글도 끼어 있었다)과 공유 및 좋아요 개수도 가짜로 만들어놓았다. 이 CNN 기사의 링크를 누르면 영상이 하나 뜨면서, 호킹 박사의 목소리와 비슷하지만 완전히 똑같지는 않은 합성된 목소리가 이 계획을 설명했다.

정교한 장치에 속은 사람들은 투자금을 몽땅 잃을 수 있는 초고위험 트레이딩 사이트에 가입했을 것이다. 보도에 따르면 이러한 바이너리 옵션 사이트에서 영국 국민들이 수십만 파운드를 잃었다고 한다.

《버즈피드뉴스》가 이런 사기성 사이트의 실체를 폭로하자, 가짜 호킹 박사 사이트와 CNN 모방 사이트 둘 다 인터넷에서 삭제됐다. 그러나 연예 뉴스나 비즈니스 사이트를 흉내 내 사람들을 꼬드기는 다른 가짜 기사들은 여전히 같은 서버에 등장했다. 가짜뉴스 장치를 한 번에 하나씩 없애는 일은 끝이 안 보이는 두더지잡기 게임과 같다. 우리가 주목해야 할 점은 설령 주요 광고 네트워크들이 가짜뉴스 사이트를 대대적으로 단속한들, 가짜뉴스를 박멸하지 못한다는 점이다. 도박 사이트, 수상한 투자업체, 대체의학 업체를 비롯해 회원 가입을 유도하면 두말하지 않고 넉넉한 제휴 수수료를 챙겨주는 각종 사이트가 끝없이 등장할 것이기 때문이다.

심지어 윌리엄 힐William Hill처럼 도박업계에서 점잖은 축에 드는 업체들도 《이브닝 포스트Evening Post》[9] 같은 제휴 사이트와 협력해 가짜뉴스로 예비 도박꾼을 끌어들인다. 가입 절차가 허술한 제휴 사이트는 어떤 승인도 없이 가입이 이뤄지기도 한다. 가짜뉴스가 수상한 사이트에서 회원을 모집하는 데 도움이 되고 또 이들 사이트가 기꺼이 회원 수수료를 지급하는 한, 사람들은 계속 가짜뉴스를 만들어낼 것이다.

대중을 가지고 노는 사람들

모든 가짜뉴스 사이트 제작자들이 돈을 목적으로 활동하는 것은 아니다. 돈이 아닌 다른 동기로 가짜뉴스를 만드는 경우는 보통 두 부류다. 하나는 사기꾼이나 몹쓸 장난꾼으로, 이들은 쾌감이나 관심 혹은 자신이 싫어하는 집단의 '어리석은 모습'을 구경하려고 가짜뉴스를 만든다. 다른 하나는 당파적 세력으로, 자신이 만든 뉴스가 대의명분에 도움이 되거나 지지 후보에게 유익하다고 판단해 뉴스를 지어낸다. 어느 쪽에 해당하든 이들에게 그동안 어떤 활동을 했고, 그런 행동을 하면 어떤 기분이 드는지, 또 어떤 성과가 있었는지 등을 물어볼 때 반드시 주의할 점이 있다. 양쪽 다 본질적으로 개소리꾼이라는 점이다. 이들에게 말주변이 없었다면 그런 허위 기사가 인기를 끌거나 사람들을 속이지 못했을 것이다. 따라서 앞서 나온 이들의 주장이나 이들과의 인터뷰를 읽을 때는 우리는 모르는, 이들 나름의 이유로 인터뷰한 기자를 가지고 놀 수도 있음을 기억해야 한다. 《뉴요커》의 표현처럼 "당신이 개여도 인터넷에서는 아무도 이 사실을 모르기" 때문이다.[10]

이를 염두에 두더라도, 《워싱턴포스트》가 미국 작가 폴 호너Paul Horner와 진행한 인터뷰는 대단히 흥미롭다. 폴 호너는 생전에 수년 동안 가짜뉴스로 돈벌이를 했다. 50대 가짜뉴스에 오른 기사 중 몇 개도 호너가 쓴 것이다. 그는 자신이 트럼프 당선에 일조했을지도 모른다고 인정했지만, 사실은 트럼프 지지자들이 멍청하다는 것을 드러내려고 친트럼프 기사를 썼다고 강조했다.

"솔직히 정말 멍청한 사람들입니다. 기사를 그냥 계속 퍼다 날라요. 트럼프 추종자들은 어떤 사실도 확인해보지 않습니다. 모든 기사를 포스팅하고 뭐든 믿으려고 합니다. 트럼프 지지자들은 항상 내 사이트에 와서 정보를 얻었습니다. 트럼프는 제 덕분에 백악관에 들어간 것 같아요. 트럼프 선거캠프 사무장도 제가 쓴, '나는 3500달러를 받고 트럼프 반대 집회에 나갔다'라는 기사가 사실이라고 인터넷에 올렸습니다."

그는 공유 횟수 수십만을 기록한 그 기사를 쓴 이유로 "그저 이 비상식적인 믿음을 조롱하고 싶었다"라고 말했다(이 기사는 삭제되지 않았다). 호너는 한 해 동안 수백만 명이 사실로 믿고 공유한 자신의 기사들이 풍자 뉴스 사이트 《어니언The Onion》과 나란히 취급받아 기쁘다고 말했다. "제 기사는 쓰는 데 시간이 더 많이 걸립니다. 이면에 어떤 목적과 의미가 있거든요. 단순히 가짜뉴스를 만들어내려고 쓰는 글이 아닙니다."[11]

그로부터 몇 달 후 이 책에 쓸 자료를 검색하다가 〈ABC뉴스〉를 모방한 호너의 사이트에 들어갔을 때도 그가 쓴 가짜 기사 "돈 받은 시위자들"이 여전히 올라와 있었다. 〈ABC뉴스〉 기자라고 주장하는 가짜 이름으로 말이다. 기사에는 내 컴퓨터가 위급 상황이라고 경고하는 광고가 달려 있었는데, 애플 고객지원센터로 위장한 사이트에서 보낸 메시지였다. 이 광고 사이트는 전화로 신용카드 정보를 보내주면 사기꾼들이 개인정보를 빼내지 못하게 막을 수 있다고 설명했다. 해마다 수천 명의 개인정보를 빼내는, 흔하지만 그럴듯한 사기였다.

풍자 글보다 뉴스에 가까운 "돈 받은 시위자" 기사에는, 트럼프 반대 시위 일정을 알리는 광고를 캡처한 이미지가 흔적으로 남아 있다. 나는 이 사이트의 정체성이 풍자나 익살이라는 인상은 전혀 받지 못했다. 그곳의 글이 풍자라면 호너의 유머 감각은 형편없다. 부주의한 방문자들이 그가 끼워 넣은 파렴치한 광고 사기에 넘어갈 위험도 있었다.

정치적 사명을 띠고 탄생한 가짜뉴스 사이트

명백한 가짜뉴스를 퍼뜨리고 가짜뉴스 사이트를 만드는 당파주의자들과 관련해 가장 노골적이고 특이한 사례는 아마 이탈리아일 것이다. 이탈리아 정치는 현재 포퓰리즘 정당인 오성운동Five Star Movement이 장악했다. 《버즈피드뉴스》 유럽 편집장이자 이탈리아 시민인 알베르토 나르델리Alberto Nardelli가 심층 취재한 결과, '독립적'이라던 뉴스 사이트 네트워크를 운영하는 이들이 당 지도부인 것으로 밝혀졌다.[12]

기사는 실태를 폭로했다. "'그들이 숨기려는 진실들' 따위의 노골적이고 대문자 일색인 기사 제목 아래, 오성운동 블로그와 그 네트워크에 소속된 여러 사이트는 가짜 기사 수십 개를 똑같이 올렸다. 이 중에는 북아프리카에서 이탈리아로 이민자를 데려오는 불법 중개업자에게 미국이 비밀리에 자금을 대준다든가, 버락 오바마가 중국이 중동 지역 석유에 접근하지 못하게 시리아 정권을 끌어내려서 중동 지역을 불안정한 상태에 빠뜨리려 한다는 주장이 있었다."

이는 트럼프가 가짜뉴스 사이트가 링크된 자신의 지지 사이트를 가끔 리트윗하는 것보다도 심각한 행동이다. 정치 행위자와 직접 연관된 기관이 자신들의 의제를 공론화하려고 '독립적'이라고 주장하는 사이트에 공공연하게 가짜뉴스를 올리고 있으니 말이다. 사기 사이트나 돈이 목적인 허위 사이트를 단속하는 것과는 다른 처방이 필요하다. 이 사례는 가짜뉴스나 개소리를 막기 위한 기술적 처방은 여전히 필요하지만, 쉽거나 빠른 처방을 바라는 것은 허망한 기대임을 보여준다.

정치인과 국가가 가짜뉴스를 퍼뜨린다는 사실을 논할 때, 사람들이 가장 우려하는 국가는 이탈리아가 아니라 따로 있다. 다들 알면서도 함구하는 문제의 주인공은 바로 러시아다. 푸틴과 러시아 정부는 가짜뉴스 유포에 어느 정도 관여할까? 서구에 대항하는 주요 매체이면서 공공연히 개입하는 러시아 정부 관련 매체는 두 곳이다. 하나는 텔레비전 채널이자 사이트인 《러시아투데이》로, 아주 특별한 의제에 맞춰 기사를 조작하고 뉴스를 선별하지만 노골적인 가짜 기사는 피하는 편이다. 반면 자매 사이트인 《스푸트니크Sputnik》는 다른 기사를 고쳐 쓴 글과 논평뿐 아니라 가짜뉴스로 봐도 무방할 만큼 출처가 매우 의심스러운 기사를 골고루 싣는다. 한편 《스푸트니크》에 올라오는 기사들은 대부분 조회 수가 한 달에 1000건에도 미치지 못했다.[13] 러시아에 가짜뉴스를 퍼뜨리는 수단으로써는 성적이 썩 좋은 편은 아니다. 물론 다른 사이트들이 종종 《스푸트니크》 기사를 가져다 올리고, 《러시아투데이》도 가끔 극당파적 기사를 써서 상당수의 온라인 독자를 끌어모은다.

상황이 이렇다 보니 러시아는 비밀리에 또 다른 방책을 마련해놓았다. 여러 기자가 몇 년간 취재한 결과 러시아 정부와 긴밀한 관계인 '댓글공장'의 존재가 밝혀졌다. 여기서 일하는 직원들은 전 세계 인터넷에 친푸틴, 친러시아 댓글을 매일 미친 듯이 쏟아낸다. 푸틴과 러시아에 관한 부정적인 글이 올라오면 기사의 신뢰성을 문제 삼고 작성자를 공격한다. 이런 방식으로 댓글공장은 러시아 정부의 지지도가 높다는 환상을 심어준다.[14] 러시아가 해킹으로 미 대선에 개입한 점을 고려할 때, 독일 정보원과 관계자들이 2017년 9월 총선을 앞두고 러시아를 예의 주시하면서 선거를 교란할지 모르는 러시아발 가짜뉴스를 단속하겠다며 경고하고 나선 것은 당연한 조치였다.[15]

이는 현명한 경계심이었다. 러시아는 자신들이 서구 미디어와 선거를 뒤흔들 능력과 의사가 있음을 거듭 내비쳤기 때문이다. 그렇지만 이런 분위기는 가짜뉴스 자체에 대한 거짓 담론을 만들 위험이 있다. 친트럼프 성격의 가짜뉴스가 퍼지면 배후에 러시아가 있다는 식으로 해석되기 쉽기 때문이다. 이러한 음모론은 가짜뉴스 세계에서 친트럼프 콘텐츠가 가장 주목받는다는 자명한 사실을 놓친 것이다. 가짜뉴스는 수년 전부터 있었고, 또 여러 가지 이유로 만들어진다. 러시아라는 존재를 무시해서도 안 되지만, 모든 가짜뉴스가 푸틴이 그린 큰 그림의 일부라고 속단해서도 안 된다.

가짜뉴스가 미치는 영향력

정치적인 가짜뉴스는 분명 존재하고, 이것이 대중에게 광범위하게 노출될 수 있으며, 매우 다양한 이유로 만들어진다는 점을 살펴보았다. 이제 더욱 확답하기 힘든 질문을 던질 차례다. 가짜뉴스가 실제로 정치에 조금이라도 영향을 줄까? 이 질문에 자신 있게 대답하려면, 다른 조건은 모두 그대로 둔 채 가짜뉴스만 없는 세상에서 2016년 미국 대통령 선거를 다시 한번 치러야 한다. 애석하지만 불가능한 일이다. 가능한 선택지는 다른 정보를 이용해 합리적으로 추측해보는 것이다.

가짜뉴스와 진짜뉴스를 비교해보면 가짜뉴스의 영향력이 매우 대단해 보인다. 크레이그 실버먼은 사람들이 가장 많이 읽은 미 대선 관련 진짜 기사 20개와, 마찬가지로 가장 많이 읽은 미 대선 관련 가짜 기사 20개의 공유 횟수를 비교했다.[16] 2016년 2월부터 7월까지는 진짜뉴스가 가짜뉴스를 총 공유 횟수에서 너끈히 앞섰다. 선거 막바지에 이르자 상황이 달라졌다. 8월부터 11월까지 가장 많이 읽은 진짜 기사 20개는 총 730만 번 공유되었으나 가장 많이 읽은 가짜 기사는 총 870만 번 공유되었다. 게다가 20개의 가짜 기사 중 17개가 명백한 친트럼프 기사거나 명백한 반힐러리 기사였다. 이는 가짜 기사들이 대선에 어느 정도 영향을 주었을 가능성을 시사한다.

이와 다른 방식으로 접근한 좀 더 포괄적인 연구는 정반대의 결과를 내놓았다. 《컬럼비아저널리즘리뷰》는 과감하게 《브레이트바트》 같은 사이트도 가짜뉴스 범주에 포함해 연구를 진행했다. 연구 결과 진짜뉴스 사이트는 가짜뉴스 사이트보다 총 도달률이 현저히 높았고, 이는 대선 직전에도 변함이 없었다.[17] 두 가지 연구 결과가 서로 모순된다고 볼 필요는 없다. 대형 주류 매체들은 날마다 수백 개의 기사를 쏟아내는 반면, 가짜뉴스 사이트에서 나가는 기사는 하루에 한두 개 정도다. 따라서 가장 많이 읽은 기사끼리 비교하면 정면 대결이 가능해도, 전체 트래픽과 총 공유 횟수로 비교하면 언제나 주류 매체가 앞서기 마련이다. 미디어 연구소 포인터Poynter가 내놓은 또 다른 연구는 '문제는 가짜뉴스가 아니다'라고 주장하는 쪽에 힘을 실어주었다. 이 연구에서는 유권자에게 어디서 뉴스를 얻었고 후보들에 관한 어떤 기사가 기억에 남는지 물었다. 결론적으로 가짜뉴스가 선거 결과를 바꾸려면, 가짜뉴스 하나하나가 대선 텔레비전 광고 36개와 맞먹는 영향력을 유권자에게 행사해야 했다.[18]

지금까지의 내용은 매우 고무적이다. 그러나 가짜뉴스에 대응하기 위해 만든 비영리 단체 《퍼스트드래프트뉴스First Draft New》의 편집장을 지낸 엘러스테어 리드Alastair Reid는 가짜뉴스의 영향력을 판단할 때 사람들의 기억에만 기대면 과소평가되기 쉽다고 지적했다.[19]

> 선거 관련 가짜뉴스와 그 영향력을 다룬 많은 연구들은 하나같이 후보에 관한 가짜 기사의 영향력에 초점을 맞췄다. 허위 정보가 유통되는 특정 매체, 단일 주제에만 주목한 것이다. 사실 온라인의 허위 정보와 선거 모두 훨씬 더 복잡한 현상이다. 연구들은 선거 쟁점을 건드리는 인터넷에 떠도는 무수한 밈meme(인터넷에서 유행하는 단어나 이미지-옮긴이)과 사진, 영상을 무시했다. (…)
> 정치 분야에서 가장 활발한 개인들의 페이스북 그룹이나 트위터 계정에는 밈과 사진과 영상이 넘쳐난다. 트럼프 취임 기념 개탄스러운 무도회(대선 당시 힐러리가 트럼프 지지자들을 개탄스러운 집단이라고 표현한 것을 비꼬아 붙인 행사명-옮긴이)를 찍은 영상을 보면, 참석자들은 "트럼프가 집권하도록 성공적으로 밈했다"며 뿌듯해하고 "이런 문화를 소셜 미디어에서 진두지휘

한 것"을 자랑스러워한다. 인터넷의 기사에만 주목하면 허위 정보 생태계의 큰 부분을 놓치게 된다.

리드는 가짜뉴스가 소셜 미디어는 물론, 가족이나 친구를 거치면서 더욱 증폭하기 때문에 위험하다고 경고하면서, 가장 측정하기 어려운 지점이 바로 이런 요소들이라고 설명했다. 본질적으로 연구자는 빙산의 일각만 보고 위험을 과소평가할 가능성이 있는 것이다. 리드는 다음과 같이 결론을 내렸다.

> 이는 광고와 같다. 우리는 어떤 제품을 살까 고민하면서 텔레비전을 보지는 않는다. 하지만 수십 가지 연구에서 밝힌바 우리가 물건을 구매하는 패턴에 광고는 분명히 영향을 미친다. 소셜 미디어에서 접하는 정보가 이와 다르게 작용한다고 보는 것은 순진한 생각이다. 게다가 자신에게 거짓 혹은 허위 정보를 전하는 사람이 친구나 가족이라면 더욱 믿는 경향이 있다.

리드가 '허위 정보 생태계'라고 부른 현상, 즉 사람들이 가짜뉴스를 외부와 단절된 채로 접하는 것이 아니라는 사실은 핵심 이슈가 되었다. 가짜뉴스는 당파적 뉴스처럼 검색 결과로 보기도 하고 소셜 미디어에서 보기도 한다. 또 주류 매체의 뉴스로, 친구와 가족이 쓴 댓글이나 이들이 보낸 사진과 밈으로도 접한다. 가짜뉴스만 따로 떼어놓고 보면 문제를 놓치고 만다.

디지털 저널리즘 전문가들도 이 점을 꼬집었다. 저널리즘학 교수인 제프 자비스Jeff Jarvis는 이렇게 말했다. "가짜뉴스는 페이스북에만 있지 않다. 폭스뉴스Fox News와 CNN은 물론이고 신문에도 당연히 나온다. 그런 뉴스를 일컬어 개소리 뉴스라고 한다."[20] 컬럼비아대학교 산하 토디지털저널리즘연구소Tow Center for Digital Journalism 소장 에밀리 벨Emily Bell은 우리가 가짜뉴스에 당황하는 모습은 더 큰 위기감을 보여주는 징후라고 설명했다.

> 가짜뉴스는 새로운 뉴스 생태계의 가늠하기 어려운 힘을 사람들이 우려하고 있음을 보여준다. 가짜뉴스라는 용어 자체는 조작된 헛소리는 물론, 내 마음에 안 드는 생각이나 사실을 지칭할 뿐이다. 저널리즘이 처한 진짜 위기는 페이스북처럼 대형 플랫폼을 확보한 회사에 지배력과 영향력을 빼앗겼다는 사실이다. 가짜뉴스가 이슈인 것은 맞지만, 이에 필요 이상으로 분노하는 모습은 우리가 원하는 뉴스 생태계와 공론의 장에 대한 불안감이 깊다는 것을 반영한다.[21]

영국의 사례는 이를 가장 잘 보여준다. 《버즈피드뉴스》 기자 짐 워터슨Jim Waterson의 연구에 따르면, 영국 정치에 관한 가짜뉴스가 특정 집단에 영향을 미쳤다는 증거는 찾기 어려웠다. 워터슨은 이렇게 설명했다. "테리사 메이Theresa May가 총리가 되고 얼마 지나지 않아 가장 많이 공유된 기사 100개 중, 많은 사람이 속은 듯한 명백한 가짜 기사는 딱 하나였다.[22] 《무크뉴스Mook News》라는 사이트가 올린, '토니 블레어Tony Blair는 테리사 메이의 권력을 탈취할 준비를 마쳤다'라는 제목의 기사였다."

다른 99개 기사가 모두 수준 높고 매우 정확한 보도였다는 뜻은 아니다. 그렇지만 최다 공유 기사 목록을 당파적 기사와 극당파적 기사가 장악하면서 노골적인 가짜뉴스는 거의 사라진 듯 보인다. 극우 단체 브리튼퍼스트의 페이스북을 분석한 또 다른 연구도 같은 결론을 내렸다. 브리튼퍼스트의 페이스북에서 가장 많이 공유된 기사는 실제 사건을 왜곡하거나 당파적으로 해석한 기사였고, 가짜 기사는 찾아보기 어려웠다.[23]

이 때문에 영국 하원 문화, 미디어, 스포츠 특별위원회는 난감한 상황에 놓인 바 있다. 특별위원회는 2017년 1월에 가짜뉴스 실태 파악에 나섰다. 조사 범위를 엄밀하게 가짜뉴스로만 한정하여 이런 정보들이 페이스북과 여타 소셜 네트워크를 타고 어떻게 확산하는지 조사했다. 하지만 특별위원회에는 가짜뉴스보다도 주류 매체의 부정확한 보도에 대한 불만이 더 많이 접수되었다.[24] 타블로이드 신문에 비판적인 여러 캠페인이 대중을 부추긴 탓이었다. 결국 위원회는 (허사였지만) 그런 불만 사항은 미디어 감시 단체인 영국 독립언론윤리위원회IPSO에 보내라고 설득했다.

처음에 가짜뉴스는 희생양과도 같았고, 어느 순간부터 마음에 안 드는 보도를 모욕하는 표현이 되었다. 바람직한 악역이다. 노골적인 거짓 정보를 두둔할 사람은 거의 없다. 대다수 주류 매체의 입장에서는 더욱 훌륭한 악역인데, 가짜뉴스에 대한 책임이 페이스북과 허위 사이트에만 있고 표면상 레거시 미디어에는 잘못이 없어 보이기 때문이다. 우리는 3부에서 꼭 그렇지는 않다는 것을 살펴보겠다. 우리가 페이스북을 닦달하고 광고 네트워크를 압박하면, 이론대로라면 대중 담론이 바로잡힐 것이다. 두 조치 모두 긍정적인 효과가 있겠지만 이제 더 뚜렷한 효과를 내야 하는 만큼, 그리고 다른 모든 미디어 행위자도 개소리를 퍼뜨리는 상황인 만큼 시야를 더 넓혀야 한다.

사실 소셜 네트워크가 없었다면 가짜뉴스 사이트와 가짜 기사들은 대부분 조회 수 1000회 미만을 기록하며 사라졌을 테다. 구글의 검색 기능과 달리 소셜 네트워크의 공유 기능은 극당파적 뉴스에 생기를 불어넣듯 가짜뉴스에도 숨을 불어넣고, 차츰 주류 매체에서도 같은 일을 한다. 페이스북은 이들 사이트의 트래픽을 늘려주고 동시에 구독자의 관심과 광고 수익을 놓고 이들과 경쟁한다. 페이스북과 더불어 이보다 규모가 작은 경쟁업체들은 먹이사슬의 매 단계에서 가짜뉴스 생태계와, 더 크게는 개소리 생태계와 관련을 맺고 있다. 이제 이 먹이사슬이 정확히 어떻게 작동하는지 더 자세히 들여다보자.

02

소셜 미디어

오늘날 소셜 미디어는 엄청난 영향력을 지닌다. 정치 캠페인은 페이스북 광고를 영리하고 정교하게 이용한다. 주류 미디어와 당파적 미디어도 구독자를 늘리려고 소셜 네트워크를 이용한다. 가짜뉴스는 소셜 미디어의 공유 기능에 의존한다. 페이스북과 트위터가 자신들은 미디어 기업이 아닌 기술 기업이라고 주장한들 이들은 미디어 생태계에서 필수적인 존재다. 그리고 개소리를 유포하는 데 큰 몫을 한다.

페이스북은 가장 거대한 소셜 네트워크 기업이므로, 이번 장에서는 주로 페이스북에 초점을 맞출 것이다. 알다시피 미디어 산업에 속하는 여타 기업과 비교해보면 그 규모는 실로 어마어마하다. 영국 BBC의 간판 프로그램 〈10시 뉴스〉는 매일 밤 450만 명의 시청자가 보고,[1] 미국 ABC와 CBS의 저녁 뉴스는 각각 900만 명이 본다.[2] 세계에서 가장 큰 뉴스 사이트인《메일온라인MailOnline》을 이용하는 사람은 하루에 1500만 명에 이른다.[3] 그리고 페이스북은 매일 12억 명이 이용한다.《메일온라인》이용자보다 여덟 배 많은 것이다.[4]

자금력 또한 미디어 업계의 다른 기업에 비해 규모가 남다르다. 마케도니아의 가짜뉴스 제공 사이트들은 한 달에 5000달러를 벌자 흥분했다.《워싱턴포스트》는 2013년에 겨우 2억 5000만 달러에 매각된 반면,《뉴욕타임스》의 자산 가치는 2017년 기준 24억 달러 정도다.[5] CNN, 영화채널 HBO, 영화 제작사 워너브라더스와 뉴라인시네마를 소유한 미디어 기업 타임워너의 자산 가치는 740억 달러다. 페이스북의 자산가치는 타임워너 자산 가치의 다섯 배가 넘는 3870억 달러다.

페이스북은 자금 규모와 영향력만 봐도 두드러진 존재다. 동시에 페이스북은 뉴스 포맷을 만드는 퍼블리셔들과 광고 수익을 놓고 경쟁한다. 페이스북이 알고리즘을 수정하면 퍼블리셔들이 흥하거나 망한다. 포스트 노출이나 공유 기능이 새로운 알고리즘의 영향을 받아 클릭 수가 수천에서 수백만으로 늘거나 줄기 때문이다. 마찬가지로 페이스북이 라이브 방송이나 재생 시간이 긴 영상을 지원하는 등 다양한 결정을 내리면, 전 세계 퍼블리셔들은 즉각 이러한 변화에 대응한다. 페이스북의 힘은 부정할 수 없다. 영향력으로는 구글 말고는 대적할 상대가 없다 보니, 대다수 가짜뉴스와 개소리가 페이스북을 이용한다.

페이스북과 퍼블리셔 그리고 알고리즘

페이스북이 뉴스 미디어와 맺고 있는 이상하고 복잡한 관계부터 짚어보자. 페이스북이 뜨기 전에는 온라인 뉴스를 검색으로 접하는 게 전부였다. 원하는 콘텐츠를 찾기 위해 구글을 열어 검색을 했으므로 뉴스 편집실에서는 검색 트래픽을 유도하려고 애썼다. 구글 알고리즘에 잘 반영되고 구글뉴스 상위권에 뜨도록 기사 제목을 손질했고, 지금도 그렇게 한다. 오로지 구글을 거쳐 유입되는 트래픽을 올리려고 써내는 무의미한 기사들도 있었다. "OOO 프로그램은 몇 시에 하지?"라는 제목으로 방송 프로그램 기사를 수천 개씩 마구 써내는 것이다. 《인디펜던트Independent》는 이런 기사를 6500개 정도 썼고, 《데일리텔레그래프Daily Telegraph》도 1만 3000개가량 게시했다.[6]

뉴스를 검색하는 시대는 갔다. 몇몇 연구에 따르면 2015년 무렵 페이스북을 통해 뉴스 사이트로 들어온 트래픽이 구글을 통해 들어온 트래픽을 앞질렀다는 확실한 근거가 나왔다고 한다. 세계 최대 검색엔진이 사이트를 선별하는 방식 못지않게 사람들이 소셜 미디어에서 공유하는 내용이 트래픽 유입을 결정짓는 주요 변수라는 뜻이다.[7]

사이트에서는 콘텐츠가 쉽게 노출되도록 쉽고 명쾌한 기사를 작성했다. 소셜 미디어에서는 다른 전략을 사용한다. 딱딱한 글보다 공감을 일으키는 구어체로 글을 쓰는 것이다. 앞서 여러 번 말했듯이 사람들의 분노를 자극하는, 정치색이 뚜렷한 제목을 써서 공유를 유도하는 방법도 있다. 연구에 따르면, 페이스북을 통해 가짜뉴스 사이트와 정치색이 뚜렷한 사이트에 유입된 트래픽이, 페이스북을 통해 진짜뉴스 사이트에 유입된 트래픽보다 세 배 정도 많았다.[8] 소셜 미디어의 공유 기능은 가짜뉴스 사이트와 당파적 사이트가 생존하는 데 필수다.

페이스북의 알고리즘은 유행하는 트렌드를 많이 잡아내지만, 그 방법은 완전히 베일에 싸여 있다. 페이스북은 내 친구들이 작성한 포스트를 전부 보여주는 게 아니라, 내가 팔로우한 페이지의 포스트 중 일부만 보여준다. 피드에서 글이 날짜순으로 뜨지도 않는데, 이 역시 페이스북이 정한다. 이따금 알고리즘을 약간 수정하면 엄청난 결과가 뒤따른다.

2015년 후반, 뉴스 사이트들은 페이스북에서 유입된 트래픽이 급증하자 환호했지만 2016년 초반이 되자 축제는 막을 내렸다. 페이스북이 퍼블리셔가 만든 포스트가 덜 노출되도록 알고리즘을 약간 손보면서, 콘텐츠 도달률이 42퍼센트나 떨어졌기 때문이다.[9] 이런 변화는 실제 사이트의 트래픽에도 뚜렷한 영향을 주기 때문에 퍼블리셔로 들어오는 광고 수익에도 큰 변화가 생긴다. 2016년에 알고리즘이 또 한 번 수정되면서 페이스북을 거쳐 다수의 퍼블리셔로 유입된 트래픽이 20퍼센트에서 50퍼센트까지 줄었으며 이러한 추세는 계속되고 있다.[10]

퍼블리셔는 페이스북과 다소 일방적인 관계를 맺는다. 이들은 트래픽 때문에 페이스북에 크게 의존하지만, 페이스북은 퍼블리셔에 의지할 이유가 없다. 그들이 아무리 스스로 저널리즘의 친구라고 공언한들 말이다. 페이스북과 뉴스 매체의 바람이 서로 맞서기도 한다. 2016년 6월, 페이스북이 주요 뉴스 피드 선정 방식을 변경하면서 퍼블리셔가 만든 콘텐츠의 노출 비율이 떨어졌다. 페이스북은 이용자가 결혼식이나 아기 사진처럼 친구들의 일상이 담긴 정보에 더 주목하길 원했다.

페이스북의 이런 변화로 친구나 가족이 올린 새 글은 더 잘 보인 반면, 퍼블리셔가 올린 포스트는 눈에 잘 띄지 않았다. "사람들이 챙겨 보는 친구나 가족의 포스트를 놓치는 일이 없도록, 이런 콘텐츠를 이용자의 뉴스 피드 상단에 배치했다." 인스타그램 대표이자 페이스북 뉴스 피드 전 부사장 애덤 모세리Adam Mosseri는 페이스북의 변화를 이렇게 설명했다.[11] 《버즈피드 뉴스》의 찰리 워즐Charlie Warzel은 더 직설적으로 표현했다. "뉴스 피드에 올릴 새 소식을 놓고 페이스북은 자체 투표를 거쳐 그 결과를 발표했다. 간단히 말하면 이용자의 목소리가 반영됐고, 뉴스 매체는 패했다."[12]

페이스북과 퍼블리셔의 이해가 어긋난 한 가지 예다. 소셜 네트워크도 나름 고민하는 문제가 있다. 이용자가 본인이나 가족과 관련한 포스트를 예전보다 덜 올리기 때문이다. 페이스북은 일단 이용자들이 개인 근황과 자기 사진, 아기 사진, 반려동물 사진부터 올리게 했다. 2016년에 개인의 일상 포스트가 21퍼센트 정도 줄었을 때, 경제지 《포춘》은 이렇게 지적했다.[13] "개인 의견을 비롯해 아기 사진, 약혼 소식, 휴가 때 찍은 사진 등 사생활을 계속 올리게 해야 사람들이 다시 페이스북을 찾는다. (…) 이용자가 사생활을 꾸준히 올리지 않으면 페이스북은 허울만 좋은 3270억 달러짜리 콘텐츠 추천 엔진으로 전락한다." 개인 콘텐츠라는 유일무이한 자산이 있어야 이용자는 페이스북에 꾸준히 접속해 친구들의 근황을 확인하고, 몇 년간 자신의 삶을 기록한 페이스북에도 애착을 느낀다. 또 페이스북에 올린 개인 포스트가 많을수록, 이용자들은 새로운 네트워크로 쉽게 갈아타지 못한다. 게다가 개인 포스팅을 활성화하면 페이스북이 개인 정보를 더 많이 확보하게 되므로 맞춤형 광고를 더욱 효과적으로 할 수 있다.

페이스북의 비즈니스 모델은 뉴스 사이트의 모델과 닮은 면이 있다. 페이스북은 이용자의 관심을 최대한 오래 끌어 맞춤 광고를 보도록 유인하기 때문이다. 뉴스 콘텐츠가 이용자를 오래 붙드는 데 도움이 되면, 페이스북은 이용자에게 뉴스를 보여줄 것이다. 오락 정보가 더욱 효과적이면 오락 정보를 보여줄 테고, 개인 콘텐츠가 효과적이면 페이스북은 여기에 중점을 둘 것이다. 이 말은 곧 페이스북이 퍼블리셔와 광고를 놓고 경쟁

한다는 뜻이다. 2016년에 페이스북이 거둔 디지털 광고 수익은 전년 대비 43퍼센트 오른 반면, 다른 미디어 기업들은 같은 기간에 광고 수익이 사실상 떨어졌다. 퍼블리셔가 간절하게 바라는 온라인 광고 시장의 신규 수익을 페이스북과 구글이 모두 가져갔다는 뜻이다.[14] 광고에 한해서는 페이스북은 오히려 뉴스 사이트들과 직접 경쟁하는 존재로, 가뜩이나 어려운 뉴스 편집실의 재정난을 더욱 부채질한다. 가짜뉴스와 과장된 기사, 개소리 문제에서 페이스북은 그동안 기껏해야 땜질식 처방을 했다.

인간이 고르는 뉴스 vs 알고리즘이 선택하는 뉴스

예전부터 뉴스 콘텐츠는 페이스북의 골칫거리였다. 2014년 페이스북은 이용자 홈페이지에 '트렌딩'이라는 항목을 추가했다. 페이스북에서 화제인 뉴스 기사를 모아주는 서비스였다. 토픽마다 간단한 설명을 달았고, 토픽을 클릭하면 더 자세한 내용이 나오는 권위 있는 출처로 연결됐다. 어떤 사이트든 트렌딩 토픽에 오르면 트래픽이 급증한다는 뜻이었다. 트렌딩 토픽 선별 작업은 페이스북이 계약직으로 고용한 언론 전공자들이 소규모로 진행했다. 이들은 페이스북 알고리즘으로 토픽을 잡아낸 다음 여기에 짧은 설명을 덧붙이는 일을 했다. 이 업무는 비밀 엄수가 조건이어서, 업무 관계자 모두 비밀 유지 계약에 서명해야 했다. 물론 이 계약은 무용지물이었다. 트렌딩 뉴스팀이 자신들이 어떤 식으로 작업했고, 뉴스 큐레이터(페이스북 내부에서는 트렌딩 뉴스팀을 뉴스 큐레이터라고 불렀다-옮긴이)에게 어떤 권한이 있었는지 자세한 내막을 털어놓으면서 페이스북의 이미지가 실추됐기 때문이다. 큐레이터에게는 트렌딩 목록에 노출하지 않는 '블랙리스트' 토픽을 만드는 권한도 있었는데, 전에 일한 계약직 직원들의 말에 따르면, 이 목록을 만드는 데 뚜렷한 원칙은 없었다고 한다.[15]

보수 성향인 전직 뉴스 큐레이터 한 명이, 다른 큐레이터들이 우파 토픽을 고의든 실수든 블랙리스트로 처리했다고 폭로하면서 페이스북은 더욱 곤경에 빠졌다. 그는 온라인 매체《기즈모도Gizmodo》에서 이렇게 인터뷰했다.[16] "업무 교대를 하려고 와보니 보수주의 정치행동회의CPAC나 공화당 의원 및 롬니Mitt Romney, 보수 논객 글렌 벡Glenn Beck, 인기 있는 보수 토픽 등이 트렌딩 목록에 없었다. 큐레이터가 이런 뉴스 토픽을 알아채지 못했거나 공화당 의원 테드 크루즈Ted Cruz에게 편견 같은 게 있기 때문이었을 터다. 나는 이것이 보수 뉴스에 대한 관심을 끄게 하는 효과를 가져왔다고 본다."

발언을 한 그가 보기에 트렌딩 목록에 올랐어야 하는 토픽은 "보수 집단에게 과잉 세무조사를 한다고 공화당에게 비난받은 전 국세청장 로이스 러너Lois Lerner, 당시 위스콘신 주지사 스콧 워커Scott Walker, 인기 있는 보수 뉴스 수집 사이트《드러지리포트Drudge Report》" 등이었다. 페이스북은 의혹을 부인했지만 여기에 관심이 쏟아지면서, 뉴스 선별 과정을 해명해야 했다. 어찌 보면 불가능한 것을 설명해야 하는 상황이었다. 정치적 편향이 전혀 없는 기사 선별 시스템을 어떻게 마련할 수 있었는지 밝혀야 했기 때문이다. 독자에게 똑같은 설명을 해야 하는 다수의 뉴스 매체에는 친숙한 이슈였다.

얼마 지나지 않아 페이스북은 남아 있던 큐레이터를 해고하고 트렌딩에 올라갈 뉴스 토픽을 알고리즘이 자동으로 선정하게 했다. 큐레이터들은 인간 큐레이터에게 알고리즘을 '훈련'하는 업무를 맡길 때부터 이런 계획을 줄곧 예상했다. 페이스북은 이 변화가 트렌딩 범주를 더 확대하려는 계획에 따른 것이라며 뉴스 선별 논란과는 무관하다고 밝혔다. "알고리즘을 더 많이 활용하면 트렌딩에서 다루는 토픽이 더 많아지고 그러면 전 세계적으로 트렌딩 서비스를 이용하는 사람들이 늘어난다."[17]

알고리즘은 가짜뉴스를 막지 못했을 뿐 아니라, 수천에서 수억 명에 달하는 이용자에게 가짜뉴스를 퍼뜨렸다. "속보: 폭스뉴스, 힐러리를 지지했다는 이유로 배신자 메긴 켈리를 내쫓다." 이는 새로운 트렌딩 알고리즘이 선별한 헤드라인 중 하나였다. 그렇지만 켈리는 힐러리 클린턴을 공개적으로 지지하지도, 해고당하지도 않았다. 이런 거짓 주장도 있었다. "SNL의 스타 배우, 앤 콜터Ann Coulter에게 인종차별하는 X년이라고 욕하다."[18] 또 페이스북 알고리즘은 세계무역센터가 "통제된 폭발"

로 무너졌다는 9·11테러 음모론도 토픽으로 선정했다.[19]

페이스북은 딜레마에 빠졌다. 큐레이터에게 트렌딩 토픽을 선정하게 하면 다른 저널리즘 매체들처럼 편향됐다는 의혹을 살 수 있다. 그렇다고 토픽 선정을 자동화하자니 종종 뚱딴지같은 결과가 나왔다. 즉 세계 최대 소셜 네트워크가 당파적 기사와 가짜뉴스를 앞장서 퍼뜨리게 되는 것이다. 기사 내용에 동의하는 것처럼 비치기도 쉽다. 그냥 넘길 수 없는 사안이었다.

전문가보다 믿을 만한 온라인 친구

페이스북이 싸워야 할 개소리 생태계에서 문제는 가짜뉴스 단속만이 아니었다. 정보 제공자가 맞춤형 정보를 제공함으로써 이용자에게 편향된 정보만 도달하는 필터 버블 현상도 큰 과제였다. 내 친구들은 나와 정치적 견해가 매우 비슷한 만큼 서로 동의할 기사만 공유할 확률이 높다. 우리가 뉴스 대부분을, 아니면 어느 정도라도 페이스북 피드에서 접한다면 결국 거의 모든 사람이 나와 생각이 비슷하다는 인상을 받기 쉽다.

『생각 조종자들』의 저자이자, 필터 버블이라는 용어의 창시자인 엘리 프레이저Eli Pariser는 필터 버블의 효과가 미묘하다고 설명했다. 그는 IT 전문 매체《버지Verge》에서 이렇게 설명했다.[20] "우리는 그 어느 때보다 본래 사실과 퍽 동떨어진 정보에 둘러싸여 살아가기 쉽다. 이는 모두의 문화적 양식을 바꾼다. (…) 수백만 명이 소셜 미디어 때문에 다수의 매체가 전하는 내용은 잘 안 믿고, 매우 극단적인 주장들을 더 믿으려 한다."

필터 버블을 인터넷 시대에 나타난 새로운 현상이라고 오해하기 쉽다. 사람들이 정치색을 공공연히 드러내는 영국 신문 중에서 딱 한 종류의 신문만 읽으며 필터 버블에 갇혀 살던 시절을 깜빡한 것이다. 이와 유사하게 사람들의 계층, 직업, 거주지 같은 다양한 요소는 현실에서 서로 이해관계가 같다고 착각하게 만든다.

정치적으로 편향된 글을 올리는 것은 흥미로운 내용을 공유하는 것일 뿐 아니라 남을 의식한 행동이기도 하다. 어떤 집단에서 편향된 인식과 일치하지 않는 글을 올리면 인터넷에서 처음 보는 사람뿐 아니라 친구나 주변 사람에게서 반발을 살 위험이 있다. 반면 편향된 인식과 일치하는 포스트를 올리면 사람들이 눌러주는 '좋아요'로 확증을 받는다. 우리의 견해 중 특정 부분만 공유하려는 욕망은 여론의 양극화를 더욱 부추긴다. 이런 현상은 특정 정당이나 후보를 지지하는 페이스북 페이지 가입자 사이에서 증폭한다. 필터 버블의 자기 강화 현상이 나타나기 때문이다.

사실을 그대로 전한 기사조차 전혀 다르게 읽히기도 한다. '제러미 코빈을 총리로Jeremy Corbyn for PM'라는 단체가 보건복지 보고서를 입수해서 올린 글을 보자. 이들은 "2015년 영국 사망-

자 수가 예년보다 3만 명 정도 증가했는데, 이 현상이 보건복지 예산 삭감과 어떤 관련이 있는지 더 조사해봐야 한다"라는 보고서의 한 구절을 인용해, '이는 끔찍한 인구 통제 방법'이라고 주장했다.[21]

이어서 동조하는 댓글들이 달렸다. "보수당 의원 이언 덩컨 스미스가 이들을 살해한 것이다." "보수당 정부가 그들이 보기에 '쓸모없는' 하층민을 도태한 것이다." "그들은 분명 노인들이 죽길 바라며, 연금도 도로 내놓으라고 할 자들이다." 보건복지 예산 삭감이 취약 집단에 영향을 미쳤다는 근거는 부족하다. 그런데도 이 단체 회원들은 사망자 증가가 노인들을 죽이려는 보수당 정부의 고의적 계획과 밀접하다고 본 것이다.

극우단체 브리튼퍼스트의 페이스북 페이지에, 당시 노동당 당수였던 제러미 코빈과 노동당 예비내각 재무장관이었던 존 맥도널John McDonnell이 함께 찍은 사진과 함께 이런 글이 올라왔다. "테러리스트에게 동조하는 친아일랜드공화국군 패배자들이 꼴도 보기 싫다면 공유합시다." 여기에 이런 댓글들이 달렸다. "이자들 머리를 반역자의 문Traitor's Gate(런던탑의 죄수들이 드나들던 수문-옮긴이)에 갖다 놔라." "이 두 사람이랑 토니 블레어를 감옥에 넣어라!"[22]

이 페이스북 페이지들은 상대를 정치적으로 설득하는 토론 게시판이 아니다. 그런데도 여론을 어느 한쪽으로 몰아가는 자극적인 글들이 올라온다. 그러다 보니 이슈가 일단락된 지 여러 달이 지나도 개소리가 현실을 잠식한다. 2016년 6월 영국의 EU 탈퇴 결정으로 파운드화 가치가 달러 대비 15퍼센트 폭락하면서 수입품이 비싸지고 물가가 올랐다. 투표를 치른 2016년 6월에 0.5퍼센트였던 물가 상승률은 2017년 2월이 되자 1.8퍼센트로 치솟았다.[23] 지속적인 물가 상승은 거의 모두가 한목소리로 예견한 바였다.

그런데도 브렉시트 찬성자들 귀에는 이와 전혀 다른 이야기가 들어갔다. 비공식 탈퇴 캠페인 리브닷이유Leave.EU는 투표가 끝난 후에도 계속 이런 글을 올렸다. "새로 나온 보고서에 따르면, 영국의 일반 가정들은 브렉시트의 직접적인 영향으로 식비와 의류비를 1년에 수백 파운드씩 절감할 수 있다고 한다. 이것으로 영국이 EU를 떠나면 식비가 오른다며 겁주던 또 다른 공포 프로젝트를 잠재웠다. 논쟁은 이쯤 해두자!"[24]

포스트에는 이런 댓글들이 달렸다. "상황이 이런데도 오늘 밤 뉴스 속보는 브렉시트로 식비에 수백 파운드가 더 들어갈 거라고 하더라. 헛소리 좀 작작 해라. 적어도 리브닷이유는 사실을 말한다." 물가가 실제로 오름세인데도 포스트를 믿은 또 다른 이는 이렇게 썼다. "하하하, 탈퇴하면 비용이 올라서 영국의 토블론초콜릿바 크기가 작아질 거라던 그 멍청한 토블론 제조사들의 말은 다 뭐냐?"

개소리의 힘이다. 사람들은 믿고 싶은 말만 들으려 해서 전문가의 말이나 실제 벌어진 사건보다 페이스북에 올라온 글을 더 신뢰한다. 이미 진행 중인 물가 상승을 부인하고, 사실을 보도하는 주류 미디어를 비난한다. 필터 버블은 사람들이 진실을 더 쉽게 무시하도록 자극해 탈진실 사회를 부추긴다.

필터 버블은 풀뿌리 정치단체만 이용하지는 않는다. 여러 캠페인들도 페이스북의 정교한 맞춤형 홍보 기능을 이용해 순순히 받아들일 만한 특정 집단만 골라 메시지를 보낸다. 샌더스를 지지할 가능성이 있는 유권자나 여타 집단에 힐러리 클린턴을 뽑지 말라고 설득할 때, 또 브렉시트를 지지할 가능성이 있는 다양한 집단에 맞춤형 메시지를 보낼 때 이 기능을 이용한다.[25] 이런 메시지는 일반 대중이나 미디어의 감시를 신경 쓰지 않아도 된다. 감시망을 피해 다양한 집단에 꼭 맞는 메시지를 만들 수 있기 때문이다.[26]

떼거리 문화를 자극하는 트위터

서로 견해가 다른 집단이 온라인에서 만나면 건설적인 교류는 기대하기 어렵다. 이 문제로 가장 많이 고민하는 소셜 네트워크는 이용자가 18억 명인 페이스북이 아닌, 활발한 이용자(30명 이상을 팔로우하고 팔로어가 10명 이상인 이용자-옮긴이)가 3억 명인 트위터다. 트위터에서는 거의 모든 글이 공개되고 쉽게 공유된다. 이런 개방성은 집단 공격을 일으키기도 한다. 자신보다 팔로어가 훨씬 많은 이용자를 화나게 하거나 불쾌하게 했다가는 공격적인 악플을 수만 개씩 받을 수 있다.

아주 유명하면서도 악질적인 집단 공격 사건 중 하나가 수십만 명이 팔로우하는 유명 배우 레슬리 존스에게 일어났다. 존스는 우파(이자 보통 인종차별주의자에 성차별주의자인) 게이머게이트 집단과 대안우파 세력의 표적이 되었다. 〈고스트버스터즈〉의 여성판 리메이크작에 나오는 배우 중 한 명이라는 단순한 이유에서였다. 악플 공격이 시작되자 존스는 자신이 받은 악랄한 인종차별적 욕설을 게시글로 공개했다. 온라인상의 증오 발언이 어느 정도인지 보여주기 위해서였다. 존스는 욕설을 보낸 계정을 차단하고 온라인 괴롭힘에 반대한다는 목소리를 냈다. 그렇지만 존스를 사칭한 가짜 트윗이 나오면서 악플러를 더욱 자극했고, 이런 가짜 트윗을 리트윗하는 계정들 때문에 상황이 더욱 심각해졌다. 오랫동안 악플 공격에 시달린 존스는 다음과 같은 글을 남겼다.

> 댓글을 보면 대부분 무지한 어린애들이 쓴 것 같다. 내가 에이즈를 퍼뜨린다고?! 젠장! 이들은 자신을 증오한다. 그런 증오심을 뿜어내려면 자신을 증오해야겠지. (…) 왜 어떤 유명인들은 트위터를 안 하는지 궁금했다. 이제야 알겠다. 미쳐 날뛰는 사람들 때문에 팬들과 다정하게 소통할 수 없기 때문이다. (…)
> 오늘은 그냥 우울하다. 트위터에서는 누구든 자유롭게 말할 수

있다. 그렇지만 증오심을 이런 식으로 발산하는 사람들이 있는 만큼 어떤 지침이 반드시 필요하다.[27]

트위터는 온라인 폭력에 대해 미흡하고 느린 대응으로 종종 질타를 받았지만, 이번에는 인종차별 발언을 한 계정을 무더기로 차단했다. 그렇지만 순전히 악성 메시지를 보내기 위해 만든 계정을 포함해 수만 개의 계정에 맞서 개인 계정 몇 개를 폐쇄하는 것은 무의미했다. 떼거리 문화를 자극하는 트위터의 특성은 그 시스템 자체에서 나온다. 트위터에서는 누구든 다른 이에게 말을 걸 수 있고, 이용자가 계정을 비공개로 설정하지 않는 한 누구나 그가 올린 트윗을 들여다볼 수 있다. 또 화제가 무엇이든 어느 한쪽으로 치우친 의견을 강력히 피력하는 사람들이 있으면 대화가 시작되자마자 사람들이 떼로 몰려들고, 하나같이 불쾌한 사건으로 끝이 난다.

소셜 미디어의 구조상 고의로 우리를 기만하거나 낙담시키려는 자들에게 공격받을 수 있다. 생각이 비슷한 사람끼리 모였다고 믿은 공간에서 악의를 가진 인물에게 농락당하는 경우다. 선거 조작을 시도한 러시아나 여타 세력들이 바로 그런 행위자다. 《뉴요커》는 버니 샌더스 지지 모임이 겪은 사례를 보도하면서 러시아 정부가 이 일에, 그리고 이와 유사한 사건에 개입했을 가능성이 있다고 암시했다.[28]

버니 샌더스의 조직책으로 페이스북에서 샌디에이고 지지자 모임을 운영하는 존 매츠John Mattes는 어느 날 가짜 프로필을 단 새로운 지지자들이 갑자기 몰려든 사실을 눈치챘다. 그중 올리브 미토프라는 사람은 친구도, 사진도 거의 없었지만 샌더스 지지 모임 열여섯 곳에 가입되어 있었다. 9월 25일, 미토프는 샌더스를 지지하는 여러 페이스북 페이지에 이런 글을 올렸다. "새로 유출된 정보: 미국인 네 명을 벵가지에 방치하라고 힐러리에게 지시한 사람이 밝혀지다! - USA폴리틱스나우" 힐러리가 사우디 왕족에게 수백만 달러를 받고 그런 행동을 했다는 근거 없는 기사였다. 매츠는 이렇게 말했다. "이 가짜뉴스 때문에 버니 지지자 중에 실망하고 낙담한 사람들이 있었습니다. 나중에서야 우리가 당했구나 싶었지요."

소셜 미디어 앞에 놓인 책임

소셜 미디어에서 개소리는 쉽게 무기화된다. 사람들은 소셜 네트워크 피드에 올라온 개소리를 보면 이를 가짜뉴스나 극당파적 사이트에서 나온 소식이 아니라, 친구나 지인이 전해준 정보로 인식한다. 우리는 친구들을 믿고 좋아하는 만큼 그들이 공유한 내용에 수긍할 가능성이 높다. 《퍼스트드래프트뉴스》의 연구책임자 클레어 워들Claire Wardle은 《가디언》과의 인터뷰에서 다음과 같이 말했다.[29] "사람들은 기분 좋은 정보를 원한다. 우리는 소셜 미디어 기술에 대한 불안과 우려가 가득한 시대에 살아서 (…) 주변 사람이 어떤 정보를 보내면 이를 덥석 믿어버린다. 그러다 보니 비판적 자세를 취하기가 몹시 어렵다."

미국인의 절반은 페이스북에서 일상적으로 뉴스를 받아 보며, 친구나 가족을 주류 미디어 매체와 동등한 정보원으로 인식한다.[30] 그들이 보통은 미디어 문해력이 떨어지는 편인데도 말이다. 영국의 싱크탱크 데모스Demos의 리아 셀리그 차우한Leah Selig Chauhan은 이렇게 지적했다.[31] "사람들은 대안적인 뉴스 공급원에, 더 일반적으로는 주변 사람들이 공유하는 뉴스에 의지한다. 자신이 구독하는 매체를 믿는 사람은, 그곳의 기사가 타당한지 따질 필요를 못 느낄 수 있다. 친구나 가족이 공유한 뉴스를 볼 때는 그런 필요를 더더욱 못 느낄 것이다."

정확하거나 공정한 기사조차 매우 강한 어조의 메시지나 실제보다 과장된 해석과 함께 페이스북에서 공유되는 상황에서, 독자를 양극화하는 가짜뉴스나 저질 기사는 페이스북이나 그 이용자들이 변하지 않는 한 어떤 방법으로도 사라지지 않을 것이다. 현재 페이스북의 포맷은 《뉴욕타임스》의 콘텐츠를 《브레이트바트》나 완전 가짜뉴스 사이트인 《보스턴트리뷴》의 콘텐츠와 동등하게 배치한다. 페이스북은 개소리 현상의 득세와 불가분의 관계인 만큼, 그 어떤 해결책에서도 일정 역할을 맡을 수밖에 없다.

2016 미국 대선이 끝난 후 페이스북 창업자이자 최고경영자인 마크 저커버그는 한 콘퍼런스에서 페이스북이나 가짜뉴스가 대선에 영향을 미쳤다는 주장을 공식적으로 부인했다. "페이스북의 가짜뉴스가 어떤 식으로든 대선에 영향을 미쳤다는 것은 정말 터무니없는 생각이다. 인터넷에는 늘 허위 정보가 있고, 과거에도 있었다. (…) 우리는 사람들이 허위 정보를 신고할 수 있도록, 그리고 전에도 말했지만 사람들에게 가장 의미 있는 콘텐츠를 보여줄 수 있도록 최선을 다할 것이다."[32]

처음에는 이렇게 방어적인 반응을 보였지만, 페이스북은 5000단어가 넘는 저커버그의 공개서한을 통해 페이스북의 사명이 달라졌다고 밝혔다. 긴 글 어디에서도 트럼프나 브렉시트를 구체적으로 거론하지 않았고, 페이스북이 다루는 많은 이슈에 관해서도 자세한 언급은 피했다. 페이스북의 예전 사명은 '전 세계를 연결하는 것'이었다. 새로 발표한 서한에는 이와 차별적인 내용이 없었다.

저커버그는 이렇게 썼다.[33] "지금 같은 시대에 우리 페이스북이 할 수 있는 가장 중요한 일은 소셜 네트워크 인프라를 만들어 사람들이 모두에게 유익한 세계적인 커뮤니티를 만들 수 있게 돕는 것이다. 페이스북의 임무는 사람들이 가장 긍정적인 영향을 끼치게끔 도우면서, 한편으로 불화와 고립이 발생하는 영역을 완화하는 것이다." 저커버그는 온라인과 페이스북이 겪는 이슈가 통상 가짜뉴스라는 용어로 지칭되는 범주를 훨씬 넘어섰다고 인정했다.

> 지난 1년간 가장 많이 논의된 사안 두 가지는 견해의 다양성(필터 버블)과 정보의 정확성(가짜뉴스)이었다. 나는 이 우려스러운 사안을 페이스북 직원들과 광범위하게 연구했다. 그렇지만 동시에 우리가 완화해야 할 필터 버블과 가짜뉴스가 선정주의와 양극화를 더욱 조장해, 우리 공동의 이해를 무너뜨리지 않을까 걱정된다.

이어 저커버그는 똑같은 두세 개의 텔레비전 방송이나 한 결같은 편집 관점이 반영된 신문에서 접하는 뉴스보다 페이스북에서 얻는 견해들이 더 다양하다는, 페이스북의 오랜 입장을 다시금 강조했다. 그렇지만 허위 정보에 맞서 더 많은 활동을 하고, 사실 검증팀의 자세로 뉴스 피드에서 선정적인 기사를 밀어내기 위해 노력하겠다고 말했다. 이 부분만 빼면 서한은 구체적이기보다는 감성적이고 개괄적인 선에 머물러 사실상 의미가 없다는 점에서 사람들에게 비판을 받았다. 런던정치경제대학 미디어 싱크탱크인 폴리스Polis의 소장 찰리 베킷Charlie Beckett은 페이스북이 아직도 기본적으로 자신이 맡은 기능과 책임을 부인하고 있다고 지적했다. 즉 페이스북은 앞으로도 비정치적인 척 행동할 수 있다고 본 것이다.

베킷은 《폴리스》에 이렇게 기고했다. "현실에서든 바람직한 의미에서든 '세계적인 커뮤니티' 같은 것은 존재하기 어렵다. 국제연합이 금세 깨달았듯이, 서로 대립하는 국가 차원의 이해와 지역 차원의 이해만 있을 뿐이다. 이렇게 종종 상충하는 힘을 인정하지 않은 채 커뮤니티를 강조하면 때로 사태를 호전하는 게 아니라 악화할 수 있다. (…) 페이스북이 모든 사람의 마음에 들도록 노력하겠다는 다짐은 대체로 근사해 보인다. 현실은 어떤가? 예를 들어 페이스북을 차단한 중국은 어떤가?"[34]

미국의 시사 매체 《애틀랜틱Atlantic》의 전속 기고가 에이드리엔 라프랑스Adrienne LaFrance는 저커버그의 계획은 18억 명의 이용자들이 "무급으로 편집자 역할을 하면서, 공짜로 얻은 콘텐츠를 언제 어떻게 띄워야 하는지 페이스북 알고리즘에게 알아서 가르치라는 말"이고, 앞으로 "로봇 편집자와 독자들이 운영하는 세계적인 편집실을 만들겠다는 주장"이라고 비판했다.[35]

라프랑스는 이렇게 주장했다. "저커버그의 발언은 언론이 해야 할 몫에 대한 찬사나 양질 저널리즘이 필요하다는 인식을 충분히 보여주었고, 언론이 페이스북에 필요한 콘텐츠를 상당 부분 제공했다는 점도 인정했다. 그렇지만 페이스북이 언론을 살리기 위해 어떤 행동을 하겠다는 암시는 전혀 없었다." 이어 이렇게 결론 내렸다. "미디어의 핵심 기능에 대해 립서비스를 하는 것만으로는 언론을 지탱하지 못한다."

이 모두는 뉴스 산업의 문제지 저커버그의 문제가 아니다. 그렇지만 이는 동시에 세상을 이해하려면 양질의 저널리즘이 반드시 필요하다고 믿는 모든 이의 문제다. 다들 알다시피 저커버그는 페이스북이 언론을 말살하는 것은 원하지 않는다. 그렇다고 그가 언론을 죽이지 않을 것이라는 뜻은 아니다.

페이스북은 엄청난 수의 이용자들이 진짜뉴스와 가짜뉴스 둘 다를 보게끔 유도하고, 한편으로 진짜뉴스가 벌어들이는 수익을 위협한다. 페이스북 알고리즘에 생긴 작은 변화 하나로 전 세계 뉴스 조직의 초점이 달라질 수 있다. 이는 페이스북의 힘이 개소리의 기승에 맞설 수 있다는 희망을 보여주며 그런 만큼 페이스북과 그 설립자는 여론 양극화와 가짜뉴스에 맞서 자신들이 미디어 산업에서 해야 할 몫과 책임이 있음을 인정해야 한다. 전 세계 정부들, 특히 유럽 정부들은 페이스북이 네트워크에 떠도는 콘텐츠를 더욱 책임지도록 법률로 강제할 방안을 모색하고 있다. 많은 사람이 페이스북이 가진 규모와 힘을 우려한다. 그렇지만 그러한 규모와 힘은 페이스북이 긍정적인 변화를 준다면, 혹은 어쩔 수 없이 그래야 한다면 미디어 산업과 전 세계에 연쇄 파장을 일으킬 수 있다는 뜻이기도 하다.

03

뉴미디어

2016년에 미국과 영국에서 선거를 치를 무렵, 인터넷은 전혀 새로운 매체가 아니었고 오래전부터 레거시 미디어가 인수 합병을 노리는 대상이기도 했다. 《가디언》과 《뉴욕타임스》를 보는 사람들은 대부분 온라인으로 기사를 읽고, 인터넷에 의존하는 방송사들도 갈수록 많아졌다. 이런 점을 고려할 때, 개소리가 퍼지는 상황에서 레거시 미디어와 뉴미디어가 하는 일은 예전만큼 뚜렷하게 구분되지 않는다. 두 미디어 모두 도달률, 신뢰도, 광고 수익에서 비슷한 압박에 시달린다. SNS 운영에서 겪는 난관과 가짜뉴스에 밀리는 추세 역시 레거시 미디어나 온라인 전용 매체나 마찬가지다.

그렇지만 최근 10여 년 사이 온라인 매체가 크게 늘었다.

2000년대 중반에 《허핑턴포스트》, 《버즈피드뉴스》, 《폴리티코 Politico》, 《데일리비스트Daily Beast》가 생겼다.

특히 2016 미국 대선 이후로 한 극우 사이트가 두각을 나타내고 있다. 바로 2007년에 등장한 《브레이트바트》로, 트럼프와 함께 세계적인 명성을 얻었다. 영국에서는 좌파 매체 《카나리》가 등장하면서 극좌 저널리즘이 득세했고, 주류 미디어에 대한 적의를 드러냈다. 두 번째 집단이 이 장의 주제와 더 밀접하지만 첫 번째 집단부터 짚어보겠다.

새로운 온라인 매체가 누리는 것들

레거시 미디어와 뉴미디어를 분명하게 나누는 요소가 있다. 뉴미디어는 레거시 미디어보다 지출하는 간접비가 훨씬 낮다. 특히 미국 잡지 출판계가 그렇다. 미국 잡지 출판계는 오랜 유산비용 때문에 일부 매체의 경우 발행 부수 100만 부도 유지하기 어려운 실정이다. 반면 유산비용이나 임대계약, 여타 비용 문제 없이 소수의 직원으로 운영하며 인쇄나 출판을 하지 않으면 《슬레이트Slate》나 《데일리비스트》 같은 온라인 잡지처럼 기본 운영비가 낮다. 배너 광고 수익이 비교적 적어도 버티기가 어렵지 않다. 구독 수익이 어느 정도 된다면 더 수월하다. 물론 이런 사이트들도 운영을 유지할 만큼 수익을 내려면 트래픽을 크게 늘려야 한다는 부담이 늘 있고 페이스북과 구글이 장악한 디지털 광고 시장에서 악전고투해야 하지만, 레거시 미디어보다는 상황이 나은 편이다.

배너 광고나 구독에 의지하지 않고 운영하는 사이트도 있다. 《버즈피드뉴스》 사이트에는 배너나 팝업 광고가 전혀 없다. 대신 스폰서 포스트로 수익을 낸다. 이는 편집 담당자가 아니라 사내 광고팀이 제작한다. 사이트에 올리는 포스트든 단독 영상이든 스폰서 광고는 늘 맞춤 제작이고, 세간의 화제인 비광고 콘텐츠를 참고해 제작한다. 모든 포스트에는 스폰서 콘텐츠라는 표시를 하지만, 일부 논평가들은 배너 광고에 익숙한 독자들을 우롱할 수 있다고 지적한다. 그런 우려에도 여러 사이트는 스폰서 콘텐츠 모델에 여러 요소를 섞는 시도를 했고, 신문사들도 이와 비슷한 방식으로 후원받아 홍보 섹션을 발행한다.

배너 광고 없이 운영하는 사이트에는 또 하나의 이점이 있다. 검색엔진에서 클릭을 유도하려고 기사를 쓸 이유가 없다는 점이다. 대신 순수하게 독자의 구미에 맞는 기사를 발행하므로 연예 정보든, 퀴즈든, 트위터 동향이든, 탐사 보도든 선순환을 그리는 운영 방식을 유지한다.

인쇄 출판을 하지 않는 매체가 누리는 또 다른 이점은 독자와 관련한 기사 및 쟁점 보도에 집중할 수 있다는 점이다. 아무리 디지털을 지향해도 종이 신문을 발행하는 조직에서는 뉴스 지면을 다 채우려면 400~800단어짜리 기사가 넉넉히 나와

야 한다. 종종 실리는 상품용 뉴스도 마찬가지다. 보도 자료를 조금 손봐서 내는 이런 기사는 독자의 흥미를 끌지 못하기 때문에, 이 기사들이 실리는 지면을 보통 '죽음의 지대'라고 부른다. 모바일 뉴스 매체《쿼츠Quartz》편집장 케빈 딜레이니Kevin Delaney의 지적처럼 "700단어짜리 기사는 내용이 너무 많아 독자가 소화하기에 부담스럽다."[1]

새로운 온라인 매체가 누리는 마지막 이점은 최신 조직으로서 최고의 디지털 네이티브 직원을 고용할 수 있다는 점이다. 이들은 다양한 플랫폼을 넘나들며 작업하고, 텍스트와 영상을 골고루 잘 다루며, 헤드라인과 자막, 사진도 직접 넣는 등 자체 콘텐츠 생산에 능하다. 이런 업무는 레거시 미디어가 엄청난 시간과 비용을 투자한 분야로, 때로 편집실 기자들에게 거센 반발을 사기도 했다. 새로운 매체는 레거시 미디어와 달리 제도적 평판이 약하고, 직원 수가 적으며, 자금도 부족할지 모른다. 그래도 이들이 누리는 이점은 상당하다. 대체로 이런 매체들은 전반적인 운영 철학이 같다. 이 매체들은 레거시 미디어든 뉴미디어든 주류 미디어에 맞서는 것을 자신들만의 특징으로 삼는다.

미디어계의 트럼프, 대안 매체

영국에서 가장 유명한 극당파적 뉴스 사이트는 영국 내에서 만들어진《카나리》다. 이 좌파 사이트는 제러미 코빈이 기성 권력에 반대하는 새로운 좌파 물결의 전폭적 지지로 예상을 뒤엎고 영국 노동당 당수로 선출된 직후인 2015년 10월에 만들어졌다. 지지 세력 중 상당수는 정치 활동이나 예비선거에 참여해본 경험이 없다. 이들은 좌파매체와 중도매체를 비롯한 주류 미디어가 코빈을 부당하게 대우한 데 분노하며 더 공정한 대안매체를 갈망했다.

케리 앤 멘도자Kerry-Anne Mendoza는 극소수가 영국의 주류 미디어를 지배한다는 문제의식에서《카나리》를 만들었다. 이 사이트는 창간 선언문에서 이렇게 밝혔다. "매스 미디어 보도는 대개 보수적이다. 우리는 대항 세력을 만들고자 한다. 세계적인 전망과 영향력을 갖춘 온라인 미디어가 되고자 한다."[2]《카나리》는 정치적으로 독립한 매체라고 주장했다. 멘도자는《버즈피드뉴스》에서 "우리가 좌파를 지향하는 것 같지만 실은 그렇지 않다"라고 말했다.[3] 그러나《카나리》에서 반응이 가장 좋은 기사들을 보면 이 말과 다르다.《카나리》에서 공유 횟수가 가장 높은 기사들은 이런 것들이다. "영국 최연소 하원의원, 통렬한 공격으로 보수당을 박살 냈다." "미디어가 열차게이트(제러미 코빈이 만원 열차에 탑승해 좌석에도 못 앉고 바닥에 앉아 있는 장면을 보여주며 철도 민영화에 반대한다는 영상을 찍었다. 철도회사 측은 빈 좌석이 있는데도 일부러 바닥에 앉았다며 CCTV를 공개해 논란이 일었다-옮긴이)로 설왕설래할 동안 테리사 메이 정부가 폭탄선언을 했다." "유감스럽게도 BBC가 편향을 넘어 대놓고 선전 활동을 한다." "재무장관 오즈번은 예산안으로 대중의 주의를 끌더니, 이런 엄청난 폭탄선언을 했다."[4] 《카나리》에서 반응이 좋은 글의 제목에는 보수당 장관들이 석연치 않은 행동을 하다가 '폭탄선언'을 했다는 표현이 꼭 들어가는데, 다른 미디어들은 그런 부당한 행동을 보도하지 않았다고 의혹까지 제기하면 더욱 효과적이다.

《카나리》는 사실을 과장하고 음모론을 부채질한다는 비판을 주기적으로 받았다. 논란을 일으킨 한 기사는 2016 미국 대선 일주일 전에 나온 것으로 이런 내용이었다. "주류 미디어들이 미국 대선 승자를 방금 (…) 일주일 앞서 공개했다." 지역 NBC 제휴 방송국이 공개한 개표 결과표를 캡처해 작성한 기사였다. 이는 방송국 사이트에 선거 결과가 제대로 나오는지 확인하기 위해 더미dummy 데이터를 입력해 만든 모의 개표 결과일 뿐이었다. 더미로 쓴 테스트용 가짜 데이터는 선거일 밤에 개표 결과를 전송하는 AP통신사에서 보내준 것이었다.

《카나리》는 다른 해석을 내놓았다. "선거 조작을 의심하는 사람이 많다. BBC와 《가디언》 둘 다 선거 결과가 정확할지 의심하는 기사를 냈다. (…) 어쨌든 힐러리도 과거에 다른 지역에서 선거를 조작하자고 제안한 바(2006년 팔레스타인 의회 선거에서 이슬람 근본주의 단체 하마스가 승리하자 힐러리는 온건파인 파타가 이기도록 미국이 개입했어야 한다고 말했다-옮긴이) 있지 않은가."[5]

여러 달 후에도 카나리는 기사를 수정하지 않고 그대로 두었다. 사이트 편집자에게 카나리 측이 실수했다고 수차례 통보해도 바뀌지 않았다. 논란을 낳은 또 다른 기사는 제러미 코빈의 리더십 위기를 다룬 음모론으로, 로비 회사 포틀랜드커뮤니케이션이 코빈을 몰아내려고 모의하다가 살해 협박을 받았다는 내용이었다.[6] 또 카나리는, "한 수련의가 자살하면서 유서에 보건장관 제러미 헌트Jeremy Hunt 앞으로 메시지를 남겼다"라는 기사를 냈다. 영국의 자살 방지 단체 사마리탄스가 제시한 여러 윤리 지침을 어긴 기사다. 자살의 원인을 한 가지로 몰아가거나 유서에 담긴 내용을 토대로 기사를 작성하면 안 된다는 지침을 따르지 않은 것이다.

카나리는 과장되고 때로 음모론적인 기사를 통해, 영국 정부가 악의적이고 주류 미디어들이 그 음모에 자발적으로 가담한다고 주장한다. 그렇지만 이렇게 당파적이고 이목을 끄는 기사를 쓰는 이유는 단지 이데올로기 때문만은 아니다. 카나리의 필자들은 클릭 수로 돈을 받는다. 일부 필자는 매달 카나리에서 소액의 고정 원고료를 받지만, 대부분은 수익에서 일정 비율을 받는다. 카나리는 기사마다 광고 수익에서 운영비를 제한 뒤 필자에게 50퍼센트, 기사 편집자에게 10퍼센트, 고위 경영진에게 20퍼센트를 주고 나머지 20퍼센트는 회사가 가져간다. 사실 이는 카나리의 몇몇 고위 편집자들이 40퍼센트를 챙긴다는 뜻이다. 카나리는 멘도자 그리고 그녀의 동료이자 고위 경영자인 드루 로즈Drew Rose가 공동 주주로 등록된 영리회사다.

이러한 비즈니스 모델은 개소리를 퍼뜨리는 데 기여할 뿐이다. 카나리 필자들은 독자의 정치적 기대에 부합하고 한껏 과장된 데다가 은폐 세력을 언급하는 기사를 쓰면 세간에 화제가 되어 공유될 확률이 월등히 높아진다는 점을 안다. 사실을 따지고 신중한 의견을 제시하면 노력은 훨씬 많이 들고 보수는 한결 적어질 것이다. 그러다 보니 모든 기사 제목에 '충격적' '혼란을 낳는' '폭탄선언' 같은 표현이 들어간다. 카나리는 좌파 성향의 정치 문예지《뉴스테이츠먼New Statesman》도 거짓말을 하다가 탄로 났고,《가디언》도 가짜뉴스를 실으며, BBC의 명성은 무너졌다고 쓴다. 트럼프가 완벽한 탈진실 정치인이라면, 카나리는 완벽한 탈진실 매체로 아주 유력한 후보다. 카나리는 자신들이 유일하게 진실을 전하고, 편견이 없으며, 정치적으로 독립됐다고 주장하면서 실상은 정반대임을 보여주는 증거는 무시한다. 또 자기들이 만든 개소리를 퍼뜨리면서 자신과 다른 담론을 제시하는 사람은 진실하지 못하고 기득권에 놀아난다고 공격한다.

카나리가 당파적 사이트이긴 해도 직원들이 대통령 집무실 턱밑에서 일하고 있지는 않다. 그 영예는《브레이트바트》의 몫이다. 극단론을 퍼뜨리는, 오랫동안 존재감이 없던 이 우파 블로그는 우파가 부활하는 분위기와 대안우파 세력이 득세하는 분위기 속에서 대중을 사로잡고 정치 권력을 손에 넣었다. 대선 막바지에 이 사이트는 한 달 이용자 수 2000만 명이라는 유례없는 수치를 기록했고, 영국 독립당과 긴밀한 관계인 런던지부를 열었으며, 유럽 전역에 지부를 추가할 계획도 세웠다.[7] 《브레이트바트》 영국 편집장은 나이절 패라지Nigel Farage의 뒤를 이어 독립당 대표가 되겠다며 경선 출마 사실을 자신이 운영하는 사이트에 발표했다. 물론 그 꿈은 이루지 못했다.

2016년 여름까지 《브레이트바트》의 총괄 운영자는 스티브 배넌Steve Bannon이었다. "벌꿀오소리는 개의치 않는다(어떤 맹수 앞에서도 기죽지 않고 공격적이기로 악명 높은 포유류과 동물에 자신의 불굴의 의지를 빗댄 것으로 해석한다-옮긴이)"를 신조로 삼은 이 호전적 우파 이론가는 사이트에서 시종일관 공격적인 말투를 뿜어냈다.[8] 그가 한때 자칭 레닌주의자였으며 미국을 파괴하는 게 목표라고 했던 일화는 아주 유명하다.[9] 배넌은 백악관에서 매우 막강한 직책인 트럼프의 수석전략가로 발탁됐고 국가안보회의에도 참석했다. 자연스럽게 그에게 '세계에서 가장 영향력 있는 2인자'라는 수식어가 따라붙었다.[10] 브레이트바트의 다른 두 직원도 트럼프 행정부에서 주요 직책을 맡았다. 반反이민 행정명령을 고안한 것으로 유명한 수석 정책 고문 스티븐 밀러Stephen Miller와 국가안보회의 전 부보좌관 서배스천 고카Sebastian Gorka가 바로 그들이다.

세 사람 모두 권력의 측근이긴 해도 개소리 시대를 대표하는 인물은 아니다. 배넌은 다수가 반대할 만한 견해를 제시하긴 하지만 누가 봐도 명백한 이론가다. 그는 재미로 대중을 도발하지 않고 어젠다를 밀어붙인다. 《브레이트바트》 출신 중 개소리

시대의 표본이 있다면 백악관에 입성한 세 사람은 아니다. 주인공은 따로 있다. 바로 마일로 이아노풀로스Milo Yiannopoulos다.

주목받고 싶었던 어느 개소리꾼의 최후

이아노풀로스에 관한 큰 오해가 있다. 다수의 미국 좌파에게 이아노풀로스는 위험하고 불쾌한 선동꾼에, 불을 뿜는 머리 넷 달린 괴물과 다름없고, 문화의 아이콘인 마돈나를 롤 모델로 삼아 자기 이름 '마일로'를 하나의 브랜드로 만들려는 인물이라는 것이다.[11] 이아노풀로스는 사실상 모든 인종 집단, 성 소수자, 혼혈 집단, 자유주의 세력을 향한 난폭하고 쓸데없는 도발적인 발언과 연설, 글을 통해 거대한 온라인 추종 세력을 양산했고 언론에도 숱하게 오르내렸다. 이런 유명세 덕분에 그는 본인 사진으로 도배한 대형 관광버스를 타고 대학 캠퍼스를 돌며 자기 홍보를 하는 전국 투어에 나섰는데, 이에 반대하는 학생 시위가 열리는 바람에 다시 한번 헤드라인에 올랐다. 이슈 제조기가 된 이아노풀로스는 사이먼앤드슈스터 출판사와 25만 달러짜리 출판 계약을 맺었다.[12] 그러나 그가 쓴 책을 들여놓지 말라는 요구가 서점에 빗발치고, 이아노풀로스와 같은 출판사에 있기 싫다며 출판 계약을 취소하는 작가들이 생기면서 그는 또다시 논란을 낳았다.[13]

지난 10년간 런던의 신문 잡지 동향을 조금이라도 아는 사람이라면, 이아노풀로스를 전혀 다른 인물로 기억할 테다. 점잖은 사람에서 논란을 낳는 인물로 돌변한 이아노풀로스는 손대는 일마다 실패했고, 못마땅한 사람들에게 독설을 퍼부었으며, 탄로 날 거짓말을 늘어놓았다. 개소리를 줄줄이 늘어놓다 보니 나이, 국적, 종교, 심지어 이름까지 모든 것이 거짓투성이였고, 그때그때 하고 싶은 말에 들어맞으면 뭐든 거짓으로 둘러댔다. 여느 개소리꾼과 견줘도 뒤지지 않는 이 인물이 어떻게 살아왔는지 대강 살펴보자.

이아노풀로스는 1984년 10월, 런던에서 약 100킬로미터 떨어진 켄트Kent의 작은 마을 채텀에서 마일로 한라한Milo Hanrahan이라는 이름으로 태어났다. 그리스 출신 이민자였던 부친은 생모가 결혼하기 전에 쓴 성 한라한을 아들에게 붙여주었다. 그의 부친은 나이트클럽 경호 업무를 하면서 넉넉지 않아도 먹고살 만큼 벌었다. 어린 시절 부모의 이혼을 겪은 이아노풀로스는 다소 방황하며 아동기를 보냈고, 가끔 부모가 아닌 친할머니와 살기도 했다.[14] 그래도 좋은 성적을 유지했다. 맨체스터대학교와 케임브리지대학교에 들어가 공부했지만 두 곳 모두 중퇴했다.

2006년 무렵 마일로 안드레아스 바그너Milo Andreas Wagner라는 가명을 쓰기 시작한 이아노풀로스는 자신을 임시직 웹디자이너로 홍보하고 다녔고, 팟캐스트를 운영했으며, 자신의 팬

클럽을 만들어 구체적인 명분도 밝히지 않은 채 기부를 구걸하고 다녔다.[15] 마일로 안드레아스 바그너는 『말벌 떼A Swarm Of Wasps』와 『에스키모 파푸스Eskimo Papoose』라는 두 권의 시집도 냈다.[16] 나중에 토리 에이모스Tori Amos의 노래 가사를 『에스키모 파푸스』에 무단으로 도용한 사실이 밝혀졌지만 이아노풀로스는 재미로 쓴 책이라며 논란을 일축했다.[17] 아마존과 워터스톤스Waterstone 서점에서는 2009년에 나온 『석유와 성냥Petrol and Matches』도 그의 저서 목록에 추가했다.

이아노풀로스는 마일로 안드레아스 바그너라는 이름으로 주류 출판업에 첫발을 디뎠는데, 아이러니하게도 그가 작업에 참여한 책은 음모론과 허위 정보에 관한 것이었다. 2008년에 데이미언 톰슨Damian Thompson이 쓴 『반反지식Counterknowledge』으로, 책 표지에 적힌 글에는 선견지명이 돋보였다. "입증되지 않은 소문과 그럴싸한 주장이 미디어와 인터넷 블로거, 심지어 출판업계를 발판으로 삼아 그릇된 추종 세력을 전 세계에 양산하고, 이 세력은 허위 사실을 유포하면서 그 신빙성을 높인다."

바그너는 이 책과 관련한 사이트를 만들었고, 『반지식』에 관한 콘텐츠를 올리는 팀 블로그도 관리했다. 또한 "컴퓨터에 접근하면, 그에 따라 인터넷에 접근하게 되면 분명 더 해로운 일이 생길 가능성이 있다"라며 인터넷으로 허위 정보를 퍼뜨리는 세력의 위험성을 경고하는 글도 남겼다.

> 남아프리카공화국에서 인터넷 사용이 갑자기 늘면서 적어도 한 가지 재앙이 생겼다. 교육 수준이 낮은 사람들이 매우 치명적인 에이즈 부정론에 무자비하게 노출된 것이다. (…) 남아공에 인터넷이 확산하면서 치명적 질병과 관련한 거짓과 허위 정보가 속속 퍼지고 있다.[18]

이아노풀로스는 마일로 안드레아스 바그너로 활동하면서 처음으로 나이와 출생지를 바꾸려고 시도했는데 그 흔적이 〈위키피디아〉의 유저 페이지에 남아 있다. 해당 프로필이 이아노풀로스의 것인지 확인할 방법은 없지만, 링크를 누르면 당시 그가 만든 사이트로 이동하며 그가 다른 곳에서 언급한 정보도 이 프로필에 적혀 있다. 프로필은 이아노풀로스가 대중적 인지도를 쌓기 한참 전인 2007년에 생성됐다. 프로필에는 바그너가 1983년에 아테네에서 태어났고, 독일어가 유창하며 다양한 악기를 수준급으로 다룬다고 적혀 있다.[19]

이아노풀로스는 바그너라는 이름으로 영화배우이자 사회운동가인 비안카 재거Bianca Jagger를 보좌하고 연설 원고를 작성했으며, 당시 재거가 대표로 있던 자선단체와 함께 이메일 주소를 관리하는 일을 했다.[20] 이 일은 매정하리만큼 단기간에 끝나버렸지만 말이다.

이아노풀로스가 처음 주목을 받은 것은 『반지식』을 작업할 때로, 당시 일간지 《데일리텔레그래프》 편집자였던 윌 루이스Will Lewis의 눈에 띄어 기술 관련 블로거로 고용되었다. 마일로 이아노풀로스라는 필명을 쓰기 시작한 그는 이미 이때부터 지금처럼 격앙된 어조로 글을 썼다. 일이 손에 익자 프리랜서로 활동하겠다며 신문사와 계약을 종료했다.

《데일리텔레그래프》는 이아노풀로스에게 신통찮은 두 번째 기회를 주었다. 그가 2011년에 기획한 '스타트업100' 기술 기업 시상식에, 그가 설립한 이벤트 회사의 이름을 올리게 해주었다. 이 시상식은 엉망으로 끝났는데, 심사 위원장이 1등 기업을 발표하는 자리에서 자기도 모르게 우승자가 뒤바뀐 사실을 알았기 때문이다.[21] 이아노풀로스의 말만 믿고 행사를 후원한 업체들은 낭패를 봤고, 《데일리텔레그래프》는 이 행사로 엄청난 손해를 입었다.[22] 이아노풀로스는 단단히 미움을 샀다.

이 무렵 이아노풀로스는 영국에서 다양한 회사를 설립했다. 2009년 3월에 반지식주식회사라는 1인 회사를 세웠다. 이때 자신의 출생연도를 1983년으로 바꿨다. 반년 후에는 스타트업100 행사 때 이름을 올린 회사, 롱에이전시주식회사를 만들고 이번에는 출생연도를 1984년으로 바꿨다. 그가 세운 어느 회사에도 결산 자료나 공식 서류가 없고, 결산 보고 마감일이 지난 후에 사라졌다. 그는 개명 절차를 밟아 이름을 바꾼 적이 없으면서 공식적인 사업자 등록 서류에도 예전 이름을 남기지 않았다.

연이은 실패에도 이아노풀로스는 세 번째 스타트업인 기술

뉴스 사이트《커널The Kernel》을 만들고, 직원들을 재빨리 고용해 논평과 특종기사를 제공했다.《커널》에 실린 글들은 이아노풀로스 특유의 공격적 어조가 완전히 사라지지 않았음에도 꽤 평판이 좋았다. 당시 이아노풀로스는 여러 좌파 진보주의자와 페미니스트 작가를 비롯해 과학기술 분야 언론인의 환심을 사려고 애썼다. "먼발치에서 존경했다"라거나 만나보고 싶었다는 말로 주기적인 술자리를 마련해 "1차는《커널》이 냅니다!"라며 인심을 썼다. 논란 많은 논객이라는 자신의 이미지를 이런 식으로 바꿔보려 했다. 오래가지는 못했다.

2012년 가을 무렵, 이아노풀로스가 직원들을 고용하면서 지급할 능력도 없는 급여를 제시한 사실이 드러났다. 수천 파운드를 못 받고 일을 그만둔 기고자들은《커널》을 임금 체불로 고소했다. 그러자 이아노풀로스는《커널》의 내부 사정을 미디어에 퍼뜨린 것으로 추측되는 기고자들에게 노발대발하면서, 자기에게 반기를 든 자들을 파멸시키겠다고 협박했다.

"당신은 이제 런던에서 영영 일자리를 찾지 못할 것이다. 본인도 알겠지만, 격앙된 엉터리 같은 글을 트위터에 올리고, 돈 때문에 글을 쓰는 저속한 작가처럼 굴며, 내게 싸움을 걸었기 때문이다." 그는 이런 협박성 이메일을 보냈다. 수천 파운드를 못 받고 일을 그만둔 기고자에게도 똑같이 협박했다. "당신은 런던 출판업계에서 경력을 쌓을 기회를 완전히 날려버렸고 내 동정심도 순식간에 식어버렸다." 이렇게 말문을 연 그는 섬

뜩한 말과 함께, 기고자의 의심스러운 행동이 담긴 사진을 공개하겠다고 으름장을 놓았다.

2012년 무렵 이아노풀로스는 상종 못 할 사람으로 명성이 자자해졌다. 그를 화나게 하면 트윗 폭격을 당하고, 살벌한 이메일을 받으며, 전에 주고받은 서신과 사진을 공개하겠다는 협박을 받았다. 게다가 이아노풀로스는 유례없이 공격적인 우파 세력을 많이 거느렸는데, 이들은 그를 대신해 맹공을 퍼부었으므로 더욱 조심해야 했다. A급 유명인도 예외는 아니었다. 이아노풀로스는 영화 〈고스트버스터즈〉의 여성판 리메이크작을 공격하는 데 동참하면서, 영화배우 레슬리 존스를 겨냥한 신랄한 비난을 트위터에 올렸다. 존스가 고통을 호소하면서 이아노풀로스의 트위터 계정은 영구 삭제됐다. 하지만 끝이 아니었다. 이아노풀로스를 지지하는 세력이 또 협박 메시지를 퍼붓는 바람에 존스도 한동안 소셜 네트워크를 떠나야 했다.[23] 이런 이유로 이번 장에서 소개하는 이아노풀로스 관련 인터뷰는 익명으로 진행했음을 밝혀둔다.

이아노풀로스의 위협은 《커널》이 당한 소송을 막기에 역부족이었다. 법원은 기고자들에게 밀린 급료 1만 6853파운드를 지급하라고 판결했다.[24] 이아노풀로스가 흥분한 말투로 《커널》은 지급할 능력이 충분하다고 주장한 지 며칠 지나지 않아, 끝내 지급할 능력이 없다고 시인했다. 사이트는 결국 폐쇄됐다. 결산 보고서 한번 제출하지 않고 문을 닫은 이아노풀로스의 회사가 하나 더 늘었다. 그리고 여기서 두 개를 더 추가했다. 힙스터벤처스주식회사와 칼리굴라주식회사였는데, 둘 다 순식간에 망해서 제출한 서류가 없기 때문에 영업이익이 (혹시 있었다면) 어느 정도였는지 파악할 방법이 없다.

돈을 지급하라는 명령을 받은 것은 회사만이 아니었다. 이아노풀로스는 개인적으로도 최소 일곱 건의 과태료를 내야 했다. 공식 기록으로는 일곱 건 모두 '처리되지 않음'으로 나오는데, 과태료를 낸 기록이 법원에 없다는 뜻이다. 벌금을 내도 공식 기록에 반영되지 않는 경우가 있긴 하다.

연이은 사업 실패에도 과시욕을 고치지 못한 이아노풀로스는 여전히 대중에게 허세를 부렸고 일관성 없는 행동을 했다. 2012년 영국은 동성 결혼 법안을 통과시키기 직전이었고, 이아노풀로스는 이 흐름에 반기를 든, 가장 돋보이는 인물이었다. 그는 이 주제를 다룬 텔레비전 인터뷰에 게이 결혼에 반대하는 게이로 수차례 나왔다. 당시 이아노풀로스가 가톨릭 신자라고 고백하고 다닌 바람에 신앙이나 교리 때문에 반대했다고 생각하는 사람도 있을 것 같다. 하지만 그로부터 몇 달 지나지 않아 2013년에 동성 결혼 법안이 통과되자, 이아노풀로스는 기존 주장을 뒤집어 게이 결혼을 지지했을 뿐 아니라 자신도 결혼을 약속한 사람이 있다고 밝혔다.

이아노풀로스의 자기과시가 절정에 이른 사건을 하나 꼽자면, 2013년 생일 파티가 아닐까. 그는 올드 스트리트 회전 교차로 근처에 있는 회원 전용 클럽에서 생일 파티 겸 약혼 축하 자리를 연다고 알렸다. 그는 "아시다시피 올해로 제가 스물일곱 살이 됩니다"라는 첫 구절로 시작하는 초청장을 보냈다. 실제 나이는 스물아홉 살이었다. 그는 생일 파티 때 자선단체를 후원하기 위한 기금 모금도 한다며 초대한 손님들에게 티켓을 팔았다. 티켓 가격은 55파운드에서 275파운드까지 다양했다. 예약 수수료를 제외한 가격이었다. 하객에게는 음식과 샴페인, 전문가가 제공하는 범세계적 요리들이 테이블 가득 제공된다고 했다. 파티에 참석한 몇몇 사람들이 전하기를 초대 명단 외에 티켓을 사서 온 사람은 없는 듯했고, 파티장은 절반 정도 찼으며, 술은 금세 떨어졌다고 했다. 또 싸구려 캔버스에 마일로 이아노풀로스 본인 얼굴을 그린 팝아트 초상화 넉 점으로 파티장을 장식했는데, 그중 한 점을 하객 하나가 훔쳐 갔다고 했다.

이런 이야기도 이아노풀로스의 입을 거치면 심하게 과장된다. 자신의 생일 파티와 관련해 못마땅한 기사가 나오자 이아노풀로스는 "관심에 목마른 기자들이 초대도 안 받고 내 파티에 찾아와 내가 준비한 술을 마시고서는, 인터넷에 나를 향한 불만을 늘어놓았다"라며 이렇게 주장했다. "그들은 내 그림 가운데 최소 한 점을 훔쳐 갔다. 100파운드 넘게 나가는 그림이었다. (…) 그때는 굳이 말하지 않았는데 총 제작 비용이 1만 파운드였다." 그 초상화는 런던 기자들의 셰어하우스 이곳저곳을 몇 달간 전전하다가 결국 쓰레기통에 처박혔다. 그리고 어떠한 이름으로든, 이아노풀로스가 결혼했다는 기록은 영국에 없다.

그로부터 얼마 후 이아노풀로스에게 결정적인 기회가 왔다. 바로 게이머게이트Gamer-Gate였다. 게임 저널리즘의 도덕성을 명분으로 한 대대적인 온라인 폭력 사건으로, 주로 분노에 찬 젊은 남성들이 보이콧을 전개하면서 광고업체를 향해 다수의 비디오게임 사이트 지원을 철회하라고 요청했다. 얼핏 진보적이고 정의로운 투사들의 활동처럼 보였다. 사실 종종 악의적인 성차별주의를 보인 이 운동은, 한 남성이 게임 개발자인 전 여자친구에게 앙갚음한 것이 그 발단으로, 차츰 여성 기술 비평가와 그 지지자들에 대한 인터넷 혐오 활동으로 퍼졌다. 2013년에 이아노풀로스는 게이머들을 조롱하는 글을 썼는데 이는 게이머게이트의 표적이 된 여성들이 쓴 글보다도 훨씬 모욕적이었다. 그는 《커널》에 이렇게 기고했다. "구부정하게 앉아 게임 컨트롤러를 붙잡고 투구 쓴 외계인을 물리치는 30대 남성들을 보면 참 비극적이다. 20대 후반인 내가 보기에도 퍽 안쓰럽다. 심지어 이런 사람들이 너무 많다. 수십억 달러짜리 비디오게임업계를 지탱할 정도로 많다. 부모님 집 지하실에 얹혀사는 무능력한 백수들이 차고 넘친다."[25]

언제나 그랬듯 그는 일관성보다 독설을 더 중시했다. 지독한 무례함과 잔혹한 언행으로 게이머게이트 운동을 제대로 부추겼지만 비디오게임 이름을 세 개도 못 대는 사람이니 본인의 행동에 크게 개의치 않았을 테다.[26] 그래도 이아노풀로스가 이 사건을 책으로 쓰겠다고 마음먹은 이유는 이 온라인 공격의 규모가 엄청났기 때문이다. 그는《브레이트바트》에 이렇게 썼다.

> 게이머게이트는 근 10년을 통틀어 인터넷에서 가장 큰 폭풍을 일으켰다. 이 논쟁으로 450만 개의 유례없이 많은 트윗이 쏟아졌고, 살해 협박이 떠돌았다. 또 한 논쟁은《뉴욕타임스》1면에 실렸고, 시사 코미디〈콜버트 리포트〉에서 다뤘다. 게이머게이트의 발단이 된, 여성 게임 개발자와 바람을 피웠다고 의심받은 남성이 다니는 고커 미디어Gawker Media에 100만 달러 넘게 손해를 입혔고, 기자들 수백만 명에게 분노와 모욕감을 안겼다. 성적 모욕, 신랄한 맞대응, 온라인 논쟁이 끝없이 이어졌다.[27]

이 글은 2015년 12월에 쓴 글로, 이아노풀로스가 게이머게이트에 처음 가담한 지 15개월이 지난 후였다. 게이머게이트는 점차 확장했고 대안우파라고 하는 운동으로 변질했다. 신종 온라인 극우세력인 이들은 보통 인종주의, 반유대주의, 민족주의 성향을 띠고 한편으로 트럼프를 전폭 지지한다. 이아노풀로스는 운 좋게도 이들의 총애를 받았다. 물론 본인은 대안우파가 아니라고 부인하고, 대안우파 세력이 반유대주의를 표방한다는 의혹에 맞서 자신의 유대인 정체성을 강조했지만 말이다.

언제나 그랬듯 그는 본인 입으로 말한 종교적 정체성에 유연한 자세를 보였다. 활동 초반에는 자신이 비교적 독실한 가톨릭 신자라더니 친구들에게는 성인이 되어 개종했다고 말하고 다녔고 나중에는 다시 유대인 정체성을 내세웠다. 아무리 봐도 그런 환경에서 자라지 않았는데 말이다. 성 소수자 운동에 적의를 드러내면서는 자신이 게이란 사실을 강조하고, 반유대주의 시각을 가진 사람들에게 둘러싸여 있을 때는 자신이 유대계임을 강조했다. 이아노풀로스는 한 번도 어떤 흐름의 핵심에 다가간 적이 없다. 백악관에서도 다른 브레이트바트 동료들과 달리 주어진 역할에 안착하지 못했을뿐더러 트럼프와 같이 사진 찍을 찰나의 순간조차 누리지 못했다. 이아노풀로스는 기껏해야 고위 권력자들이 감싸주는 정도다. 그를 찬양하는 일부 팬덤 덕분이다. 그에게 돌아온 보상은 25만 달러짜리 책 계약으로, 2016년 12월 후반에 출간예정일이 2017년 3월이라고 발표했다. 이렇게 매우 빠듯한 일정은 통상 원고가 다 나와서 마무리 단계라는 뜻인데 이듬해 1월, 출간 날짜가 2017년 6월로 미뤄졌다. 책 출간 자체에 반대하는 학생들의 항의 시위를 책에 넣으려고 내용 보강 및 수정에 들어간 듯 보였다.[28]

그러다 예상대로 다시 한번 모든 것이 무너졌다. 영향력 있는 보수 활동가 콘퍼런스인 보수정치행동회의CPAC에서의 연설을 앞두고, 성인 남성과 10대 남자아이의 성관계를 이아노풀로스가 옹호한 것처럼 보이는 영상이 수면 위로 떠올랐다.[29] 일부 팬들은 한데 모여 그를 두둔했지만, 미지근하게나마 지지를 보였던 권력 측근마저 그에게 냉담한 반응을 보였다. 25만 달러짜리 출판 계획도 취소됐다(이 책은 후에 그가 자비로 출판했다-옮긴이).[30] 보수정치행동회의 강연 초청도 물거품이 됐다. 그는 브레이트바트에서 나와 새로운 벤처 회사를 세울 예정이라고 했다. 늘 그랬듯, 똑같은 패턴의 반복이었다.

이아노풀로스를 비판하는 사람들은 그를 선동꾼, 극단주의자, 위험하고 편향된 인물로 묘사한다. 그렇지만 그의 긴 이력을 보면 이와 좀 다르다. 그는 10년에 걸쳐 쓸데없는 허위 발언을 일삼은 자로, 결국 허위 사실이 탄로 나면서 다른 사람에게 입힌 상처 못지않게 본인도 치명상을 입었다. 이어진 실패에도 사업을 벌이고 온갖 이슈에 숟가락을 댔지만, 결국 종착지를 알 수 없는 길 위에 쌓인 잔해물 같은 신세가 되었다. 주목받는 것 말고 이아노풀로스가 원하는 것은 대체 무엇일까?

진실하지 못한 사람에게서는 악의를 제거하지 못한다. 게다가 그냥 농담이었다는 변명은 정치판에서처럼 미디어에서도 어느 정도는 통한다. 이아노풀로스는, 어디서 한자리하는 사람이 아니어도 상습적 개소리만으로 다수에게 큰 악영향을 끼칠 수 있음을 보여준 표본이다. 단 한 번 공개적으로 비난하는 것으로는 그런 악영향을 없애기 어렵다.

04

레거시 미디어

텔레비전, 라디오, 신문 같은 레거시 미디어는 정보 검색과 소셜 네트워크 서비스가 주축을 이루는 뉴미디어 시대를 맞아 분투하고 있지만 여전히 대중에게 영향력이 가장 높고, 또 가장 많은 수익을 얻는 매체다.

레거시 미디어는 세계관을 형성하는 데 중요한 역할을 하고, 주류 미디어에 회의적이거나 이를 조소하는 사람들의 세계관에도 큰 영향을 미친다. 종종 헤드라인을 선별하는 레거시 미디어의 수문장 역할이 무력해졌다는 탈중개화 현상이 거론되지만, 다수의 대안 미디어는 레거시 미디어가 맨 먼저 발표한 정보를 재생산하거나 이에 반박하는 내용을 만들어내어 유지된다. 어떤 정치인이든 레거시 미디어를 무시하면 상당수의 유권자를 놓치게 된다.

한마디로 개소리는 주요 미디어 없이는 뜨기 어렵다. 매체는 개소리를 막으려고 애쓰면서도 이를 전파한다. 객관성을 중시하는 매체들은 진실에 얽매이지 않는 정치인과 캠페인을 다루거나 요즘 대중에게 친숙한 소통 방식을 택할 때 어려움을 겪기도 한다. 어떤 매체들은 그들이 선정한 정치적 의제나 그들이 처한 재정 상태 때문에 스스로도 미심쩍은 기사와 담론을 적극적으로 퍼뜨린다. 하나같이 장기적 과제지만 이와 더불어 매체들이 대비해야 할 새로운 현상이 있다. 바로 선거 후보와 캠페인이 미디어를 정보 전달자나 비당파적 기관이 아닌, 또 하나의 정적으로 취급하는 현상이다. 결국 미디어는 재정 위기, 미디어에 대한 전반적인 신뢰 하락, 새로운 유형의 경쟁 세력, 매우 이질적인 정치적 풍토 사이에서 곡예를 해야 한다.

터무니없는 기사를 양산하는 기이한 수익 구조

다수의 주류 매체와 대중이 믿고 싶어 하는 담론이 하나 있다. 우리의 주류 미디어는 사실에 충실한 훌륭한 기관이라는 것, 그리고 허위 사이트나 선거를 방해하려고 러시아나 여타 정부에서 내놓는 가짜뉴스는 매우 새로운 현상이라는 것이다. 또 정부와 SNS가 이런 행위자를 단속하면 문제가 해결된다고 믿고 싶어 한다. 이러한 담론이 무시하는 여러 문제 중에 특히 냉엄한 현실이 하나 있다. 여러 가지 이유로 주류 매체 역시 가짜뉴스 혹은 이와 비슷한 정보를 만들어낸다는 점이다.

《데일리익스프레스》는 그런 면에서 특히 유명하다. 이 신문은 종이 신문 구독자가 39만 2000명이고, 하루 온라인 홈페이지 방문자 수가 150만 명으로 웨스트민스터 버블(영국 대중과 유리된 배타적인 정계·언론계를 뜻하는 신조어-옮긴이)에서 인정받지는 못해도 구독자 수가 대다수 정론지보다 많은 신문사이며 브렉시트를 가장 열렬히 지지했다. 이들은 EU 회의론과 반反이민 뉴스를 일상적으로 실을 뿐 아니라, 다음과 같은 제목의 기사도 낸다. "충격: 켐트레일이 인류를 쓸어버리고 성서에 나온 것 같은 대홍수를 일으킬 것이라고 전문가가 주장하다."[1] "9·11테러와 다이애나의 죽음을 예견한 일루미나티 카드 게임이 트럼프 암살을 예언하다."[2] "나사NASA의 비밀 UFO: 구글어스에 찍힌 나사우주연구소의 비행접시에 관한 진실."[3] 눈 밝은 독자라면 이 기사들이 뉴스 사이트의 '기이한 사건' 섹션에 분류되어 있음을 눈치채겠지만, 화면상으로 보면 진짜뉴스와 잘 구분되지 않는다. 영국 주요 매체 중에서 《데일리익스프레스》만 이런 식으로 기사를 제공하는 것은 아니다.

영국 최대 일간지 《더 선》의 과학기술 섹션에는 "근접 촬영: 한 영국 남자가 외계인에게 얼굴을 가격당하고 납치당하는 순간이 구글어스 위성사진에 잡히다."[4] "인육을 먹는 자들: 가

몸과 기근이 전 세계를 휩쓸면 수백만 명의 인류가 식인종이 될 것이라는 전문가의 경고"[5] 같은 기사가 올라온다.

트래픽을 쉽게 올리려는 사이트들은 이런 식의 음모론 기사를 실어 싼값에 트래픽을 올릴 수 있다. 누가 봐도 가짜이기 때문에 대개 악영향이 없다(물론 음모론자들은 주류 매체에서 이런 기사를 실은 것 자체가 기사의 타당성을 입증하는 근거로 받아들이겠지만). 또 어떤 사이트들은 기이한 실화를 진짜 정치 뉴스와 아주 가까이 배치해 트래픽을 올리기도 한다.

영국의 신문 독자들은 《데일리메일》을 매우 보수적 의제를 다루며 주로 중산층을 공략하는 우파 성향의 신문으로 생각한다. 온라인에서 《데일리메일》은 세계 최대 규모의 뉴스 사이트로 미국 독자 수도 상당하다. 물론 정치, 경제, 국제 관계 뉴스보다 연예 뉴스로 더 유명하지만 말이다. 이 사이트는 독자를 대거 끌어모으기 위해 쉴 새 없이 기사를 쏟아내는데, 때로 노골적인 허위 기사도 써낸다.

《데일리메일》은 허위 기사를 공공연히 퍼뜨린다는 인상을 주지 않으려고 매우 조심스럽게 접근한다. 한 가지 대표적인 예는, 트럼프 취임식 때 비밀 경호원이 코트 안에 권총을 숨기려고 인공손을 꼈다는 온라인의 음모론을 기사로 올린 것이다. 물론 이 음모론은 영상을 단 몇 초만 봐도 거짓임을 알 수 있다.

《데일리메일》은 처음에는 "트럼프의 비밀 경호원, 인공손을 끼다." "도널드 트럼프의 경호원은 취임식 때 가짜 손을 끼고 코트 안에 총을 숨겼을까?"라는 제목으로 기사를 냈다.[6] 물론 기사 제목 바로 아래에 글머리 기호를 써서 당연히 아닐 것이라는 부제를 달기는 했다. 이 기사는 게시일 내내 방문자들이 가장 많이 본 기사였다.[7] 몇 시간 후 진실을 밝히며 해프닝이었다는 기사로 바꿔치기하기 전까지는 그랬으며, 이때 먼저 올린 기사 제목은 언급도 하지 않았다. "죄송한 말씀, 그것은 진짜 손이었다: 화면을 보면 트럼프 경호원이 코트 안에 권총을 숨기려고 인공손을 꼈다는 기이한 소문은 거짓임을 알 수 있다."[8]

이런 식으로 트래픽을 올리려고 기사를 재빨리 올렸다가 슬쩍 고치는, 때로는 대놓고 고치기도 하는 버릇은 일회성이 아니며 《데일리메일》만 하는 행동도 아니다. 이 언론사가 사실 확인도 안 하고 보도한 내용으로 "엘튼 존Elton John, 트럼프 취임식에서 공연할 예정이라고 트럼프 고문이 밝혀"라는 기사가 있었다. 20분도 지나지 않아 이 기사는 "엘튼 존, 트럼프 취임식 콘서트에서 공연한다는 사실 부인해"로 바뀌었다.[9] 일간지 《인디펜던트》는 "무슬림 2000만 명, ISIS 반대 행진을 하다"라는 제목으로 기사를 실었다.[10] 기사에 쓴 사진과 영상은 시위 현장이 아니라 매해 열리는 종교 행사를 담은 것이었다. 이를 깨달은 《인디펜던트》는 정정 보도라는 말도 없이 원래 기사 제목을 다소 교활하게 바꿨다. "무슬림 수백만 명, ISIS의 위협에도 아랑곳 않고 아르바인(시아파의 종교 축제-옮긴이) 성지순례에 대거 참여하다."[11] 사실 확인도 안 하고 기사를 냈다가 오보였다는 통보도 없이 고치는 또 다른 사례로 일간지《데일리미러Daily Mirror》를 들 수 있다. 성탄절 다음 날인 박싱데이에《데일리미러》는 "소니뮤직, 브리트니 스피어스 사망 소식 전해"라는 기사를 냈다. 해킹당한 소니뮤직 트위터 계정에 올라온 악의적인 글, "브리트니 스피어스 사고로 죽다!"라는 글 하나만 보고 쓴 기사였다.[12] 아니나 다를까, 기사 제목은 곧 바뀌었다. "브리트니 스피어스는 사망하지 않았다. 소니뮤직의 트위터 계정이 해킹당하면서 어그로꾼들이 올린 지긋지긋한 허위 정보였다."[13]

뉴스 사이트들이 기사를 마구 쏟아내고 때로 어리석은 기사를 올리는 것은 그냥 재미로 하는 행동이 아니다. 이들은 인터넷의 기이한 인센티브 구조에 따라 움직인다. 구글뉴스 상위권에 오르면, 그러지 못한 기사보다 트래픽이 늘고 더 많은 관심을 받는다. 검색엔진의 알고리즘은 전통적으로 맨 먼저 기사를 올린 사이트를 선호한다. 페이스북 알고리즘도 당파적이거나 믿기 힘든 기사를 철저한 보도 기사보다 선호하는데, 단지 사람들이 그 기사를 더 많이 공유하기 때문이다. 트래픽이 높아진다는 것은 당연히 해당 사이트의 수익이 올라간다는 뜻이다. 제목은 나중에 바꾸더라도 일단 기사부터 올리면 트래픽이 올라가지만 시간을 들여 사실을 확인한 후 아무 기사도 올리지 않으면 아무것도 얻지 못한다.

이런 관행은 독자의 신뢰를 대가로 치러야 한다. 신문사가 시간과 자원을 들여 쓴 기사와 달랑 트윗 하나만 믿고 쓴 기사를 구분하지 않는다면, 독자가 한 기사를 다른 기사보다 더 신뢰할 이유가 없다. 심지어 기사가 수시로 교체되는 상황에서, 뉴스 사이트가 기사 제목을 바꾸거나 내용을 완전히 교체했다는 표시를 안 해주면, 독자는 어느 부분이 어떻게 바뀌었는지 알 길이 없다. 터무니없는 기사를 제대로 된 기사와 나란히 배치하고, 두 기사를 전혀 구분하지 않으며, 큰 실수를 해놓고도 공지 없이 넘어가면서 매체들은 개소리 문화를 퍼뜨린다. 독자의 흥미를 자극한다면 진실 따위는 중요하지 않은 것이다.

아동용 만화를 없애려는 음모의 진실

영국 신문사와 미국 케이블 뉴스 방송에서는 기사의 핵심 논지를 조작하는 미디어의 정치 성향도 한 가지 쟁점이다. 이런 조작 기사들은 사소한 경우도 있고 심각한 경우도 있지만, 보통 이런 왜곡 때문에 정치 양극화가 생기고 취약 집단이 주변부로 더욱 밀려나거나 한층 소외된다.

때로 얼핏 사소해 보이는 사건이 이러한 부작용을 낳는다. 《버즈피드뉴스》가 추적한 한 가지 사례로, 한동안 트위터에서 영국인이 사랑하는 가정용 만화를 무슬림이 금지하려 한다는 비난이 떠돌았다.[14] 돼지 가족 이야기를 다룬 아동용 만화 〈페파피그Peppa Pig〉였다. "지금 무슬림이 〈페파피그〉 때문에 화가 났다. 무슬림은 사실상 절대 서구사회의 구성원이 될 수 없다." "요즘 〈페파피그〉가 논란인데, 무슬림이 왜 불쾌해하는지 바로 알겠더라. 다문화주의는 한낱 망상이다" 같은 글들이 트위터에 올라왔다. 이런 반응은 호주의 한 신문사에서 낸 미심쩍은 헤드라인을 《더 선》, 《데일리익스프레스》, BBC 등이 그대로 가져와 기사화하면서 나오기 시작했다.

그런데 한 가지 문제가 있었다. 관련 기사는 한 이슬람 종교 지도자가 〈페파피그〉가 "사람들을 타락시킨다"라고 했다고 썼는데, 사실 그는 이 만화의 제목도 들은 바 없었다. 그는 다만 무슬림의 아동용 만화 〈바라카 힐스Barakah Hills〉의 제작을 환영한다고 말했다. 또 무슬림판 페파피그인 〈바라카 힐스〉 제작자는 그동안 무슬림에게 우호적인 만화를 권장해온 것은 사실이지만, 텔레비전에 나오는 돼지에 전혀 문제를 못 느낀다고 말했다. 그는 "나는 돼지를 쓰다듬기도 하고, 영화 〈꼬마 돼지 베이브〉도 봤다. 우리는 돼지를 먹지 않을 뿐이다"라고 말했다. 〈바라카 힐스〉 제작사는 페이스북에 앞으로 제작할 이 만화의 크라우드펀딩 상황을 알리면서 "〈페파피그〉를 대신할 무슬림 만화"라는 표현을 썼는데, 이 문구가 왜곡되면서 이런 기사들이 나온 것이었다. 페이스북에 올라온 글에는 〈페파피그〉에 대한 비난이 전혀 없었다.

〈페파피그〉 사건은 현재 영국 미디어가 무슬림에게 행하는 왜곡되고 과장된 보도의 아주 작은 단면일 뿐이다. 이 사건 이

후 영국무슬림협회 사무차장 미크다드 베르시Miqdaad Versi는 잘못된 기사를 바로잡는 일에 홀로 나섰다.[15] 베르시의 항의로, "슈퍼마켓 테러: 스페인 슈퍼마켓에서 무장 강도가 휘발유와 화약이 가득 든 가방을 들고 '신은 위대하다'라고 외치며 총을 쏘다"라는 《더 선》의 기사 제목은, 경찰과 슈퍼마켓 관계자 모두 그런 외침이 없었다고 증언한 덕분에 "'신은 위대하다'라고 외치며" 부분이 삭제됐다. 또 캐나다의 한 이슬람 사원을 공격한 무장 괴한이 여섯 명을 살해하고 "신은 위대하다"라고 외쳤다고 전한 《더 선》의 부정확한 기사에서도 해당 구절을 삭제했다.[16] 《데일리익스프레스》도 다른 신문사들과 함께, "영국의 무슬림 중 일부는 지나치게 고립된 나머지 영국인의 75퍼센트가 이슬람교도라고 믿는다는 충격적인 보고가 나왔다"라는 헤드라인을 냈다가 베르시에게 지적을 받았다.[17] 이 헤드라인은 정부 보고서가 잠깐 언급한 연구 자료를 참고한 것인데, 자료에는 영국의 한 학교 학생들이 영국인 중 50~90퍼센트를 아시아인으로 생각한다는 내용이 담겨 있었다. 기사는 철회되었지만 극우단체들은 계속해서 부지런히 퍼 날랐다.

물론 양극화를 낳는 모든 기사가 거짓은 아니다. 영국 신문사에는 객관성이라는 문화가 없다. 신문사마다 운영 방식이 다르지만 영국 신문사는 대체로 뚜렷한 정치색을 보인다. 브렉시트 같은 이슈에서 이런 경향은 더욱 두드러진다. 2016년 11월 3일, 영국 대법원은 당시 총리였던 테리사 메이가 EU 탈퇴 절차에 착수하기 전에 의회의 의사를 들어야 한다는 판결을 냈다. 한 캠페인 단체가 낸 소송에 대한 판결이었다. 11월 4일, 《데일리메일》은 1면에 위 판결을 낸 판사 세 명의 사진을 싣고 그 바로 아래에 "인민의 적"이라는 제목과 함께 이런 부제를 달았다. "'현실을 모르는' 판사들을 향한 분노, 브렉시트 투표자 1740만 명의 뜻을 저버린 이 판사들은 헌정 위기를 초래할 수 있다." 해당 기사는 이들을 비선출직 판사들이라고 깎아내리고, 그중 한 판사를 "열렬한 EU 옹호론자"라고 표현했다.[18]

판사들은 자신이 맡은 소송에서 판결을 내렸을 뿐이고, 판결 내용도 브렉시트를 막자는 게 아니라 테리사 메이 총리가 탈퇴 절차를 밟으려면 법에 따라 국회 동의가 필요하다고 명시한 것이었다. 하지만 기사는 브렉시트에 이의를 제기하는 사람은 죄다 엘리트주의자이고 민주주의에 반대하며 브렉시트를 저지하려 한다는, 각종 담론 중에서도 아주 노골적인 담론을 대변했다. 이 기사는 공격적이지만 부정확한 비난도 받았다. 1930년대 중반 '인민의 적'으로 불린 여러 판사들의 사진을 실은 친나치 신문 1면 기사와 비교당했다. 비교는 정확하지 않았다. 나치 신문에 난 기사의 제목은 "인민의 배신자"였고 사진 속 인물들은 시민권을 박탈당한 독일 망명자였다.[19] 좌파들은 우파들이 나치당 못지않은 진기록을 세운다고 본 반면, 우파들은 좌파들이 비민주적 방법으로 국민의 뜻을 뒤집으려 한다고 생각했다. 양쪽 모두 현실적인 근거는 부족했다.

미국 신문은 영국 신문과 문화가 많이 다르다. 그렇지만 미국의 케이블 텔레비전 뉴스는 영국과 크게 다르지 않으며, 좌파든 우파든 서로의 뉴스를 시청하지 않는다. 폭스뉴스는 시청자 선호도 조사에서 보수층 69퍼센트의 지지를 받은 반면 진보층에게는 마이너스 61퍼센트라는 점수를 받았다. MSNBC 방송은 정반대다. 진보층은 36퍼센트의 호감도를 표시했지만 보수층은 마이너스 65퍼센트였다.[20] 두 채널의 황금시간대 방송은 매일 밤 미국 사회에 대한 전혀 다른 시각을 꾸준히 제공한다. 대선이 아닌 시기에도 두 당파적 방송사는 철저히 다른 뉴스에 방송 시간을 할애한다. 일례로 두 방송사는 오바마케어와 리비아 벵가지에서 벌어진 미국 영사관 습격 사건을 놓고 전혀 다른 의견을 제시했고 방송 시간도 크게 차이가 났다.

우리는 미디어의 관행을 이용하려는 정치인과 캠페인에 미디어가 어떻게 놀아날 수 있는지 살펴봤다. 그렇지만 미디어도 나름의 의제와 나름의 경제적 이유로 그릇되거나 왜곡된 기사를 내보낸다. 사실 당파적 미디어는 아무 문제가 없다. 중립 저널리즘이 냉정한 태도로 일관할 때 당파적 미디어는 그런 보도가 놓치는 독자를 흡수할 수 있다. 문제는 당파적 독자를 끌어모아 이들의 정서를 자극하려다가 오히려 이들에게 회의감만 심어줄 때 발생한다. 이를 보여주는 매우 충격적인 선례가 하나 있다. 축구 팬 96명이 압사한 1989년 힐즈버러 참사를 보도하면서 일간지 《더 선》이 보인 행태다.

당시《더 선》은 끝까지 경찰 편이었고 축구의 훌리건 문화에 반감을 보였다.《더 선》은 확인되지 않은 경찰 측 증언을 바탕으로 신문 1면에 "진실"이라는 제목으로 기사를 내보냈다. 축구팬들이 희생자의 주머니를 털었고, 심폐소생술을 하던 경찰을 방해했으며, 경찰에게 오줌을 누었다고 보도했다. 사실과 다른 이 주장은 당시 사고로 친구와 가족이 다치거나 사망한 축구 팬들에게 모욕감을 안겼다. 끝내 이 사건은 경찰들의 잇단 실책에서 비롯했고 당시 경찰 측이 책임을 회피하려고 피해자에게 잘못을 전가했다는 사실이 밝혀졌다. 이 기사는 물론 가짜뉴스라고 불러도 무방할 테지만,《더 선》이 거짓으로 꾸며낸 것이 아니라 더욱 신중히 접근했어야 할 취재원에게서 신문사의 오랜 어젠다와 일치하는 자극적인 주장만 수용해 써낸 것이다.《더 선》은 기사를 수정하지 않고 오히려 해명만 하는 등 기존 주장을 굽히지 않았다. 결국《더 선》은 30년이 지난 지금까지도 리버풀에서 욕을 먹는다. 팔리지도 않는다.

현재 분위기에서 미국 좌파는 트럼프가 하는 행동이라면 무엇이든지 부패했다거나 러시아의 꼭두각시라거나 미쳤다는 뜻으로 해석할 것이다. 한편 우파 역시 좌파가 언론의 자유를 막고 가짜뉴스에 휩쓸리며 애국심이 없다고 비난하려 든다. 영국도 브렉시트 때문에 양쪽 진영이 서로 엄청난 적대심을 드러냈다. 우리 모두는 상대방을 설명하는 최악의 사실만 믿으려 한다. 바로 이런 토양에서 대충 쓴 기사들이 무성하게 자란다.

기자 수의 감소가 독자에게 미치는 영향

위 사례를 보면 개소리가 나쁜 매체와 좋은 매체를 가르는 기준처럼 보인다. 실상은 더 복잡하다. 우리는 매체들이 보통 구독률이나 시청률, 이윤, 모회사나 억만장자 소유주의 정치 어젠다를 공론화하는 일에만 신경 쓴다고 부정적으로 보기 쉽다. 그렇지만 뉴스 매체들이 완벽을 기하지 못하는 여러 이유 중에는 부정적으로 보기 어려운 것들도 있다. 흔히 저널리즘을 역사의 초고라고 부른다. 단시간에 사건의 실상을 파악하기란 매우 어렵다는 것이 한 가지 이유다. 사건에 대한 악의적 시각이 있다면 더욱 힘들다.

대다수 매체가 전보다 부족한 자원으로 더 빨리, 더 많이 보도해야 하는 상황에서 실상을 파악하는 일은 한층 어려워졌다. 영국의 경우 신문사의 주요 수입원은 여전히 인쇄 광고인데, 광고 수익이 해마다 15퍼센트씩 감소하면서[21] 신문사가 확보한 재원도 매해 1억 5500만 파운드씩 줄고 있다.[22] 게다가 10년 넘게 발행 부수가 곤두박질치면서 좌파 매체, 우파 매체, 정론지, 타블로이드 할 것 없이 모든 매체가 영향을 받았다. 《더 선》은 2006년에 300만 부를 팔았지만, 2016년에는 160만 부밖에 팔지 못했다. 같은 기간 《데일리메일》은 판매 부수가 230만 부에서 150만 부로 줄었고, 《데일리텔레그래프》는 90만 부에서 46만 부로 떨어졌으며, 《가디언》도 36만 6000부에서 16만

1000부로 감소했다.[23] 이들 매체 모두가 상승세인 온라인 구독자를 대거 확보하고는 있지만 종이 신문 구독자에 비하면 10분의 1 수준이어서, 디지털 광고 수익으로 인쇄 광고 수익을 만회하겠다는 희망이 사라지고 있다. 디지털 광고는 성장했지만 페이스북과 구글이 압도적으로 큰 몫을 차지해 성장 속도가 느리다. 미국 신문업계도 같은 추세다.

텔레비전 뉴스도 비슷한 위기에 처했다. 시청률이 급격히 하락한 편은 아니지만《가디언》의 전 편집자 피터 프레스턴Peter Preston이 수집한 통계자료를 보면, 텔레비전 시청자 수와 시청 시간이 줄었고 시청자의 연령대는 올라갔다.[24] 통계 수치를 살펴보면 영국은 시청 시간이 2012년부터 2015년까지 10퍼센트 줄었고, 미국은 15퍼센트가 줄었다. 영국 방송 채널 BBC1의 평균 시청 연령은 2009년 52세에서 2014년 59세로 높아졌고, 미국 CNN의 평균 시청 연령은 62세, MSNBC는 63세, 폭스뉴스는 67세였다. 텔레비전 뉴스를 보는 젊은 시청자는 훨씬 적었다. 총 뉴스 시청 시간을 보면 16세에서 24세의 시청자는 연평균 25시간인 반면, 전체 성인 시청자는 연평균 108시간이다.

자연스럽게 기자 수가 줄었다. 미국 뉴스편집인협회가 뉴스 편집실을 상대로 실시한 전수조사에 따르면, 전업 기자가 2005년 5만 4100명에서 10년 후에는 3만 2900명으로 감소했다.[25] 40퍼센트가 줄어든 것이다. 전에는 신문기자가 종이 신문에 실을 기사만 작성했다면, 요즘 신문사 편집실에서는 글과 영상, 웹콘텐츠, 채팅 자료, 소셜 플랫폼에 쓸 자료 등을 모두 만든다. 기사 하나당 투자할 시간이 줄었고, 뉴스를 직접 발굴하는 데 쓸 자원이 적어졌다는 뜻이다.

이런 압박이 독자에게는 어떤 영향을 줄까? 자원이 줄어든 편집실에서는 보통 안전한 대책을 찾는다. 대학을 갓 졸업한 미숙한 기자가 정치 논쟁을 보도한다고 할 때, 가장 간단한 방법은 한 후보가 한 말을 그냥 보도한 후 상대 후보의 반박을 싣는 것이다. 내용을 확인하는 일 따위는 생략한다. 현실 풍자처럼 보일지도 모르겠으나 이게 현실이다. 특히 기사가 다수 매체의 일반적 보도 지침인 중립성이나 객관성을 만족할 때 이렇게 보도한다. 한 후보가 뻔뻔스럽게 거짓말을 해도 마찬가지다. 자원이 풍부하고 숙련된 기자가 있는 편집실에는 정치 논쟁을 조목조목 따질 역량과 자신감이 있다. 그런 기자들이 부족한 편집실에서는 정치 논쟁을 제대로 문제 삼지 못한다.

이 사람은 이렇게, 저 사람은 저렇게 말했다는 식의 보도에서 벗어나기 위한 방안으로 언론사들은 사실 검증 블로그를 만들었다. 전문 기자나 소규모 전담팀이 유명 정치인의 문제 발언을 파헤치고 그 주장을 사실로 봐도 무방한지 판단한다. BBC, 《가디언》과 같은 주류 미디어에서 사실 검증 블로거를 두고 있으며 사실 검증만 전담하는 독립된 조직도 물론 여러 곳 있다. 현재 상당수의 사실 검증 블로그가 맹활약하고 있지만 이들의 노력만으로는 문제가 되는 발언을 막기 어렵고 오히려 사태가 심각해질지도 모른다. 정치인의 발언이 사실인지 그 진위 확인을 사실 검증 블로그에 맡기면 정치나 다른 분야 기자들은 사실을 확인할 책임을 소홀히 할지도 모른다. 진위 확인은 다른 팀이 맡으니 우리는 논란이 되는 주장을 그대로 보도해도 상관없다고 생각하는 것이다. 먼저 우리는 사실 검증 칼럼을 즐겨 읽는 사람이 전형적인 유권자인지부터 확인해봐야 한다. 스스로에게 물어보자. 내가 믿고 지지하는 정치적 주장이 사실인지 확인해본 적이 언제인가?

은행업자보다 못 미더운 기자들

마지막으로 주목해야 할 흐름이 있다. 매스미디어에 대한 신뢰가 떨어졌다는 점이다. 갤럽은 1997년부터 매해 미국인을 대상으로 신문, 텔레비전, 라디오를 어느 정도 신뢰하는지 조사했다. 매스미디어를 매우 또는 어느 정도 신뢰한다고 답한 응답자가 1997년부터 2005년까지 약 50퍼센트였다가, 2005년부터 그 비율이 뚝 떨어지더니 2016년에는 최저치인 32퍼센트를 기록했다.[26] 이보다 훨씬 더 우려스러운 바는 미디어에 대한 신뢰 하락이 곧 미국 사회가 얼마나 양극화했는지를 보여준다는 점이다. 공화당 유권자는 14퍼센트만 매스미디어를 신뢰한다고 답했다. 영국의 경우 신문기자에 대한 신뢰도가 수십 년째 바닥이다. 1983년 이후로 영국인 4명 중 1명만 기자를 믿는다고 했다. 기자에 대한 신뢰도가 부동산 중개인이나 은행업자에 대한 신뢰도보다 낮고 '길거리를 지나가는 사람'에 대한 신뢰도보다도 훨씬 낮다.[27] 그렇지만 뉴스 아나운서에 대한 신뢰도는 높다. 무엇보다도 BBC 방송에 대한 영국 대중의 자부심이 여전하다는 뜻으로 풀이된다. 신뢰도 하락은 시청 시간과 관심도를 떨어뜨린 원인일 수도 있고, 반대로 시청 시간과 관심도가 떨어지면서 뒤따르는 결과일지도 모른다. 전보다 주류 간행물을 접하는 사람들이 줄어든 만큼 이들 매체에 대한 신뢰도도 떨어진 것이다.

수 세기 동안 미디어는 정부와 정치인에게 책임을 묻는 역할을 했다. 19세기 들어 미디어를 일컫는 '제4계급'이라는 별칭이 생겼는데, 이는 미디어의 권력 견제 기능을 공식화한 용어였다. 미디어가 영향력과 신뢰를 잃으면 권력에 책임을 묻는 능력도 약해진다. 미디어는 현재의 재정 문제를 하룻밤에 해결하지는 못할 것이다. 그렇지만 재정 문제가 미디어의 제 역할을 가로막는 유일한 장애물은 아닐 테다.

"법은 소시지와 같다. 만드는 과정을 안 보는 게 낫다"라는 오랜 격언이 있다. 저널리즘도 여기에 해당할지 모르지만 기자들은 더는 베일에 싸인 존재가 아니다. 해커들이 기자의 이메일을 해킹하고, 캠페인도 보도 방식과 동기를 따지며 기자에게 공세를 가한다. 특정 후보를 두둔하는 뉴스 사이트 기자도 다른 기자가 쓴 기사를 공격하며 서로 제 살 깎아 먹기 식 비판을 한다. 보도 과정을 제대로 알 리가 없는 다수의 독자 눈에는 주로 보도 과정의 표면만 보인다는 뜻이다.

백악관 출입 기자들이 도널드 트럼프 정부를 언급하는 태도와 진보 성향의 독자가 이에 대해 보이는 반응은 바로 이 문제를 보여준다. 트럼프 취임 후 첫 월요일에, 그의 대변인 숀 스파이서Sean Spicer는 첫 공식 기자회견을 열었다. 앞서 바로 전주 토요일 브리핑 때, 스파이서는 트럼프 취임식 관중 수가 오바마 때보다 적었다고 (정확히) 보도했다는 이유로 언론을 질타했었다. 토요일의 브리핑과 달리 스파이서는 매체의 질문도 받고 화해의 제스처도 취해 곧바로 호평을 받았다. 백악관 출입 기자단은 당시 기자회견을 "긍정적인 한 걸음" "고무적인 자리"라고 표현했고,[28] 《워싱턴포스트》 기자 캐런 터멀티Karen Tumulty는 스파이서를 듬직한 프로라고 칭찬하며 언론과의 관계 개선에 재시동을 건 기자회견이라고 평했다.[29]

신속한 화해에는 비난이 쏟아졌다. 기자회견실 연단에 선 스파이서는 엄연한 기록이 있는 트럼프 취임식 관중 수를 놓고 사실과 다른 주장을 반복했고, 이라크에 군사 지원을 하는 대가로 석유를 가져올 수도 있다며 전쟁범죄를 옹호하는 듯한 발언을 했다.[30] 트럼프가 연일 언론 매체를 공격한 데 대해서는 어떤 사과도 하지 않았다. 트럼프에게 비판적인 대중에게 언론의 태도 변화는 비겁해 보였을지도 모른다. 기삿거리를 찾고 사태 파악을 하려면 기자들이 행정부 내 소식통과 원만한 관계를 다져야 하는 내부 사정을 몰라서 하는 얘기다. 트럼프 비판자에게는 트럼프에게 고함치는 기자가 마음에 들지 몰라도, 그런 외침은 기자들이 진짜뉴스를 찾는 일에 도움이 되지 않는다.

이러한 태도는 우리 같은 언론 종사자에게는 익숙하다. 독자들도 그 이유를 알 것이라 생각하지만, 실은 널리 알려지지 않은 미디어의 여러 관행 중 하나에 불과하다. 여러 매체에서 나온 기사를 보면 취재 대상이 한 발언을 기사 본문에 넣는데, 이는 탐사 보도나 비판적 기사라면 기사 후반부에 위 발언이 모두 틀렸음을 밝히는 긴 문구가 달린다는 뜻이다. 이런 발언을 넣는 이유는 이를 좋은 관행으로 보는 언론계의 관례(영국의 경우)와 규범(미국의 경우) 때문이고, 또 이렇게 해야 그 기사가 법적으로 보호받기 쉽기 때문이다. 영국 방송인들은 법적으로 발언을 반드시 내보내야 한다. 기자들은 독자가 이런 상황을 안다고 생각한다. 하지만 알지 못할 확률이 훨씬 높다.

아수라장에서도 점잖음을 강요당하는 언론

2017년 1월, 《뉴욕타임스》는 이 언론사의 문체치고 매우 평범한 헤드라인을 실었다. "중진 의원들과 만난 트럼프, 선거 관련 거짓말을 계속 늘어놓다."[31] 기사 제목을 놓고 언론계는 《뉴욕타임스》가 언론계 규범에서 한참 벗어난 행동을 했다며

격한 논쟁을 벌였다. 대통령 당선자를 거짓말쟁이라고 표현했다는 이유에서였다. 《뉴욕타임스》의 기사는 주류 매체 어디에서도 사실이라고 한 바 없는, 미 대선에서 300만 건의 부정투표가 있었다는 트럼프의 주장을 실었다. 사실이 아닌 주장을 거짓말이라고 부른 일이 왜 큰 문제가 되었을까?

영국에서 이런 일은 주로 법적 문제로 이어진다. 누군가를 거짓말쟁이라고 부르면 명예훼손으로 손해배상 청구 소송을 당할 수 있다. 명백하게 사실이 아닌 주장이라도 명예훼손 소송에서 이긴다는 보장은 없다. 거짓말이라고 짐작하는 것만으로는 충분치 않기 때문이다. 매체는 말을 한 사람이 자신의 말이 사실이 아님을 알고도 말했다는 점을 입증할 책임을 진다. 그렇지만 어떤 사람이 머릿속으로 무슨 생각을 했는지 입증하기란 불가능하다. 미국 매체는 이런 제약이 덜하지만 이 단어를 사용할 때 엄청난 문화적 장벽과 마주해야 한다. 기사와 관련해 여러 보도가 쏟아진 가운데 영국의 논평가 존 렌툴John Rentoul은 기사 제목에 '거짓말'이라는 단어를 쓴 일은 "뉴스 보도기관으로서 《뉴욕타임스》의 평판을 깎아내린 실수"라고 평했다.[32]

명백히 사실이 아닌 위험한 발언을 거짓말이라고 했다는 이유로 윤리적 논쟁이 촉발한 것은 저널리즘만의 점잖은 문화를 보여준다. 단어를 선택하는 데 이토록 고심하는 것은 칭찬할 만한 태도지만, 우리가 사는 세계는 이런 세심한 지침을 모두가 따르는 고상한 곳이 아니다. 미국 대통령은 뉴스 매체를 '가짜'

'사기' '부정직한' '허위' '넌더리 나는' '멍청한' '쓰레기 같은' '끔찍한' 매체라고 즐겨 부르는데, 바로 CNN을 두고 하는 소리다.[33] 소셜 미디어 사용자들은 직설적이고 명쾌한 비난을 내뱉는 것을 상당히 즐긴다. 당파성이 짙은 신종 사이트들도 이 새롭고 거침없는 세상을 기꺼이 이용한다. 공정하고 객관적이고 균형 잡힌 보도는 전통 저널리즘의 황금률이다. 그렇지만 이것이 여전히 권력에 책임을 묻는 최선의 방법일까?

미디어가 마치 또 하나의 정치적 적수인 양 정치 무대로 끌려 나오면서 이는 훨씬 더 다급한 사안이 되었다. 트럼프는 미디어를 정치에 끌어들이는 기술을 대선 캠페인과 취임 초기를 거치며 연마했다. 특정 언론이나 매체가 싫은 후보는 영국의 제러미 코빈처럼 그냥 보이콧했지만, 트럼프는 아니었다. 그는 언론을 끌어들였고, 언론을 질타하는 순간에도 대중에게 모습을 드러냈다. 탈진실을 추구하는 후보에게, 미디어는 진실의 초고를 내놓는 기관이 아니라 독자적 의제를 갖춘 또 하나의 행위자여야 한다. 그래야 미디어가 어떤 주장을 문제 삼을 때 세부 사항과 사실관계를 놓고 논쟁할 필요 없이 단칼에 무시할 수 있다. 이는 바로 트럼프가 대중 유세 때 쓴 전술이었다. 당시 언론사 부스에 있던 기자들은 유세 현장에서 트럼프와 관중에게 조롱과 야유를 들었다. 트럼프에게 간접적으로 계란 세례를 당한 격이었다.

《뉴욕타임스》의 보도에 따르면 트럼프는 플로리다 대중 유세에서 "기성 권력층과 미디어 종사자들은 자신들이 아주 잘 아는 수단으로 미국을 통제하고 있습니다"라고 말했다.[34]

> 누구든 그들의 통제에 도전하면 성차별주의자, 인종주의자, 외국인 혐오자, 도덕적으로 문제 있는 사람으로 취급받습니다. 그들은 여러분을 공격할 겁니다. 여러분을 비방할 겁니다. 여러분이 쌓은 경력을 망치고 가정을 파괴할 겁니다. 그들은 여러분의 평판을 비롯해 모든 것을 망치려 들 겁니다. 그들은 거짓말을 하고, 하고, 하고, 또 할 것이며, 이보다 더한 짓도 할 것입니다. 뭐든 필요하면 다 할 것입니다.

트럼프는 온라인에서든 텔레비전에서든 자신에게 맞서는 기자들에게 싸움을 걸었다. 폭스뉴스 채널의 앵커 메긴 켈리 Megyn Kelly가 트럼프에게 마음에 안 드는 여성을 '살찐 돼지, 개, 추접한 여자, 역겨운 동물'로 부른 사실을 언급하며 그의 여성관에 관해 난처한 질문을 하자 트럼프는 한 달 가까이 앵커에게 앙갚음을 했다. 처음에는 토론 자리가 "완전 엉망이었다"라고 평하더니 나중에는 "그 앵커는 어디선가 피가 나오고 있었던 것 같다"라고 했다. 여성 앵커가 생리 중이었으리라고 암시하는 다분히 모욕적인 말이었다. 그리고 자기 대신 앵커에게 "성에 홀린 사람"이라고 공격한 공화당 인사를 칭찬했다.[35]

트럼프는 2016년 대선에서 이긴 후에도 이런 행동을 멈추지 않았다. 그는 틈날 때마다 미디어를 악당으로 만들었다. CNN과 《버즈피드뉴스》가 트럼프와 러시아의 공모 사실을 주장한 기밀문서를 누설하자, 트럼프는 기자회견 자리에서 전자는 가짜뉴스고 후자는 실패한 쓰레기 언론이라며 맹비난했다.[36] 나중에 국가안보회의 보좌관이었던 마이클 플린 중장이 러시아 측과 접촉한 사실을 마이크 펜스 부통령에게 제대로 보고하지 않은 사실이 밝혀졌을 때도 (결국 플린은 사임했다) 트럼프는 기자회견에서 그 기사를 가짜뉴스라고 부르면서 "민주당이 대선에서 패배하자 뉴스를 조작해주기로 거래한 것"이라고 했다. 그리고 "이제 대중은 당신 기자들을 믿지 않는다"라고 덧붙였다.[37]

옆에서 관망하는 역할이 훨씬 편한 미디어는 자꾸 중앙 무대로 끌려 나오는 현실에 대처할 방법을 고민해야 한다. 노골적으로 거짓말을 반복할 뿐 아니라 전략적으로 미디어를 적대시하는 대통령에게 맞설 전략이 필요하기 때문이다. 《워싱턴포스트》의 미디어 칼럼니스트인 마거릿 설리번Margaret Sullivan은 "백악관 언론 브리핑은 '접근 저널리즘'이다. 공식 성명서를 액면 그대로 받아들여 바로 뉴스로 보도하는 것이다. 그런데 이 시대가 끝났다. 종말을 고했다"라고 말하며 한 가지 가능한 해법을 제시했다.[38]

> 기자들은 미끼에 넘어가 트럼프를 적대시하면 안 된다. 기자들의 임무는 진실을 말하고 공직자에게 책임을 묻는 것임을 늘

떠올리면서, 자극적인 트윗이나 기자회견실의 거짓말보다는 행동에 더욱 주목하며 상황을 헤쳐나가야 한다. 동시에 허위 발언이 나오면 이를 분명하게 비판해야 한다.

《워싱턴포스트》의 전속 블로거 그레그 사전트Greg Sargent도 비슷한 말을 했다. "트럼프와 그의 보좌관들의 행동은 '언론이 신조로 삼는 제도화한 역할을 노골적으로 경멸하는 태도'다."[39]

저널리즘학 교수 제이 로즌Jay Rosen은 이 논리를 더욱 확장해 뉴스 매체들은 백악관 기자회견실에 인턴 기자를 보내야 한다고 주장했다. "'인턴을보내라(#sendtheinterns)'라는 내 주장은 말 그대로다. 과감하게 신입 기자를 기자회견실에 보내라는 뜻이다. 진실은 다른 곳에 있고 숨겨졌을 가능성이 크다는 점을 인지하자. 그러니 고참 기자를 백악관에서 빼내서 그들에게 다른 업무를 맡겨야 한다. (…) 기자들의 소재를 파악하지 못하면 그들은 언론을 상대로 문화 전쟁을 일으킬 수 없다."[40]

언론에 돈을 안겨주는 개소리꾼

이런 일은 일어나지 않았다. 미디어는 평소와 다름없이 행동했다. 매체들은 기자회견실에 보내던 기자를 계속 보냈다. 기자회견실에서 나온 내용이 모두 허위 정보라고 잇따라 보도하면서도 말이다. 폭스뉴스는 황금시간대 출연자로 트럼프를 어느 정도 지지하거나 열렬히 지지하는 앵커로만 채웠다. 트럼프 임기 초반에 미디어가 보인 대응은 전과 달라지지 않았다.

부분적 이유는 트럼프가 미디어 신뢰도를 깎아내리고 보도 활동에 위협적일지 몰라도 비즈니스 면에서는 매우 이롭기 때문이다. 트럼프가 나오면 시청률이 껑충 뛰고 그에 따라 수익도 올라갔다. 이외에도 트럼프는 종종 트위터에 텔레비전 방송을 올리고 자신이 나온 방송도 주기적으로 업로드해서 대통령이 즐겨 보는 방송을 쉽게 파악할 수 있었다. 당연히 해당 방송의 광고료는 치솟는다. 대통령에게 접근하고 싶은가? 〈모닝조〉나 〈오라일리팩터〉 같은 토크쇼에 광고를 하라. "통상적인 채널로 로비하는 것보다는 방송 광고를 하는 것이 대통령의 귀에 대고 직접 말하는 듯한 효과가 있다"라고 한 컨설턴트는 《폴리티코》에서 말했다.[41] 트럼프는 그가 적으로 부르는 인쇄 매체에도 도움을 준다. 트럼프가 늘 '망해가는' 신문사라고 부르는데도 《뉴욕타임스》는 2017년 이후 구독자가 300만 명이 넘었고[42], 선거 직후에는 신규 구독자가 평소보다 열 배가 넘었다.[43]

일부 매체에 이는 딜레마다. 기존 보도 관행은 트럼프의 개소리에 맞서고 그에게 책임을 묻기에 무기력할지 몰라도 회사의 순익에는 큰 도움이 된다. 이럴 때는 뭐든 순익에 가장 이로운 방법을 택하기 마련이므로 기존 틀이 그대로 유지된다.

미디어 종사자들은 어떤 사건에서 미디어의 역할을 과장

하려는 경향이 있다. 대선 때 핵심 세 개 주에서 10만 명에 조금 못 미치는 사람들이 달리 투표했다면, 힐러리가 대통령이 됐을 것이고, 그러면 미디어는 힐러리의 승리 후 여러 달 동안《뉴욕타임스》에서 취재한 트럼프의 납세 내역 기사와《워싱턴포스트》에서 쓴 트럼프의 자선단체 기사가 얼마나 집요했기에 공화당 후보를 무너뜨리고 힐러리에게 승리를 안겼는지를 기사로 다루려고 고심했을 것이다.[44] 매체들이 겪는 신뢰도 하락과 영향력 상실, 재정 문제가 지금과 다를 바 없더라도 가짜뉴스는 가치 없는 정보였을 것이다. 브렉시트 국민투표는 영국에서 수십 년 동안 누적된 이슈가 무엇인지 웨스트민스터 버블에 경종을 울렸다. 미국에서는 트럼프가 그런 역할을 했다. 이런 난관 중에는 오래된 것도 있고, 꽤 최근에 떠오른 현상도 있다.

05

정치인

우리는 정치인을 별로 신뢰하지 않으며, 정치권의 추문과 부패가 주기적으로 언론을 장식하고, 거의 모든 정치인이 툭하면 자신의 정적들이 부패하고 무능하며 자신보다 형편없다고 비난한다. 이렇게 오래전부터 기대치가 낮았던 것이 문제의 일부다. 정치인과 정치제도에 대한 신뢰가 너무 낮은 탓에 뭐든지 주류가 아니면 신선해 보였기 때문이다.

정치인과 정부에 대한 낮은 신뢰도가 새로운 현상이라고 믿고 싶어도, 대서양 양쪽 지역 모두 이들에 대한 신뢰도가 수십 년째 형편없다는 증거가 있다. 영국의 경우 1983년 이후에 나온 여론조사를 보면 영국인 유권자 5명 중 1명만 정부 각료나 '정치인 일반'을 믿는 편인데, 두 집단은 사실상 차이가 없다.[1] 1997년에 토니 블레어가 이끄는 노동당이 역대 최다 의석을 확보하며 압승했을 때조차 매우 큰 기대에 부풀어 있음에도 불구하고 신뢰도 수치는 크게 달라지지 않았다. 미국 자료도 마찬가지다. 연방정부가 제대로 기능하리라고 보느냐는 질문에, 미국인 5명 중 1명만 그렇다고 답했다(물론 9 · 11테러 즈음에는 그렇다고 답한 비율이 훨씬 높았다).[2]

게임판을 흔드는 아웃사이더들

냉소주의가 오래 이어지면 결국 정치에 대한 무관심을 키워 투표율이 낮아지고 젊은 세대의 정치 참여율이 떨어진다. 악순환이 시작된다. 정치인은 투표를 하지 않는 사람과 부동층에게 호소하기보다, 자신의 지지층을 결집하는 쪽으로 선거 유세를 한다. 지지층을 향해 상대 후보가 우리의 핵심 이슈를 위협한다고, 이를테면 '당신의 총기를 빼앗아'가고, '여성의 결정권을 없앤다'라고 주장하면서, 이번 선거가 우리의 권리를 지킬 마지막 기회라고 호소한다. 이런 분위기에서는 경험자보다는 아웃사이더가, 과거의 업적보다는 미래의 공약이 더 유리하다. 그 결과 예상 밖의 후보가 갑자기 부상한다. 32년간 평범한 변두리 좌파 하원의원이었다가 영국 노동당 당수로 수직 상승한 제러미 코빈이나, 조롱받던 후보에서 대통령으로 우뚝 올라선 트럼프가 바로 그런 경우다. '할 말은 하는 정직한 정치'라는 제러미 코빈의 외침이나 '오물을 빼겠다'라는 트럼프의 공약처럼, 아웃사이더 정치인이 신선함을 무기로 정치 시스템을 바꾸겠다고 유세하면, 논쟁의 초점이 경험이나 주요 이슈에서 이들이 지닌 강점으로 옮겨간다.

이러한 게임판에서 트럼프와 그 측근만큼 뛰어난 능력을 보인 정치인은 없었다. 운이든 타고난 재능이든 아니면 자신의 호텔 및 부동산 사업을 키우려고 다년간 가십거리 위주인 각종 뉴욕 미디어에 출연한 경험 덕분이든, 트럼프의 능력은 독보적이다. 그 한 예로 1994년에 뉴욕 미디어에서 찰스 왕세자와 다이애나 왕세자비에 관한 보도 열풍이 불자, 트럼프는 이를 이용해 트럼프타워 아파트와 본인 소유의 호화 리조트 '마라라고'를 홍보하려고 이야기를 지어냈다.[3]

트럼프는 자서전에서 자신의 신축 건물을 어떤 식으로 홍보했는지 밝히면서, 영국 왕세자 부부의 허위 리조트 회원권 신청서도 본인이 직접 작성했다고 말했다.

> 나는 뉴욕의 한 타블로이드 신문사 사회면 편집자에게 전화해 다이애나 왕세자비와 찰스 왕세자가 트럼프타워 아파트를 구매할 예정이라고 말했다. 그러면 편집자들이 자료 조사를 하고 버킹엄궁전에 전화를 한다. 버킹엄궁에서는 "드릴 말씀이 없다"라고 답한다. 그러면 사람들에게는 다이애나 왕세자비와 찰

스 왕세자가 트럼프타워 아파트를 구매하는 것처럼 보인다.

트럼프가 리조트 회원권과 트럼프타워 아파트를 파는 방식은 일반적인 판매 전술과 많이 다르다. 이는 그냥 사기다. 비교적 유해하지 않다고 해도 말이다. 자신이 내놓은 상품이 어떤 점에서 더 뛰어난지 알리는 대신 어떻게든 널리 퍼지는 방식을 택하고는 나머지는 알아서 굴러가게 했다. 2016년 대선 유세 때도 트럼프는 여느 대선처럼 전통적인 쟁점에 주목하지 않고, 자신이 만든 드라마로 미디어를 도배하는 능력을 발휘했다.

대선에서 전통적인 쟁점이 사라졌음을 확인할 수 있는 한 가지 방법은 방송에서 각 쟁점에 할애한 시간을 살피는 것이다. 보도 시간을 측정해 사이트에 공개하는 틴들보고서는 이것이 "텔레비전 뉴스가 후보들이 자기 홍보를 위해 내세우는 화두가 아닌, 주요 현안과 관련한 정치 의제를 공론화하려고 얼마나 노력했는지를 보여주는 지표"라고 정의했다.[4] 틴들보고서는 1988년부터 매일 밤 3대 주요 방송사인 ABC, CBS, NBC가 쟁점 보도에 총 몇 분을 할애하는지 추적했다. 2016년 전까지만 해도 선거기간 내 쟁점 보도 시간이 1996년 최소 98분에서 2008년 최대 220분 사이였다. 이 수치가 2016년 저녁 뉴스에서는 총 32분에 그쳐 어느 대선 때보다 짧았다. 틴들보고서는 사이트에 다음과 같은 평을 올렸다.

쟁점 보도가 부족했던 현상은 2016년 선거 지형이 어떠했는지를 여실히 보여준다. 올해는 대선이 후보자 개인의 '직무 적합성'을 판단하는 장으로 변했다. 대선이 딱 2주 남은 시점에 올해의 쟁점 보도가 사실상 없었다. 쟁점 보도 시간 총 32분 중 테러리즘과 중동(이스라엘-ISIS-시리아-이라크) 외교 정책에 각각 17분과 7분을 할애했을 뿐이다. 동성애자 권리, 이주 문제, 치안 활동은 스치듯이 언급했다. 무역도 없고, 보건 의료도 없고, 기후변화도 없고, 약물 규제도 없고, 빈곤 문제도 없고, 총기 문제도 없고, 사회 기반 시설도 없고, 재정 적자 문제도 없었다.

민주당 선거 전략 전문가이자 2008년 오바마 캠프 선거본부장이었던 데이비드 플러프David Plouffe도 자신의 예상을 뒤엎고 도널드 트럼프가 당선된 요인 중 하나로 이 점을 지적했다. 그는 《뉴욕타임스》에 이렇게 기고했다.[5] "힐러리는 늘 정책적 관점에서 자신이 추진하려는 활동을 말했지만, 이번 선거 캠페인은 링컨-더글러스 토론(1858년 대통령 선거를 위한 중간선거에서 공화당의 에이브러햄 링컨과 민주당의 스티븐 더글러스 사이에 벌어진 토론. 총 7차에 걸쳐 진행됐고 주요 쟁점은 노예제도였다-옮긴이)이 아니었다. 이번 대선은 〈매드맥스〉(핵전쟁으로 황폐해진 미래를 그린 액션 영화-옮긴이)였다. 대선 경쟁은 점점 〈제리스프링어쇼〉(출연자들의 원색적 싸움을 고스란히 보여주는 미국의 인기 토크쇼-옮긴이)로 변했고, 이런 식의 캠페인은 트럼프에게 매우 편했다. 이런 추악한 모습은 분명 투표율을 억누르는 효과도 있었을 것이다."

뉴스로 뉴스를 만들어내는 능력

트럼프는 주류 언론에 내재한 약점을 전략으로 이용했다. 즉 미국 신문사와 방송 매체에 깊이 뿌리내린 객관성이라는 문화적 목표, 주요 후보가 하는 말은 뭐든 본질적으로 뉴스거리라는 해묵은 가정, 회피와 조작, 사소한 거짓말을 집요하게 파고드는 습성 때문에 미디어는 사실상 허위 사실에 허를 찔렸다.

이런 기술은 트럼프에게만 있는 게 아니다. 영국의 정치평론가이자 전 보수당 하원의원이었던 매슈 패리스Matthew Parris는 로버트 허턴Robert Hutton의 책 『그들이 한 말은 거짓일까?Would They Lie to You?』 서문에서 자신이 방송 토론에 대비해 미디어 연수에 참가했던 경험을 들려주었다.

> 한번은 내가 부패한 제3세계 독재자 역할을 맡아 전도유망한 보수당 의원과 함께 모형 텔레비전 스튜디오에서 토론을 벌였다. 상대는 온갖 근거와 각종 사실과 수치로 나의 비열함을 증명하려고 애썼다. 그렇지만 내 전략이 그를 눌렀다. 나는 그냥 거짓말만 했다. 얼버무리거나 둘러대지 않고, 설명도 하지 않았으며, 참상들도 대수롭지 않게 넘겼고, 변명 따위도 하지 않았

> 다. 나는 그저 단호하게 상대가 던지는 의혹을 모조리 부인했다. (…) 그는 자신이 폭로할 수 있게끔 내가 반쪽짜리 진실, 진실이 부족한 사실, 딱히 진실은 아닌 사실을 던져주길 원했지만, 나는 단순한 거짓말만 했다. 나는 그에게 '이때다' 싶은 순간을 결코 내주지 않았다.[6]

트럼프 특유의 미디어 전략 중에는 역사적 유례를 찾아볼 수 있는 전술이 하나 있다. 바로 나중에 뉴스를 주겠다는 언질로 뉴스를 만들어내는 능력이다. 트럼프는 무에서 기삿거리를 만들어내는 능력을 보여주었다. 이런 소질을 처음 선보인 것은 오바마에게 흠집을 내려고 2012년에 트위터에 연거푸 올린 글에서였다. 그는 새로운 증거가 나왔다면서 구체적 언급 없이 '확실히 믿을 만한 정보통'[7]에 따르면 오바마의 출생증명서는 조작이고, '비밀 취재원'[8]이 미국의 채무 상태를 밝혔으며, 유죄 판결을 받은 사기꾼이 오바마 대통령의 집 구매를 도왔다고 주장했다.[9] 트럼프는 방어 태세를 보일 때 이런 식으로 언질을 주거나 암시하는 교묘한 수법을 썼다.

대선 기간 동안 트럼프는 기자회견을 열어 나중에 납세 내역을 공개하겠다고 약속했다. 그동안 어떤 자료도 공개하지 않았다는 비난을 무마하기 위한 발표였지만, 사실 알맹이는 전혀 없었다. 대통령 임기 동안 트럼프 사업 제국의 이해 상충 및 신탁계약과 관련해 향후 발표하겠다고 발표할 때도 같은 수법을 되풀이했다. 트럼프는 매달 이를 곧 밝히겠다며 질질 끌다가 결국 공직자가 재임하는 동안 자신의 재산 관리를 제3의 대리인에게 맡기는 백지신탁 제도와는 한참 동떨어진 조치를 했다.

이런 수법은 거의 전적으로 상원의원 조지프 매카시Joseph McCarthy의 전술에서 비롯했다.[10] 그는 미국 정부와 할리우드, 미국 각계에 공산주의자가 있다며 대대적이고 부단하게 빨갱이 색출 작업을 벌인 인물이다. 매카시는 아주 빈약한 자료로도 끊임없이 헤드라인에 오르려 시도했고 실제로 올랐다. 새로운 의혹을 공개할 예정이라고 발표하거나 막연한 추측을 던지고 빨갱이 색출 작업을 막는 사람에게는 악랄한 비방을 하면서 헤드라인에 올랐다.

헤드라인을 만들어내는 매카시의 '의사사건(어떤 정보를 퍼뜨리려고 만든 인위적 사건–옮긴이)' 제조 능력은 미국의 역사학자 대니얼 부어스틴Daniel Boorstin이 쓴 『이미지와 환상』에 자세히 나온다.[11] 부어스틴은 매카시를 "기저에 깔린 사실을 흥미롭고 모호하게 재구성해서 신문에 보도될 만한 사건으로 만드는 데 천부적인 재능을 보였다"라고 평하면서, 매카시가 자신의 마녀사냥에 적대적인 언론 매체들까지 어떤 식으로 끌어들였는지 설명했다. 부어스틴은 당시 기자였던 리처드 로비어Richard Rovere의 말을 인용했다.

매카시는 날조된 사실이 기대에 못 미치거나 기자들에게 던져

줄 정보가 없는 경우에도 뉴스에 나오는 법을 알았다. 그는 오후에 기자회견이 있다는 사실을 알리려고 오전에 기자회견을 열었다. 기자들이 회견장에 들어오면 (…) 매카시는 오후에 매우 충격적인 발표가 있다고, 다음 날 조간신문에 실릴 만한 기삿거리가 나온다고 알렸다. 그러면 그날 석간신문에는 "매카시 의원, 새로운 사실 폭로 예정"이라는 헤드라인이 실렸다.

매카시는 헤드라인을 꾸준히 제조해냈다. 근거가 희박한 폭로를 무시하는 기자가 단 한 명이라도 보이면 남들은 다 다루는 기사를 왜 빼먹느냐며 기자를 다그쳤다. 부어스틴은 이어서 서술했다. "기자들은 매우 허술한 원자료에서 수많은 뉴스거리를 만들어내는 매카시의 능력에 혀를 내둘렀다. 많은 기자가 그를 싫어했다. 그렇지만 모든 기자가 그를 도왔다. 이들은 어느 기자가 칭한 '무분별한 객관주의'의 희생자들이었다. 달리 말해 매카시와 기자 모두 인위적인 가공물로 이득을 보았다."

상원의원 매카시의 정치 생명을 키운 것은, 그의 몇 안 되는 친구들 못지않게 그를 적대시한 기자들이었다. (…) 신문기자들은 매카시의 가장 강력한 동지였다. 기자들은 의사사건의 공동제조자였기 때문이다. 기자들은 스스로가 만든 거미줄에 걸려들었다. 정직한 기자들과 비양심적인 상원의원 매카시는 동일한 사업의 다른 지부에 속해 있었다.

'많이 달라 보여도 본질은 똑같다'라는 말이 있다. 지금의 미디어가 그렇다. 매카시 시절이나 지금이나 미디어는 취약한 환경에 놓였고, 또 그때처럼 교묘하게 이용당하고 있다. 그렇지만 매카시와 트럼프의 유사성은 단지 우연의 일치가 아니다. 두 사람에게는 여러 조언자와 측근이라는 연결고리도 있다.

1970년대 중반부터 트럼프는 전부터 알고 지낸 악명 높은 뉴욕의 변호사이자 해결사인 로이 콘Roy Cohn에게 자신의 법률 소송을 맡겼다. 콘은 적색공포 시대에 매카시의 대표 자문을 맡아 소위 빨갱이 동조자를 잡는 일을 도왔고, 본인도 동성애자면서 게이 공무원을 탄압하는 연방정부 캠페인에 앞장섰다. 비윤리적인 행실로 죽기 직전 변호사 자격을 박탈당했던 콘은 트럼프의 멘토이기도 했다.

2016년 미국의 정치 전문 매체 《폴리티코》는 이렇게 지적했다.[12] "콘과 트럼프를 아는 사람들은 오늘날 트럼프의 모습에서 콘의 영향력이 남아 있음을 뚜렷이 읽을 수 있다. 노골적인 호전성, 세부 사항과 관례를 거침없이 무시하는 태도, 유명세는 어디서나 통한다는 한결같은 믿음으로 미디어를 조작하는 행동이 바로 그 흔적들이다."

콘과 트럼프의 인연은 2016년 대선 캠페인 때 단순히 조언을 주고받은 사이로 끝나지 않았다. 콘은 로널드 레이건의 정치 책략가였던 로저 스톤Roger Stone을 도와 예비선거를 비윤리적으로 치른 전력이 있었다.[13] 콘은 트럼프와 스톤을 서로 소개해주었고 이후 스톤은 트럼프캠프의 비선 참모이자 트럼프의 심복이 되었다. 공화당의 극단론자로 종종 눈부신 활약을 한 스톤은 대선 기간에 〈위키리크스〉 설립자 줄리언 어산지Julian Assange와 비밀리에 연락을 주고받은 사실을 인정했고,[14] 공화당 예비선거 경쟁자였던 테드 크루즈Ted Cruz의 아버지가 존 F. 케네디 암살과 관련 있다는 트럼프의 기괴한 주장 배후에 있는 세력으로도 지목받았다.[15]

트럼프의 호전성과 개소리, 미디어 폭격은 흔히 미디어가 곧장 대응하기 어려운 새로운 현상으로, 대처법을 알아두어야 할 매우 새로운 현상으로 언급된다. 24시간 뉴스채널과 소셜 미디어, 극당파적 사이트의 확산 등 일부 현상은 분명 새로운 난제다. 그렇지만 트럼프가 이용하는 방식 중 상당수는 그가 1990년대에 뉴욕에서 썼던 전술이며 1950년대에 매카시가 펼친 전술과도 겹친다. 정치적 극단론자의 흔한 전술을 단지 중앙 무대로 끌고 온 측면도 있다. 이 중에는 트럼프의 정적들과 미디어가 예상한 수법도 많다.

개소리로도 신뢰를 획득할 수 있다

트럼프의 출마와 전술에 긴 내력이 있듯이 영국의 브렉시트 전장 또한 수십 년에 걸쳐 형성되었다. 여기에는 중요한 요인들도 있다. 비교적 높은 이주율로 생긴 갈등, 특히 대규모 이주가 지역 공공서비스에 부담을 준다는 인식, 정치적 격변이 와도 잃을 게 없다는 낙후한 지역사회의 정서, 그리고 영국은 EU에 깊은 애정을 느낀 적이 없는 국가라는 사실들이다. 이 산만하고 관념적으로 흐르기 쉬운 분야를 하나로 묶은 인물이 영국에 있었으니, 바로 보리스 존슨Boris Johnson이다.

현 영국 총리 보리스 존슨을 짧게 소개하겠다. 하원의원에 당선되면서 정계에 진출한 존슨은 대중적 인기를 바탕으로 런던 시장을 연임했고, 런던올림픽을 성공적으로 치러 더욱 명성이 높아졌다. 존슨은 시장 임기가 끝나기도 전에, 영국의 명문 고등학교 이튼스쿨의 오랜 친구이자 대학 동창인 데이비드 캐머런David Cameron의 정치내각(보수당 중진 의원들이 모여 당내 문제를 논의하는 회의체. 정부정책 전반을 논의하는 내각 국무회의와 다르다-옮긴이)에 참여했으며 이후 탈퇴 캠페인에 들어가 가장 유명한 탈퇴 진영 주도자가 됐다. EU 탈퇴로 투표가 귀결되고 테리사 메이가 총리직을 이어받으면서, 존슨은 외무장관이 되었고 동시에 브렉시트 집행을 책임지는 중책을 맡았다. 그후 브렉시트 계획과 관련하여 테리사 메이에게 반발하면서 외무장관을 사임했으나 메이가 조기 사퇴를 발표함으로써 보수당 신임 당 대표로 선출, 총리직을 이어받았다.

지금부터 더 길고 인상적인 이력을 살펴보면 존슨이 신념 없고 무당파적인 개소리꾼의 전형임을 알게 될 것이다. 발언의

무게에 신경 쓰지 않고, 개인의 출세에 집착하며, 사실보다 듣기 좋은 이야기를 더 중시하는 사람임을 파악하게 될 것이다. 자세한 이력은 이렇다. 존슨은 옥스퍼드대학교 재학 당시 상류층 자제들의 비밀 사교 모임인 벌링던클럽에 소속돼 있었다. 대학을 갓 졸업한 후 일간지《타임스》에서 잠시 기자로 활동했으며, 2002년 일간지《인디펜던트》에 자신이 저지른 '엄청난 실수'라며 직접 구술한 기사 하나를 실었다.[16]

그 실수는 잉글랜드 왕 에드워드 2세의 장미궁전을 발견했다는《타임스》1면에 실린 기사와 관련이 있었다. 존슨은 에드워드 2세에게 동성 연인(그의 표현에 따르면 '남색 상대') 피어스 개버스턴Piers Gaveston이 있었다는 사실을 어렴풋이 알았다고 한다.

존슨은 이렇게 설명했다. "이와 관련해 나를 도와줄 역사가를 열심히 물색했지만, 내가 아는 사람이라곤 나의 대부인 콜린 루커스Colin Lucas뿐이었다. 엄청난 유명 인사인 그는 현재 옥스퍼드대학교의 총장이다."

> 나는 그에게 전화를 걸었고, 그는 자상하게도 에드워드 2세에 관한 몇 가지 일화를 들려주었다. 문제는 내가 기사 어디선가, 에드워드 2세와 피어스 개버스턴이 장미궁전에서 함께 희희낙락거리며 돌아다녔으리라는 이야기를 어쩌다 보니 콜린이 했다고 쓰게 된 것이다. 공교롭게도 한 지방대학의 예리한 교수가 장미궁전이 세워지기 훨씬 전에 피어스 개버스턴이 살해당했

다는 사실을 밝혀냈다. 상황이 심각했다. 콜린이 자신이 하지도 않은 말 때문에 학자로서의 명성에 금이 가게 생겼기 때문이다. 상황이 매우 난처해지자 나는 몹시 당황했다. 당시 23세였던 나는, 내게 신성한 영역이던《타임스》1면에서 내가 저지른 어이없는 실수를 콜린에게 슬쩍 뒤집어씌웠다는 사실 때문에 죄책감과 수치심에 사로잡혔다. 결국 나는 사태를 더욱 악화시키고 말았다. 나는 후속 기사로 이 미스터리가 궁전이 지어진 날짜 때문에 더욱 미궁으로 빠졌다고 썼다.

실수를 고백하는 순간에도 존슨의 태도는 아리송하고 가볍다. 기사에서 가장 솔깃하고 인상적인 구절인 '어쩌다 보니' 취재원이 하지도 않은 말을 쓰게 되었다고 한 대목을 보라. 이 피동형 문장은 어느 누구의 책임도 아니라고 암시한다. 존슨은 조작한 사실을 밝혀낸 사람을 '한 지방대학의 예리한 교수'라고 무시하듯 언급하고는, 자신이 실수했다(거나 조작했다)고 자백하기보다 전혀 다른 기사를 써서 일을 키웠다고 설명했다.

분명히 짚고 넘어가자. 기사 조작은 저널리즘에서 원죄에 해당한다. 존슨보다 연줄이 없고 영향력이 약한 사람이 이런 실수를 저질렀다면 언론계에 다시는 발붙이지 못했을 테다. 사실 존슨은 해고되었다. 그의 대부는 당시 옥스퍼드대학교 배일리얼칼리지의 총장으로 선출되지 못했는데, 존슨의 기사가 영향을 줬을지도 모른다. 존슨의 조작 사건은 사소한 해프닝일지 모르나, 그는 경력 초반부터 신뢰할 수 없는 기자였음을 자기 입으로 밝혔고, 몇 년이 지난 후에도 무신경한 태도는 여전했다.

그가 이렇게 무신경한 이유는 이 사건을 일으키고도 기자 생활을 계속 이어갔기 때문인지도 모른다. 그는 곧바로 명망 있는 직책인 일간지 《데일리텔레그래프》의 논설위원으로 자리를 옮겼고, 1989년에는 EU본사가 위치한 브뤼셀 특파원으로 부임해 EU 관련 뉴스를 보도했다.

존슨이 5년간의 파견 활동을 마친 직후인 1995년, 당시 《인디펜던트》의 한 기자가 쓴 기사에 따르면 존슨은 브뤼셀에 오자마자 취재 대상인 EU 관료들에게 껄끄럽고 위협적인 인물로 비쳤다고 한다. 기사는 이런 문장으로 시작한다. "이게 다 보리스 탓이다. 브뤼셀에 있으면 수시로 듣는 말이다."

> 어느 날, 보리스 존슨이라는 젊은 기자가 《데일리텔레그래프》의 브뤼셀 특파원으로 오더니 혼자서 영국에 유럽공포증을 불어넣었다. 관계자들의 주장에 따르면 그는 기사를 지어냈고, 허위 기사에 자극받은 극우 세력은 세계를 지배하려는 브뤼셀의 음모에 맞서자고 주장했다.

존슨이 당시 브뤼셀 관료들이 원하던 조직적이고 내부자적인 취재 방식에 반기를 든 것은 인정하지만, 브뤼셀 관료들이 영국 소시지와 치즈 등을 위협한다는 기사를 써서 EU에 대한 그릇된 오해를 심어주고 영국 미디어에 그를 모방하는 세력을 양산한 것은 분명 책임이 크다. 유럽연합 집행위원회EC는 온라인에서 1992년 무렵부터 자체적으로 'EU에 대한 오해 풀기'에 나섰다. 대부분 영국에서 흘러나온 갖은 오해를 열거한 다음, 반박하는 근거를 하나씩 올렸지만 결국은 허사였다.

EU에 대한 오해 풀기 사이트에 올라온 해명 글의 제목을 보면 어처구니가 없다. "EC가 어부들의 머리망 착용을 금한다." "EC 때문에 정육점이 문을 닫는다." "EU는 크리스마스푸딩을 나무 막대기로 젓지 못하게 금한다." "어선은 의무적으로 콘돔을 소지해야 한다."[17]

모두가 영국에서 나온 이야기지만 전부 사실이 아니고, 일부는 황당하기까지 하며, EC 관료들이 공개적으로 해명한 이야기들이다. 1995년 무렵부터 사이트 관리자들이 해명 글을 일주일에 두 개씩 올렸지만 효과는 없었다. 잘못된 기사는 수백만 명을 현혹했으나 해명 글은 나온 지 25년이 지났는데도 조회 수가 1000회에도 못 미친다. 현재 영국의 젊은 세대는 어릴 적부터 EU를 터무니없고 해로운 존재로 묘사한 미디어를 접하며 자랐는데, 그 책임은 상당 부분 존슨에게 있다.

존슨은 "자크 들로르Jacques Delors(당시 유럽연합 집행위원회 위원장-옮긴이), 유럽을 지배할 계획"이라는 기사를 대대적으로 보도해 유럽 역사의 물줄기를 바꾸기도 했다. 허위 사실은 아니나 매우 과장된 이 기사는 덴마크에서 마스트리흐트조약 관련 국민투표가 진행될 때 반EU 정서에 불을 지폈다. "기사의 후폭풍이 유럽 전역으로 퍼졌고, 그중에서도 영국이 크게 영향을 받았다"라며 존슨은 당시를 회상했다.[18]

존슨은 본능적으로 유럽 통합 회의론자이긴 하나, EU와 복잡하게 얽힌 관계라는 점도 알아야 한다. 그의 부친은 EC의 고위 관료를 지낸 인물로 당시 특파원들의 말에 따르면 유럽의회 선거에도 출마했었고 존슨도 과거에 유명한 국제주의자였다. 이후 존슨은 주간지 《스펙테이터Spectator》의 편집장을 맡았고 보수당 하원의원에 당선되면서 정계에 입문했다.

이런 이력을 가진 존슨은 기성 체제에 반기를 든 독특한 경력의 정치인이었다면 분명 타격이 컸을 발언을 하고도 어물쩍 넘어갔다. 뉴욕의 억만장자이면서도 기성 체제에 반기를 든 인물인 양 행세한 트럼프처럼 영국의 핵심 특권층 출신인 존슨도 상식 이하의 발언을 해놓고는 농담이었다며 넘어갔다. 존슨은 흑인 아이들에게 '수박 미소'를 짓는 '피카니니들piccaninnies'이라고 하는 등 흑인을 비하하는 표현을 서슴없이 사용했고, 아프리카 문제는 '영국이 더 이상 지배하지 않아서' 문제라고 했으며, 오바마가 케냐 후손이라서 '조상 대대로 영국에 대한 반감'이 있다고 주장했고, 에르도안 터키 대통령을 '재수 없는 놈'이라고 불렀다.[19] 존슨은 여러 차례 불륜을 저지르고도 정치 경력에 아무런 지장이 없었는데, 한번은 예비내각 장관 시절에 공개적으로 불륜 사실을 부인하다가 들통이 나기도 했다.

브렉시트 국민투표가 제안될 무렵 존슨은 투표 결과를 좌우할 주요 인사로 등극했다. 존슨의 야심에 따라, 즉 어느 편에 서는 것이 장차 총리가 되는 데 유리할지에 따라 투표 결과가 갈릴 것이라는 말이 세간에 떠돌았다. 존슨은 당시 총리였던 캐머런에게 잔류파를 지지하면 재무장관을 제외한 어떤 자리든 내주겠다는 제안을 받았지만, 한편으로 탈퇴파를 지지할 경우 신분이 평의원에서 수직 상승할 수도 있었다.[20]

결국 존슨은《데일리텔레그래프》칼럼에 자신의 결심을 알리기로 하고 주말 동안 두 가지 종류의 글을 썼다. 하나는 EU 잔류를, 다른 하나는 EU 탈퇴를 염두에 두고 쓴 글이었다. 결국 신문에 실린 칼럼은 두 번째 글이었다.

존슨이 탈퇴 지지 칼럼을 발표한 후 몇 주 뒤 공개한 잔류 지지 칼럼에서는 이런 질문이 있다.[21] "'탈퇴하자'는 측이 답해야 할 중대한 질문이 몇 가지 있다. EU를 탈퇴하면 일종의 경제적 충격이 있으리라고 거의 모두가 전망한다. 그 충격이 어느 정도일까?" 존슨은 EU 탈퇴를 망설이게 하는 여러 요인을 열거하면서, 브렉시트가 실현되면 스코틀랜드의 독립운동을 자극해 영연방이 해체되거나, 정치적 안정이 흔들려 푸틴의 영향력이 커질 수 있다고 경고했다. 또 EU는 "영국 기업들이 개척할 준비를 마친 코앞의 시장"이며 "회원분담금은 온갖 접근성을 고려할 때 적은 편"이라고 주장했다.

그러나 존슨은 캠페인 활동을 하면서 자신이 제기한 쟁점에 주목하지 않았다. 대신 "일주일에 3억 5000만 파운드"라고 쓴 캠페인 버스를 부지런히 타고 다니거나 사람들을 현혹하는 수치를 수표에 적어 이를 불태우는 퍼포먼스를 펼쳤다. 터키계 혈통이 섞인 존슨은 캠페인 기간 때 오랫동안 터키의 EU 가입을 지지했던 입장을 뒤집으며 한 인터뷰에서 이렇게 말했다.[22] "저는 터키에 매우 우호적인 사람입니다만, 터키인 7700만 명이 아무런 통제 없이 영국에 들어올 수 있다는 것은 상상하기 어렵습니다. 그건 정말 터무니없는 상황입니다."

2016년 9월, 투표가 마무리되자 존슨은 다시 원래 입장으로 돌아가 터키의 EU 가입에 힘을 싣겠다고 했다. 한편 존슨은 브렉시트 논쟁과 관련해 가장 신뢰가 가는 정치인을 묻는 설문조사에서 늘 다른 정치인들을 앞섰다.[23]

시험대에 오른 개소리꾼 정치인들

존슨의 정치 경력은 허무주의 정치로 요약할 수 있다. 그러나 이제 존슨은 다른 주요 브렉시트 찬성자들처럼 브렉시트 협상을 실제 집행하는 공식적인 자리에 앉았다. 외무장관에 이어 총리직을 수행하게 된 존슨은 예전에 아무런 부담 없이 후려쳤던 해외 정치인들을 이제 일상적으로 상대해야 하며 자신과 생각이 다르다고 매우 원색적으로 비판했던 사람들과 같이 일을 추진해야 한다.

외무장관이 된 후 존슨은 체코의 한 언론 매체에서 이동의 자유가 EU의 핵심 원칙이라는 주장은 '헛소리bollocks'라고 말했다. 이는 EU 조약과 여타 국가 지도자들의 견해를 공개적으로 반박한 것이다.[24] 존슨은 그가 브렉시트를 지지한 활동이나 잔류와 탈퇴의 차이를 가볍게 여긴 태도가 전혀 마음에 들지 않는다고 밝힌 독일 외무장관과 힘겨운 기자회견을 가졌다.[25] 런던의 프랑스대사관에서 열린 첫 공개 연설 중에는 야유를 들었고, 영국의 EU 탈퇴 협상을 앞두고는 내각 장관들에게 공개적인 비난도 들었다.[26]

네덜란드 재무장관 예룬 데이셀블룸Jeroen Dijsselbloem은 BBC 〈뉴스나이트〉에 출연해 이렇게 말했다.[27] "존슨은 영국 국민에게 사실상 가능하지 않은 선택지를 제시한다. 논리적으로 불가능하고 정치적으로 이룰 수 없는 사실들을 말하고 다닌다. 나는 존슨이 국민에게 앞으로 무슨 일이 벌어지고, 어떻게 대처할 수 있으며, 이 협상에서 무엇을 얻을 수 있는지 제대로 된 정보를 전달하지 않는다고 본다."

존슨은 테리사 메이 전 총리의 공개 연설에서 '더는 쓸모없어서 주인이 안락사시킨 개'에 비유당하는 수모까지 겪었다.[28] 존슨의 초반 경력은 그를 띄운 정치 유형이 강점과 약점을 동시에 가졌음을 보여준다. 진실을 가볍게 대하는 태도는 명분을 내세우거나 자신을 드러내기에 유리했는데, 대중이 반감을 보이는 주제는 농담처럼 넘기면 그만이기 때문이었다. 그렇지만 이런 식으로 인지도를 쌓으면 결국 사람들에게 진지한 말을 전할 수 없고, 모두가 그런 모습을 어색해한다는 맹점이 있다.

지금까지 존슨과 트럼프가 미디어를 대하는 태도의 유사점과 차이점을 살폈다. 두 사람 모두 헤드라인을 장악하고, 얄팍한 자료에 기대 담론을 부추기며, 논란이 생기면 '웃자고 한 이야기'라며 빠져나간다. 두 사람 모두 오랜 시간 주변부를 맴돌다가 마침내 공직에 발을 들여놓았다. 그들 모두 미디어든 정계든 독자적으로 활동하지 못함을, 정치인과 성향이 다른 매체라도 그들의 인지도를 높이는 데 기여할 수 있음을 보여주었다.

이런 인물들과 맞서려는 정치인들은 이들의 방식이 틀렸고 유해하다는 지적을 넘어설 방법, 혹은 이들과 똑같은 전술을 써야 할지 아니면 대항해야 할지를 고민할 것이다. 소용없는 방법도 하나 있으니, 반년 사이에 정책적 입장을 공개적으로 두 번 뒤집는 존슨 같은 정치인에게는 주장에 일관성이 없다는 지적 따위는 공격으로 통하지 않는다.

더 포괄적인 문제도 있다. 제도나 기성 권력, 엘리트를 공격하면 거의 모든 정치인이 개별적으로 이득을 보지만, 이런 일이 반복되면 주류 정치인 전반에 대한 신뢰가 떨어진다. 정치판에서 어느 한쪽이 공격을 멈추면 그쪽만 삽시간에 무너지는 군비경쟁이 시작될 것이고, 여기서 이득을 보는 것은 극단론자들뿐이다. 이런 관행이 단번에 사라지지는 않겠지만 그래도 이를 뿌리 뽑아야 대부분의 정치인이 이득을 볼 것이다.

정치는 과거에도 그랬듯 미래에도 공공정책을 논하는 순수하고 열띤 토론의 장이 되기는 어려울 것이다. 그렇지만 무관심과 냉소주의에도 안전한 범주와 해로운 수위가 있으며, 정치 전략에도 다른 것보다 더 유해한 방식이 있다. 정치 행위자가 미디어와 피드백 회로를 형성해 얄팍한 근거나 사실만으로도 공론화가 가능해지면, 정치권에 대한 신뢰는 더욱 무너질 것이다. 이 장은 이 피드백 회로의 정치 측면을 다뤘다. 이제 시스템을 떠받드는 한 가지 영역이 남았다. 바로 개소리 퍼즐의 마지막 중요한 역할을 맡은 친애하는 독자 여러분, 바로 당신이다.

06

그리고… 당신

지금까지 우리는 대중을 대체로 뉴스와 허위 정보를 수동적으로 소비하는 존재로, 악의적 행동이나 다른 행위자들이 저지르는 잘못에 피해를 입는 존재로 다뤘다. 완전히 옳은 시각은 아니다. 우리는 우리가 얻는 모든 정보를 늘 수동적으로 소비하지는 않는다. 어느 후보에게 투표할지 직접 결정하듯, 우리는 무엇을 읽고 보고 공유할지 직접 정한다. 물론 한결같이 솔직하게 속내를 드러내는 것은 아니다. 10년 전인 2007년만 해도 퓨리서치센터Pew Research Center가 미국 대중을 상대로 뉴스 보도 실태에 관한 설문 조사를 했을 때, 응답자의 87퍼센트가 연예 정보가 지나치게 많다고 불만을 드러냈고, 54퍼센트는 이러한 보도 관행을 뉴스 미디어 탓으로 돌렸다. 이러한 설문 조사를

하면 으레 그렇듯 대중은 미디어가 양질의 뉴스를 충분히 제공하지 않는다고 불만을 표했다.[1]

이런 설문 조사를 진지하게 받아들이는 뉴스 조직이 가끔 있다. 2016년 영국의 한 뉴스 발행인이 《뉴데이New Day》라는 신문을 창간했다. 더욱 낙관적인 전망을 제시하고 당파성을 피하며 균형 잡힌 견해를 전달하기 위해서였다. '짧은 인생, 제대로 살자'를 모토로 하는 이 신문사는 포괄적인 여론조사로 대중이 무엇을 원하는지 파악한 후 신문을 발행했다.[2] 그러나 창간한 지 단 두 달 만에 《뉴데이》는 판매 부진으로 문을 닫았다.[3] 반면 《데일리메일》은 사실상 이렇다 할 사이트도 없는 신문에서 세계 최대의 뉴스 사이트로 성장했다.[4] 연예 뉴스에 부단히 초점을 맞춘 전략이 제대로 먹혀들었다. 우리가 실제로 읽는 정보와 읽고 싶다고 말하는 정보 사이에는 이처럼 큰 간극이 있다.

우리는 우리 수준에 맞는 미디어를 얻는다. 뉴스 미디어와 허위 사이트 둘 다 소비하는 대중이 있으니 그런 정보를 만든다. 정치인은 유권자가 반응한다고 판단하고 그렇게 행동한다. 소셜 네트워크는 우리가 서로 교류하게 해줄 뿐이다. 개소리가 기승을 부리고 믿을 만한 정보가 없는 상황이라면 우리도 소비자이자 유료 독자이자 유권자로서 한몫을 하고 있는 것이다. 하물며 이제 우리도 전통적인 매체와 거의 대등하게 정보를 만들고 공유할 수 있는 시대다. 우리의 역할은 더욱 두드러진다.

개인의 정치적 견해가 만드는 오류

우선 우리가 믿고 있는 사실부터 점검해보자. 선거를 치르거나 기사를 읽기 전에 잘못된 인식이 박혀 있으면 나중에 그릇된 판단을 내리거나 그릇된 믿음을 갖게 된다. 게다가 대중으로서 우리는 대체로 공공정책의 핵심 사안에 대해 오해하는 편이다. 이주 문제는 각종 여론조사에서 영국의 3대 이슈 중 하나로 끊임없이 지목되는데, 영국 사회가 이주자들 때문에 미어터진다는 불만부터 지역 공공서비스에 부담을 준다, 종교적·인종적 구성에 급격한 변화가 생긴다는 지적까지 다양한 우려가 쏟아진다.[5] 이처럼 이주 문제는 영국 유권자에게 매우 민감한 사안이 되었다.

그렇지만 영국인은 이주 문제의 실상을 정확히 모른다. 평균적으로 영국인은 인구의 31퍼센트가 이민자라고 추산한다. 실제로는 13퍼센트밖에 되지 않는다.[6] 또 영국 인구의 30퍼센트가 흑인이거나 아시아인이라고 생각하지만 사실 11퍼센트에 불과하다. 현실과 가장 동떨어진 인식을 보이는 것은 다음 항목이다. 영국인은 영국 인구의 24퍼센트가 무슬림이라고 보지만 실제 무슬림은 전체 인구의 5퍼센트로 추정치의 4분의 1에도 미치지 않는다. 반대로 영국 사람들은 기독교 인구가 전체 인구의 34퍼센트까지 크게 떨어졌다고 믿지만, 실제로는 59퍼센트 정도까지 하락하는 데 그쳤다.

이러한 인식은 문제가 있다. 사람들이 이주 규모를 실제보다 두 배 이상 크게 보고, 영국에 사는 이슬람교도가 실제보다 훨씬 많다고 여기며, 영국 사회가 실제로 변화하는 속도보다 더 빠르게 바뀌고 있다고 느낀다면, 이주율이 높든 낮든 이는 사람들의 견해에 영향을 끼치기 쉽다. 이주를 우려하는 사람들이 틀렸다는 말이 아니다. 하지만 정확하지 않은 기존 관념이 정책 변화를 주장하는 사람들에게 상당한 장애로 작용하는 것은 분명하다.

이주 문제는 영국 대중의 잘못된 인식을 보여주는 여러 이슈 중 하나일 뿐이다. 1995년부터 2013년까지 영국의 범죄율은 절반 이상 떨어졌지만, 영국인의 58퍼센트는 이를 믿지 않는다. 영국인은 10대 여성 청소년 6명 중 1명이 임신했다고 생각하지만 실제로는 165명 중 1명 정도다. 또 영국인 3명 중 1명은 정부가 실업자에게 연금 생활자 못지않게 많은 비용을 지출한다고 생각하지만, 사실 연금 지급에 드는 돈은 실업수당의 열다섯 배다.

우리는 이러한 인식의 괴리가 단지 대중이 여러 가지 이유로 정치인과 미디어로부터 잘못된 정보를 얻은 탓이라고 해석할 수도 있다. 그렇지만 실상은 더욱 복잡해서 이런 인식은 쉽게 교정되지 않는다. 영국 여론조사 기관 입소스모리Ipsos MORI의 연구책임자 보비 더피Bobby Duffy는 위 여론조사 결과를 발표하면서 이렇게 말했다.

여론을 무시하는 일이 없어야 한다. 누구나 투표권이 있고, 잘못된 인식은 늘 우리 곁에 있었으며, 이는 사람들의 우려를 반영하는 것일지도 모른다. 즉 사람들의 우려가 깊다 보니 이런 사안을 과소평가하기보다는 과대평가하는 것으로 보인다. 설문조사의 다른 문항을 보면 정부가 제공하는 정보에 대한 신뢰도가 매우 떨어진다. 따라서 여러 이슈에서 대중의 통념을 깨는 일은 상당한 과제가 될 것으로 보인다.

대중이 어떤 이유로 현실과 괴리된 견해를 보이든 이는 우리가 해결해야 할 문제다. 사람들은 새로운 정보가 자신이 지금 신뢰하는 바와 일치할 때 쉽게 믿고 더 많이 공유한다. 온라인에 댓글을 달거나 글을 올릴 때, 사람들의 기존 관념은 더욱 크게 작용한다. 더피는 "이주 규모가 어느 정도인지, 복지 제도를 손보면 비용이 얼마나 절감되는지, 대외 원조에 얼마가 쓰이고 10대 임신율이 실제로 어느 정도인지 더 정확히 안다면 대중의 정책 우선순위는 달라질 것이다"라고 지적했다.

잘못된 인식은 시간이 지날수록 누적되고 정치와 미디어 담론의 영향으로 굳어지며 다시 그런 담론을 부채질한다. 영국에서만 나타나는 현상이 아니다. 미국은 연방정부의 규모와 사회복지 프로그램의 수혜 범위를 놓고 수십 년째 치열한 논쟁을 벌이지만, 미국인은 자신이 어떤 프로그램의 혜택을 받고 있는지도 정확히 모른다. 역사학자 제퍼슨 코위Jefferson Cowie가 뉴딜

정책을 다룬 저서에서 인용한 설문 조사를 보면, 미국인의 57퍼센트는 자신이 정부 프로그램에서 아무런 지원도 받지 않는다고 답했다.[7] 그러다가 연구자들이 사회복지 프로그램 21개의 목록을 보여주자, 다시 응답자 중 94퍼센트가 사실 최소 한 개의 프로그램에서, 평균적으로는 네 개의 프로그램에서 혜택을 받는다고 말했다. 우리는 자신과 관련한 문제를 고려할 때조차 자신의 정치적 견해 또는 첫인상 때문에 엉뚱한 결론에 빠진다.

재미로 만든 이미지가 개소리를 퍼뜨린다

우리가 수동적으로 정보를 소비하고 또 보통 몇 년에 한 번씩 투표소에 가는 게 정치 참여의 전부인 시절에는 충분히 그럴 만했다. 그런데 지금 우리는 나날이 정치에 훨씬 많이 참여하며, 특히 인터넷에서 활발히 활동한다. 정치 양극화, 필터 버블, 친구와 가족이 공유한 자료를 믿고 보는 태도, 잘못된 인식을 서로 주고받는 활동이 한데 뭉치면 그 어떤 주요 정치 행위자나 매체가 개입하지 않아도 수많은 대중에게 영향을 끼치는 개소리 정보가 나올 수 있다. 우리가 우리 손으로 개소리를 만들어 내는 것이다.

이런 종류의 정치적 밈에는 특정한 양식이 있다. 바로 정치적 우상이나 적수의 사진에 인용구나 짧은 문장을 넣는 것이다.

이런 밈은 생각이 비슷한 사람들끼리 서로 공유하지만 대체로 인용구의 출처나 증거, 근거는 없다. 당파적이거나 사람들을 잘못된 방향으로 이끄는 내용, 노골적인 거짓말이 대부분이다. 매우 인기 있는 밈 중에는 주류 미디어를 공격하는 내용도 많다.

제러미 코빈을 지지하는 세력은 이러한 이미지를 매우 왕성하게 만들어낸다. 이들은 영국 지방의회 선거 결과가 나오자 이런 밈을 만들었다. "1995년 블레어의 첫 지방선거. 의석 46퍼센트 확보. '노동당의 압승'. 2006년 캐머런의 첫 지방선거. 의석 41퍼센트 확보. '몇 년 만에 이룬 보수당의 쾌거'. 2016년 코빈의 첫 지방선거. 의석 47퍼센트 확보. '코빈의 처참한 성적'."

지방의회 선거의 내막을 잘 모르는 코빈 지지자들이 이 밈을 보면, 코빈이 첫 지방선거를 전직 총리 두 명보다 성공적으로 치렀는데도 미디어가 이 사실을 깎아내린다는 인상을 받을 것이다. 사실 각 선거는 격전지가 전혀 달랐다. 블레어 때는 양당이 박빙인 지역이었다면, 코빈 때는 노동당이 강세인 지역이었다. 블레어는 첫 지방선거로 1800석을 새로 얻었고 캐머런은 300석을 얻은 반면, 코빈은 노동당 텃밭에서 어중간한 성적을 내면서 18석을 잃었다.[8]

소셜 미디어에 떠도는 밈과는 다른 이 사실을, 많은 사람이 열광적으로 공유하지는 않을 것이다. 온라인 매체 《바이스Vice》가 발견한 또 다른 정치 풍자 밈도, 똑같은 주제를 다뤘다. "노동당이 런던 시장 선거에서 이겼고, 득표율도 보수당보다 높았습니다. 보수당이 726석을 얻은 데 비해 노동당은 1270석을 얻었지만 (…) 우리 BBC는 제러미 코빈이 참패했다고 보도하기로 했습니다." 또 어떤 밈은 BBC뉴스 정치부 편집장 로라 쿤스버그Laura Kuenssberg의 사진에 이런 문구를 넣었다. "제발 도와주세요. 전 로라 쿤스버그입니다. 보수당에 납치됐는데 보수당의 정치 선전물을 BBC에서 방송하라고 협박받고 있어요."

또 이런 밈도 있었다. "BBC와 주류 언론이 절대 말해주지 않는 몇 가지 사실들. 가장 인기 있는 정당은 노동당이고, 제러미 코빈은 엄청난 권력을 쥐고 있다는 점이다." 주장을 뒷받침하는 그래프도 넣었지만 그 어떤 여론조사를 봐도 노동당이 전국에서 가장 인기 있는 정당이라고 보기는 어렵다.

열성 지지자들이 만든 밈 중에는 공격적인 내용도 있다. 2016년 여름 오웬 스미스Owen Smith 의원이 노동당 대표 경선에서 제러미 코빈과 맞붙었을 때 SNS에는 스미스에 관한, 완전히 지어냈다기보다는 과장했거나 허술한 정보가 흘러넘쳤다. 스미스가 인격에 결함이 있는 것처럼 묘사한 밈도 있다. "이라크 전쟁에 대해 오락가락하는 태도." "어디서 2000억 파운드를 뚝딱 만들어내겠다는 건지 알 수 없다(스미스는 2000억 파운드를 투자해 영국판 뉴딜을 추진하겠다고 공약했다. 이에 맞서 코빈은 사회간접자본에 5000억 파운드를 지출하겠다고 공약했다)." "핵무기로 수백만 명의 무고한 사람을 해치려고 한다."[9] 또한 "토니 블레어를 '사회주의자'라고 표현한 스미스는 '온건좌파'도 아니다."(토니 블레어는 중도 세력을 끌어안으려면 전통적인 좌파 공약을 버려야 한다고 주창했다-옮긴이) "무기 거래와 관련한 연례 만찬에 참석했다." "1월부터 이 쿠데타를 모의했다"라며 스미스를 음해한 밈도 떠돌았다.[10] 보수당을 공격한 밈도 있었다. 당시 내무장관이던 테리사 메이가 남편과 함께 서 있는 사진에 이런 글귀를 넣었다. "부창부수. 부인은 경찰과 교도소 예산을 관리한다. 남편은 민간보안업체 G4S(런던올림픽 때 보안 업무를 지원한 세계적 보안업체, 테리사 메이가 남편이 대주주로 있는 G4S와 용역 계약을 맺도록 지시했다는 헛소문이 떠돌았다-옮긴이)의 대주주다. 여기를 참고하시라."[11]

테리사 메이는 내무장관으로서 교도소 예산을 관리하지 않았다. 더 주목할 점은 남편 역시 G4S의 주주가 아니라는 점이었다. 이미 여러 매체에서 거듭 밝힌 내용인데도 계속 엉터리 주장을 하는 밈이 나왔고, 잊을 만하면 한 번씩 이런 밈이 떠돌고 공유되면서 주류 언론이 이 스캔들을 덮으려 한다는 분노가 터져 나왔다.[12]

미국에서도 이런 밈이 기승을 부렸다. 공화당 지지자들은 "나의 유산은 미국을 다른 나라들 수준으로 떨어뜨린 것이다"라고 쓴 버락 오바마의 밈[13]이나 "내가 대통령이 되면 전미총기협회를 영원히 문 닫게 하겠다. 권총을 금지할 수 있다면 그렇게 할 것이다." "일반 민주당 유권자들은 정말 어리석다"[14]라고 적은 힐러리의 밈을 공유했다. 또 민주당 지지자들은 전 알래스카주지사 세라 페일린Sarah Palin이 불법 이주자 문제를 논하면서 알래스카에도 "에스키모와 외국인이 많다"[15]라고 했다든가, 트럼프가 "이곳 미국에서 흑인 목숨이 소중하지 않다고 느끼면 아프리카로 돌아가라"[16]라고 했다는 밈을 공유했다. 이들 밈에 인용된 주장은 모두 거짓이었다.

이 현상은 피자게이트 사건에서 절정에 이르렀다. 힐러리 측근인 존 포데스타John Podesta의 해킹된 이메일에, 워싱턴 D.C. 중심부에 근거지를 둔 아동 성 착취 조직에 관한 정보가 있다는 소문이 트위터와 페이스북에 돌기 시작했다. 음모론 게시판에서 처음 불거진 이 의혹은 나중에는 가짜뉴스 사이트로 흘러들어 갔다. 어디까지나 장난이었겠지만 종국에는 이메일에 쓰인 전혀 악의 없는 단어들이 실은 암호라는 주장까지 나왔다. 즉 피자는 여자아이를, 파스타는 남자아이를, 소스는 난잡한 파티를 의미한다는 식으로 갖다 붙였다.[17] 증거가 전혀 없는 황당한 주장이었는데도 온라인 '수사대'는 워싱턴 D.C.에 있는 한 피자집을 그 근거지로 지목했다. 그리고 며칠 후 한 사내가 이 음모론을 '직접 조사하겠다며' 피자집에 총격을 가했다.[18] 다행히 인명 피해는 없었다.

매우 위험한 사건을 낳지 않더라도, 이런 종류의 메시지는 개소리를 실어나르는 완벽한 매개체다. 이런 정보는 선뜻 믿고 공유하면서도 이와 다른 정보를 주는 주류 언론은 믿지 않으려는 대중에게 영향을 주기 때문이다. 또 이런 메시지는 우리가 믿고 우리와 생각이 대체로 통하는 사람을 통해 전달되기 때문이다. 사이트 링크가 아닌 이미지와 밈이라는 이슈는 특정 집단에만 해당하는 문제로 보이기도 하지만, 통계자료를 보면 이미지와 밈을 월등히 많이 공유한다는 사실을 알 수 있다. 한 연구에서 《브레이트바트》 페이스북 페이지에 올라온 게시물을 분석해보니, 이미지 게시물이 20개당 1개꼴이었다. 그렇지만 이미지 포스트는 가장 많이 공유된 게시물 가운데 절반을 차지했다.[19] 우리가 링크와 사이트를 보는 동안에도 가짜뉴스 생태계는 굴러간다. 누구나 피드에서 이런 이미지를 봤고 대부분이 공유했다. 그리고 내가 동의하는 내용이라면 보통 사실인지 확인하지 않았다. 내 생각과 일치하는 정보와 그렇지 않은 정보를 접했을 때 사실인지 확인해본 경우가 각각 얼마나 되는가? 우리 모두는 이 문제에 얼마간 책임이 있다.

읽지도 않고 기사를 공유하는 버릇

우리에게는 개소리 확산에 일조하는 나쁜 습관이 또 있다. 소셜 미디어에 있는 기사를 읽어보지도 않고, 심지어 링크된 기사를 열어보지도 않고 공유하는 버릇이다. 2016년 여름, 웹 주소 단축 사이트 비틀리bit.ly를 이용해 웹에 포스팅된 수천 개의 링크를 분석한 연구가 발표됐다. 연구 결과를 보면 표본 링크 중 59퍼센트는 단 한 명도 클릭하지 않았다. 페이스북이나 트위터에 올라온 포스트를 공유하거나 여기에 댓글을 다는 사람 중 상당수가 기사 제목 외에 내용은 전혀 읽지 않았다는 뜻이다. 이런 태도는 의견 차이가 크든 작든 어떠한 토론도 불가능하게 하지만, 뜻밖에도 담론 형성이라는 측면에서 좀 더 과감한 기사 제목을 선정하도록 유도해 사실상 주류 언론의 목소리를 키운다. 이 연구의 공동 책임자인 아르노 르구Arnaud Legout는 이렇게 말했다. "요즘은 보통 이런 식으로 정보를 소비한다. 요약본이나 재요약본에 기대 자기 입장을 정할 뿐 더 깊이 파고들지 않는다."[20]

이러한 소셜 미디어 관행은 다시 기사 제목을 고민하는 편집자에게 영향을 미친다. 특히 기사 제목에 정치인의 연설이나 기자회견에서 나온 핵심 주장을 그대로 요약하고, 주장이 사실인지는 기사를 한참 읽어야 알 수 있게 쓰는 다수 매체를 자극한다. 트럼프 시대에 이런 보도 관행은 정확히 잘 쓴 기사여도 단지 소심한 제목 때문에 클릭도 안 하는 다수의 독자에게 잘못된 정보를 전달하기 쉽다.

월간지 《워싱토니언Washingtonian》은 불법 유권자 수백만 명 때문에 전체 득표수에서 밀렸다고 트럼프가 허위 주장을 펼칠 때, 바로 이 현상을 목격했다. 일간지 《USA투데이》는 이 주장에 반박하는 기사를 실었지만 제목은 이렇게 달았다. "트럼프, 힐러리가 전체 득표수에서 이긴 것은 수백만 건의 '불법 투표' 때문이라고 주장."

《워싱토니언》은 이렇게 설명했다. "《USA투데이》가 고른 제목은 기자와 뉴스 조직이 정치인과 유명인의 발언을 어떤 식으로 보도하는지 제대로 보여준다. 이 기사는 본문 첫 문장에서 트럼프의 발언이 근거 없는 주장이라고 바로 밝혔다. 문제는 대다수가 거기까지도 안 읽는다는 점이다."[21]

기사 제목에 바로 회의적인 시각을 드러내는 등 예전과 다른 시도를 한 매체들도 있었다. "~라고 주장했지만 어떤 증거도 제시하지 않았다"라고 쓰거나 트럼프의 주장을 '엉터리'라고 칭하고, 한 걸음 더 나아가 "트럼프의 터무니없는 거짓말, 들통나다"라고 썼다.

《워싱턴포스트》의 그레그 사전트는 또 다른 사례로, 도널드 트럼프가 이동통신회사 스프린트Sprint 관계자와 통화한 뒤 자신이 일자리 5000개를 창출했다고 발표한 사실을 들었다.[22] 물론 이는 대선 전부터 예정된 사업 계획이었다. 사전트는 스프린트가 기분 좋은 기사 제목을 트럼프에게 선뜻 선물했고 또 트럼프는 염치없이 이를 자기 공으로 돌렸다는 점을 지적했지만, 우리는 우선 기사 제목에 주목해보자. 어떤 매체들은 트럼프의 발언을 '주장claim(증명되지 않았지만 사실이라고 내세우는 말-옮긴이)'이라고 표현해 약간 의심스러운 태도를 보인 반면, 다른 매체들은 그런 태도조차 보이지 않았다. CNN은 "트럼프 승리 선언: 스프린트사, 미국에 일자리 5000개 창출 예정"이라고 썼다. AP통신은 "트럼프, 일본 거물의 일자리 8000개 창출을 자기 공으로 돌리다"를 제목으로 뽑았다. 《워싱턴포스트》는 "트럼프, 소프트뱅크 CEO와의 거래로 일자리 수천 개를 창출했다며 자찬하다"를 표제로 택한 반면, ABC는 "트럼프, '자기 덕분에' 스프린트가 일자리 5000개를 창출했다고 주장"을 기사 제목으로 골랐다. 소프트뱅크는 스프린트의 모회사다.

사전트는 나중에 실상을 파악하려는 사람은 드물기 때문에 이런 기사의 경우 제목에서부터 의심을 드러내는 것이 매우 중요하다고 지적했다. 그는 "트럼프는 분명 전략적으로 자신에게 유리한 기사 제목이 나오게 했다"라고 말했다.

> 한 일본 회사가 미국에 일자리를 만들기로 했는데 엉뚱하게도 트럼프가 이를 자기 덕분이라고 했다. 이때 사실관계를 바로잡으면 새로 취임한 정부의 분노를 사겠지만 트럼프가 자기 공으로 돌리도록 내버려 두면 새 정부의 호감을 살 수 있으므로, 일본 회사는 굳이 기사 제목을 바로잡으려 하지 않는다. 상황이 이렇게 흘러가면 전체 내막을 파악하기가 더욱 어려워진다. 따라서 트럼프가 미심쩍은 주장을 하면 독자와 시청자에게 기사 제목으로 사실을 제대로 알리는 것이 중요하다.

기사 제목은 물론 언론 매체가 고민하고 대처해야 할 사안이다. 하지만 우리 역시 제목만 훑고 그대로 받아들이지는 않는지, 심지어 제목도 안 읽고 공유하는 건 아닌지 반성해야 한다.

기사 제목이 이렇게 된 건 우리에게도 책임이 있기 때문이다.

음모론에 쉽게 넘어가는 인간의 심리

우리의 믿음과 관련해 우리가 과소평가하기 쉬운 기본 요소가 하나 있다. 바로 음모론이다. 음모론은 우리가 생각하는 것 이상으로 널리 퍼졌다. 우리는 음모론을 정계 비주류 세력이나 강박적인 소수 집단이 신봉하는 주장으로 보는 경향이 있지만, 실상은 이와 다르다. 미국 채프먼대학교가 실시한 설문 조사에서, 응답자들에게 이슈 목록을 보여주고 자신이 아는 내용 중 정부가 숨긴다고 생각하는 이슈가 있는지 물었다. 응답자 중 54퍼센트는 9 · 11테러, 43퍼센트는 외국인 체류자, 42퍼센트는 지구온난화 관련 정보, 33퍼센트는 세계단일정부 구상의 진실을 정부가 숨긴다고 답했다. 30퍼센트는 미국 정부가 에이즈의 기원을 감춘다고 믿었다.[23]

미국인 네 명 중 한 명만 이슈 목록에 있는 아홉 가지 음모론 모두를 강하게 부인했는데, 이는 대다수가 적어도 한 가지는 어느 정도 믿고 세 가지 이상은 반신반의한다는 뜻이었다. 음모론에 대한 믿음은 다른 효과도 낳는다. 앞의 연구에서 "음모론을 믿는 사람은 미래를 더욱 비관적으로 보고, 정부에 대한 두려움이 더욱 크며, 살면서 만나는 사람을 잘 믿지 못하고, 두려움 때문에 총기 구매 같은 행동을 할 확률이 높다"라고 밝혔다.

채프먼대학교가 정부가 숨기는 정보에 초점을 맞췄다면, 여론조사 기관 PPP는 더욱 적나라한 사실을 다뤘다. PPP의 연구에 따르면 미국인 중 37퍼센트는 지구온난화가 허위라고 봤고, 28퍼센트는 "세계주의 어젠다를 추진하는 비밀스러운 파워 엘리트들이 독재적 세계정부인 '신세계질서'를 세워 전 세계를 지배하려는 음모를 꾸민다"라고 믿었으며, 13퍼센트는 오바마가 적그리스도라고 말했다.[24]

이렇게 널리 퍼진 음모론적 사고가 최근 몇 년 사이에 새롭게 등장했다고 볼지도 모른다. 하지만 역사를 보면 그렇지 않다. 『피해망상 합중국The United States of Paranoia』의 저자 제시 워커Jesse Walker는 이렇게 주장했다.

> 17세기 인디언전쟁부터 도금시대의 노동쟁의 때까지, 미국 남북전쟁부터 냉전 시대까지, 미국 독립혁명부터 테러와의 전쟁 시대에 이르기까지, 음모론은 갈등을 조장하는 중요한 역할을 했다. (…) 음모론은 체제 반대자와 불순응자뿐 아니라, 권력의 중심에 선 사람과 기관에도 인기였다. 음모론은 단순히 흥미로운 부수적 사건이 아니다. 음모론은 미국 역사의 핵심이다.

영국 대중은 음모론을 두드러지게 믿는 편이 아니었으나 그 영향력에서 완전히 벗어나지도 않았다. 설문 조사에 따르면,

영국인의 41퍼센트는 정부가 영국의 실제 이민자 수를 숨긴다고 보며, 13퍼센트는 전 세계를 지배하는 비밀결사대가 존재하고, 9퍼센트는 지구온난화가 허위이며, 4퍼센트는 에이즈가 고의로 생겼거나 퍼졌다고 믿었다.[25]

탈진실 또는 개소리를 이용하려는 정치인과 언론 매체는 우리 마음속 깊이 뿌리내린 성향, 즉 나라의 바탕을 이루는 제도보다 정교하게 만든 이론을 믿는 심리 상태를 활용한다. 이러한 음모론이 극단으로 흐르면 굉장히 위험해질 수 있다. 마녀사냥, 개인이나 사적 단체가 휘두르는 사적 제재, 심지어 유대인 학살에서도 그 중심에는 음모론이 있었다. 현재 우리가 믿는 주장 중 상당수가 다분히 음모론적이다. 트럼프, 브렉시트 찬성자, 포퓰리스트들은 기성 엘리트와 제도가 부패했고 일반 대중의 이해에 반한다고 주장하며, 다른 한편에서는 이른바 트럼프의 놀랍고 원대한 계획을 파헤친 음모론이 등장해 소셜 미디어를 타고 주기적으로 들불처럼 번지고 있다.[26]

정치 전문 미디어 《폴리티코》의 칼럼니스트 잭 섀퍼Jack Shafer는 이런 종류의 음모론에 대해 이렇게 지적했다. "그 어떤 조치를 취한들 가짜뉴스는 끈질기게 나올 것이다. 인간의 본성 때문이다. 사람들은 부자가 되는 법을 배우려고 돈을 허비하고, 도박을 즐기며, 이메일 금융 사기에 넘어간다. 어리석은 사람들이 아닌데도 그런다. 인간의 뇌 깊숙한 곳에는 사기에 굶주린 부위가 존재한다."[27]

제도에 대한 신뢰가 부족하고 포퓰리즘이 기승을 부리는 현실에서, 개소리를 막기 위한 노력 중 하나는 우리의 현 위치를 확인하는 것이다. 한 가지 알아야 할 사실은, 다수의 사람들이 미디어를 지탱하는 쪽보다는 나라를 구해줄 강력한 지도자를 지지하는 쪽에 더 관심이 많다는 점이다. 2016년 10월에 퓨리서치센터는 미국 유권자들에게, 정치 지도자를 비판하는 언론의 자유가 민주주의에 필수라고 생각하는지 물었다. 힐러리 지지자 중 72퍼센트는 언론의 자유가 매우 중요하다고 답한 반면, 트럼프 지지자들은 49퍼센트만 그렇다고 답했다.[28]

포퓰리즘의 득세와 제도에 대한 신뢰 하락이 공존하는 곳은 미국만이 아니다. 여론조사 기관 입소스모리가 여러 나라에서 설문 조사를 한 결과 프랑스, 이스라엘, 이탈리아, 호주, 영국을 비롯한 11개국에서 50퍼센트가 넘는 응답자들이, 국가적 사안을 해결하기 위해 규율 위반도 마다하지 않는 '강력한 지도자'를 원한다고 답했다. 미국은 이렇게 답한 응답자가 40퍼센트를 조금 넘었다. 같은 설문 조사에서 19개국의 응답자 중 절반 이상이 전문가들은 '자신과 같은 사람'이 어떻게 사는지 이해하지 못한다고 답했다.

시민이자 뉴스 소비자로서 우리가 할 수 있는 일은 쉽게 고칠 수 있는 것과 고치기 어려운 것으로 나뉜다. 기사 제목만 보고 공유하는 습관은 비교적 쉽게 바로잡을 수 있다. 각자 기사를 공유하기 전에 클릭해서 읽어보는, 그리고 생각하는 습관을 기르면 된다. 사이트 관리자들이 공유 버튼을 기사 아래로 옮기는 방법도 있다. 필터 버블 문제도 어느 정도 기술적으로 해결할 수 있다. 해결하기 좀 더 어려운 이슈도 있다. 내 생각과 일치하는 밈을 선뜻 믿고 공유하는 태도를 고치거나, 진짜뉴스와 가짜뉴스를 구분하는 판단력을 기르려면 미디어 문해력을 갖추어야 한다.

물론 도무지 해결책이 보이지 않는 문제도 있다. 남에게 잘 속는 우리의 선천적 기질과 음모론이 뗄 수 없는 관계라면, 또 음모론을 쉽게 퍼뜨리는 세계적인 통신망을 우리 손으로 만들었다면, 우리는 이제 어떻게 대처해야 할까?

2부

탈진실의 시대,
개소리가 진실을 압도한다

How Bullshit Conquered the World

01

트럼프는 어떻게 미국을 장악했는가

미국 대통령 선거가 정직과 지성인들의 정치 토론, 구체적인 의견 교환을 보호해주는 난공불락의 요새인 적은 없었다. 1800년 미국 대선에서 존 애덤스John Adams 지지자들은 상대 후보인 토머스 제퍼슨Thomas Jefferson이 대통령이 되면 "살인, 강도, 강간, 간통, 근친상간을 공공연히 배우고 저지르게 될 것"이라고 말했고, 제퍼슨 지지자들은 애덤스가 "철저한 위선자"이자 심지어 자웅동체라고 비방했다.[1]

현대 미국 대통령 선거의 특징은 집요하게 상대를 헐뜯는 고액 광고, 자신이 지지하는 후보와 정책을 뒷받침하기 위해 정치 자금을 모금하는 단체인 정치활동위원회PAC 그리고 공격적인 대리전으로 요약된다. 한동안 존 케리John Kerry 상원의원은 병역 관련 의혹에 시달렸고, 오바마 전 대통령은 트럼프의 지속적인 의혹 제기로 출생지가 미국이 맞는지에 대해 계속 공격받았다. 모범적으로 대선을 치른 때도 있지 않았을까 기대한다면 워터게이트 사건, 남북전쟁을 앞두고 치른 대선에서 불거진 인종차별 의혹 등 숱한 사건부터 극복해야 할 것이다.[2]

이런 선거에 대한 낮은 기대치를 감안해도 2016년 미국 대선은 뭔가 달랐다. 도널드 트럼프는 터무니없는 '사실들'로 이루어진 수사적 집속탄集束彈(안에 여러 개의 소형 폭탄이 들어 있는 폭탄-옮긴이)과 증명하기 어려운 의혹들을 제조했다. 적을 계속 바꾸면서 극렬한 경쟁자들조차 그의 연설 중 어떤 것을 진지하게 받아들이고 어떤 것을 무시해야 하는지를 놓고 분열하게 만들었다. 트럼프 때문에 미국은 문화적으로 갈라졌고 각종 쟁점에서 의견 차이를 보일 뿐 아니라 대선 원칙을 놓고도 합의점을 찾지 못했다.

미국인들은 러시아의 해킹 의혹과 관련해 대통령과 정보기관 중 누구의 말을 믿어야 할까? 한 정당이 (어쨌든 선거에서 패배한) 다른 정당을 가리키며 수백만 건의 부정투표로 저들이 이득을 봤다고 주장하는 상황에서 정당들은 어떻게 선거를 치러야 할까? 이런 상황은 미국을 단순히 가짜뉴스에 쉽게 넘어가는 트럼프 지지자와, 트럼프에 반대하는 똑똑한 진보주의자로 가르는 데서 멈추지 않는다. 트럼프가 숨을 불어넣은 이 기이한 세상에서는 양쪽 모두 진실과 허구를 구분하지 못할뿐더러 도

처에서 음모론과 속임수가 넘쳐난다. 대다수의 미디어는 어떻게 반응해야 할지 몰라 난처해한다.

트럼프가 정치 무대에 등장하자마자 오랜 기간 공정하게 치러온 대통령 예비선거에 변화가 온 것은 아니었다. 예비선거에는 다채로운 인물이 많다 보니, 때로 트럼프가 희한한 주장을 해도 기존 틀에서 크게 벗어났다고 보기는 어려웠다. 예비선거에서 트럼프의 적수였다가 결국 트럼프 내각에 인선된 벤 카슨Ben Carson은, 유대인이 총기를 소지할 수 있었다면 홀로코스트 피해가 적었을 테고, 무슬림을 배제하기 위해 대통령이 믿는 종교를 검증해야 하며, 전 국민의 건강보험 가입을 의무화하는 오바마케어는 노예제도 이후 미국이 겪은 최악의 사건이라는 등 다양한 주장을 펼쳤다.[3]

미국 공화당 대선 후보 경선에 나선 마이크 허커비Mike Huckabee는 연설에서 "오바마가 이란 핵 협정으로 이스라엘 사람들을 오븐 입구까지 몰아세웠다"라며, 유대인 학살을 연상시키는 과한 표현을 썼다. 이 홀로코스트 비유는 민주당과 유대인 단체로부터 즉각 비난받았다.[4] 또 허커비는 주지사 시절에 쌓은 업적을 부풀리고 실업률 수치를 지나치게 과장하며 오바마케어가 실시되면 노인의료보험 제도인 메디케어는 사라질 것이라는 잘못된 주장으로 비난을 받았다.[5]

이렇듯 정치판의 과장이라는 맥락에서 볼 때 트럼프의 주장 가운데 상당수, 특히 예비선거 때 공화당 대선 후보 지명에서 순위 밖에 있을 때 했던 주장은 평소 정치인들이 하는 주장과 매우 유사하다. 트럼프가 미국의 실업률이 42퍼센트라고 외치는 건 황당한 소리처럼 들렸다(실제 실업률은 5퍼센트 정도다). 그렇지만 이 수치는 어느 정도 현실에 기초한 것이었다. 다만 실업률 계산에 도움이 안 될 뿐이다. 그가 말한 수치는 일자리를 원하지만 찾지 못한 사람은 물론이고 퇴직자, 살림을 맡은 부모, 장기 환자, 장애인, 기타 구직 활동을 하지 않는 이들을 모두 포함했다. 즉 42퍼센트라는 수치가 사람들을 현혹하지 않는다는 게 아니라 적어도 현실에 근거한 숫자였다는 뜻이다.[6] 퇴직자나 자기 부모를 일자리로 내모는 유권자는 드물고, 실업률은 오바마 정권 때 대폭 줄었음에도 불구하고 말이다.

트럼프의 주장은 미심쩍지만 날조는 아닌 영역에, 기존 정치와 유사하지만 딱히 같은 범주라고 보기엔 어려운 지점에 있다. 대선 유세 때 트럼프는 메디케어가 의약품 가격을 제약사와 직접 협상하지 못하게 하는 현 제도를 개선하겠다고 공약했다. 민주당 경쟁자인 힐러리 클린턴과 버니 샌더스도 이와 비슷한 제안을 했으나, 특히 트럼프는 자신의 정책대로라면 1년에 약값을 3000억 달러 정도 절감할 수 있다고 주장했다. 메디케어가 1년에 지출하는 약값이 780억 달러에 불과한데도 말이다. 이에 《워싱턴포스트》의 사실 검증 블로그는 그의 계획을 "정말 터무니없고, 물로 포도주를 만들겠다는 격"이라고 비판했다.[7]

또 다른 사례를 보자. 트럼프는 다른 후보들과 마찬가지로 숫자를 완전히 날조하는 듯 보였다. 그는 대선 후보 시절 주요 공약으로 멕시코 국경 장벽 설치 및 무슬림 입국 금지 행정 명령을 내세우면서, 오바마 정부가 시리아 난민 20만 명을 수용하기로 했다고 거듭 주장했다. 당연히 이런 주장은 평론가와 사실 검증 블로그로부터 격렬한 비난을 (대부분 무시했지만) 받았다. 그러나 눈에 띄는 유일한 효과라고는 트럼프가 지어낸 난민 수가 25만 명으로 더 늘어난 것뿐이었다. 실제 난민 수는 트럼프가 주장한 수의 10분의 1도 안 되는 1만 명 미만이었다.[8]

정책으로 포장한 허위 사실의 마지막 사례는 트럼프의 세제 개혁안이다. 세율을 대폭 낮추고, 모든 소득자의 기본 공제를 높이며 상속세도 당연히 폐지하는 계획이다. 독립기관인 조세정책센터는 이 세제 개혁안대로라면 엄청난 재정 적자를 감수해야 하고, 시행 첫 10년에 걸쳐 세수가 9조 5000억 달러 이상 감소하며 결국 미국 정부의 재정 적자가 GDP 대비 80퍼센트로 지속 가능한 수준을 넘어버릴 것이라고 내다봤다. 유례없는 막대한 지출 삭감이 없다면 이 같은 세금 감면은 유지하기 힘들다는 뜻이다.

그런데도 트럼프는 자신의 세제 개혁안을 한술 더 떠서 포장했다. 세금 감면으로 미국의 연간 경제성장률을 5~6퍼센트로 끌어올릴 수 있다고 주장했다. 이는 미국이 지난 30년간 이룬 연평균 경제성장률을 크게 웃도는 수치다. 트럼프는 이 개혁안으로 최고 부유층이 받는 세금 감면 혜택이 줄어들기 때문에 개인적으로도 출혈이 클 것이라고 했다. 그러나 독립기관의 분석가들은 트럼프의 이런 주장을 뒷받침할 근거가 전혀 없고, 오히려 액수와 요율로 봤을 때 가장 큰 혜택은 초고소득층에게 돌아가며, 트럼프처럼 고액 순자산 보유자에게 상당한 혜택이 생길 가능성이 크다고 지적했다.[9] 즉, 그의 세제 개혁안에 따른 주요 예산 축소는 불가피하며 빈곤층보다는 부유층, 즉 트럼프 자신에게도 엄청난 혜택을 준다는 말이다.

다른 무엇보다도 심한 혼란을 일으킨 트럼프의 결정적 정책은 불법 이민을 막기 위해 멕시코와 맞닿은 국경을 따라 약 3200킬로미터에 달하는 장벽을 세운다는 계획이었다. 실제로는 미국을 떠나는 멕시코인이 미국으로 들어가는 멕시코인보다 더 많았다.[10] 트럼프는 장벽을 설치하는 데 80억 달러밖에 들지 않으며 비용은 멕시코가 대야 한다고 주장했다. 결국 트럼프 당선 후 국토안보부가 설치 비용으로 210억 달러 정도가 들 것이라고 밝히자, 트럼프는 이 검토 결과(아직 그에게 보고되지 않은 상태였다)는 가볍게 무시하고 트위터에 공포했다. "난 아직 장벽 설계나 장벽 협상에 발을 들여놓지도 않았다. 내가 착수하면 (…) 비용이 훨씬 낮아질 것이다!"[11]

정치 공약은 미래에 대한 약속이기 때문에 비용을 감당하기 어렵다거나 현실성이 없다며 상대가 내건 공약을 비판하는 행동은 매우 일반적이다. 유세 과정에서 상대 후보의 비판을 무시하는 일 또한 흔하다. 트럼프의 계획 중 일부가 일반적인 공약 실현 가능성 정도를 벗어난 듯 보여도 이는 기껏해야 정치판 흐름을 과장한 정도다. 그러나 트럼프의 다른 공약을 보면 생소한 변화가 보인다. 누가 봐도 사실이 아니고 때로 유해하며 쉽게 탄로 나는 주장들이다.

새로운 정치 캐릭터의 등장

트럼프와 그 지지자들은 뻔뻔스러운 허위 사실로 갈등과 논란을 유발한다. 유세 기간을 통틀어 이를 극명하게 보여준 사건이 하나 있다. 사건의 발단은 2001년 9월 11일 테러 공격으로 쌍둥이 빌딩이 무너졌을 때 수천 명의 무슬림이 옥상에서 환호하는 광경을 직접 봤다고 말한 주장이었다. 무슬림을 향한 적대감과 테러에 대한 우려, 그리고 그들의 이주와 정착을 반대하는 사회 분위기 속에서 이 주장은 인종과 종교 갈등을 키웠지만, 전혀 사실에 기초하지 않은 것이었다.

트럼프는 유세에서 "빌딩이 무너지는 순간, 뉴저지주 저지시티에서 수천 명의 사람들이 환호하는 모습을 목격했다"[12]라고 말했다. 경찰이 그런 환호 현장은 없었다고 부정한 다음 날 정치인들의 발언을 검증하는 사이트《폴리티팩트》가 이 발언을 문제 삼자, 트럼프는 저지시티에서 사람들이 축하하는 모습을 '텔레비전'에서 봤고 당시 현장이 분명히 보도되었다고 주장했다.《폴리티팩트》에서 기사를 검색하면 테러 공격 후 엿새 뒤에 그런 축하 자리가 있었다는 의혹이 있었지만 이는 사실무근이라고 밝힌 기사 하나와, 축하 자리를 열었다는 '혐의'로 경찰이 많은 사람을 신문했다고 언급한《워싱턴포스트》의 기사를 확인할 수 있다.

사건을 더욱 키운 것은 트럼프의 두 번째 대응이었다. 그는 애초에 해당 광경을 기사가 아니라 텔레비전에서 봤다고 말했음에도,《워싱턴포스트》의 기사가 자신의 주장을 증명한다고 물고 늘어졌다. 그러자 당시《워싱턴포스트》소속으로 해당 기사를 함께 쓴 서지 코벌레스키가《팩트체크닷오알지factcheck.org》에서 자신의 기사는 트럼프의 주장을 입증하지 않는다고 반박했다.[13] "수천 명은 고사하고 수백 명이라도 축하하는 사람이 있었다고 말해준 사람이 내 기억에는 단 한 명도 없다." 해당 기사를 쓴 다른 기자도 같은 사이트에서 이렇게 말했다. "축하 자리가 열렸다는 저지시티의 건물과 그 주변을 찾아간 것만 사실이다. 하지만 목격담이 사실인지 전혀 입증할 수 없었다."

트럼프는 과연 트럼프다웠다. 반박을 받아들이기보다 해당 기자를 공격하는 쪽을 택했다. 이 사건이 절정에 이른 것은 2015년 11월 사우스캐롤라이나주에서 열린 대중 유세 현장이었다. 트럼프는 연단에 서서 수천 명의 지지자와 방송국 카메라가 지켜보는 가운데 팔을 제대로 움직이지 못하는 코벌레스키의 몸동작을 흉내 내며 그를 조롱했다.

"그 딱한 사람이 이렇게 말하더군요. '어… 내가 뭐라고 그랬지요? 어… 기억이 안 나네요.'" 트럼프는 팔을 격하게 떨면서 우스꽝스러운 표정을 지으며 코벌레스키가 한 말을 엉터리로 인용했다. "그자는 이렇게 말할 겁니다. '어… 기억이 안 나는데, 오, 제가 그렇게 말했나 보네요.'"[14]

물론 코벌레스키는 자신의 기사를 기억 못 한다고 말하지 않았다. 그는 테러를 축하한 무슬림이 있었다는 주장이 진실인지 확인하려 했지만 실패했다고 말했다. 코벌레스키가 소속된 《뉴욕타임스》를 비롯해 여타 단체들이 기자를 향한 트럼프의 어이없는 공격에 대해 도가 지나쳤다고 비판하자, 트럼프는 재빨리 논란 진화에 나섰다. 이어진 대응은 예상대로였다. 자신이 기자의 장애를 놀린 것이 아니라고 주장했다. 처음에 트럼프는 코벌레스키를 한 번도 만난 적이 없고 자신의 행동은 비굴한 사람을 '일반적으로' 흉내 낸 것이라고 주장했다. 하지만 트럼프와 코벌레스키는 실제로 여러 번 만났고, 트럼프가 항공사 트럼프셔틀을 설립했을 때 그의 사무실에서 온종일 함께 인터뷰하기도 했다.[15] 이 사건이 벌어지고 1년도 더 지난 2017년 1월에 배우 메릴 스트리프가 한 시상식에서 수상 소감을 밝히며 당시 사건을 비난하자 트럼프는 발끈하며 거듭 부인했다.

"나는 절대로 장애인 기자를 '조롱'하지 않았고, 앞으로도 그럴 일은 없을 것이며, 단지 그가 나를 나쁜 사람으로 만들려고 16년 전에 쓴 기사를 완전히 고쳐 썼기에 그 기자에게 '비굴

하다'라고 표현했을 뿐이다. 정말 부정직한 언론이다!" 대통령 당선자가 트위터에 올린 글이다.[16]

다시 한번 말하지만 코벌레스키는 자신이 쓴 기사 원문을 고치지 않았으며, 비굴하게 행동한 적도 없다. 반면 트럼프가 그를 조롱한 장면은 각종 방송과 인터넷 사이트를 통해 중계됐다. 이 사건은 그의 특정한 패턴을 보여준다. 공격적이지만 증거 없는 주장을 한 다음, 뭐가 됐든 자기 말을 입증해줄 만한 것을 찾는다. 그러다 증거로 삼을 만한 대상을 포착하면 자신의 주장을 공격하는 자에게 인신공격을 가한다. 그의 최종 진지는 믿음이다. 트럼프를 지지하는 사람들은 대부분의 경우 통째로 믿어야 한다. 처음에 한 주장, 주장의 증거, 트럼프가 기자를 공격하지 않았다고 하는 주장까지 모조리 믿어야 한다. 주장들은 사실 그대로든 다른 함의가 있든 통째로 그냥 한 덩어리다.

트럼프에게는 정책의 세부 사항을 잘 몰라도 빠져나갈 수 있는 전술이 하나 있다. 바로 진위 문제를 논란으로 확대하는 정치적 재능을 발휘하는 것이다. 트럼프는 자신이 9 · 11테러를 예상했고 2003년 이라크 침공을 계속 반대했다고 주장했을 때, 또 납세 내역을 공개하지 않아 수세에 몰렸을 때도 이 전술로 큰 효과를 봤다. 세금 문제의 경우 대선 기간에 납세 내역을 공개할 수 없는 이유가 회계감사 때문이라고 주장했다. 회계감사는 자발적인 내역 공개를 막지 않는다. 대선에 승리한 다음에는 대중이 납세 내역을 "신경 쓰지 않는다"라고 하면서 나중에 공

개하겠다던 오랜 약속을 손쉽게 깨버렸다.[17]

아니 땐 굴뚝에도 연기 난다

트럼프의 재능이 제대로 빛을 발한 것은 2016년 대선 당시 민주당 후보였던 힐러리 클린턴의 이메일 계정과 관련한 길고 복잡한 두 개의 사건에서였다. 힐러리는 이메일과 관련해 두 가지 별개의 논란에 휘말렸다. 첫 번째는 국무장관 재임 기간에 정부 공식 이메일 대신 사설 이메일 서버를 사용한 데서 비롯한 논란이었다. FBI 최종 수사 기록에 따르면 컴맹인 힐러리에게 개인 블랙베리 스마트폰으로 이메일을 사용하는 것을 허용했다고 한다.[18] 콜린 파월Colin Powell을 비롯해 다른 국무장관들도 재임 당시 개인 이메일을 사용했지만 힐러리가 개인 서버를 사용한 일만 특별히 스캔들로 불거진 이유는 따로 분류했어야 할 기밀 자료를 비공식 이메일을 통해 논의한 정황이 드러났기 때문이다. 물론 고의로 법을 어긴 증거는 없었다.

트럼프는 FBI의 수사를 물고 늘어졌다. 힐러리는 감금해야 마땅한 부패한 후보라는 이미지를 주입하는 '사기꾼 힐러리' 내러티브의 일환이었다. 2차 대선 토론 때 트럼프는 힐러리 측이 3만 3000개의 개인 이메일을 개인 서버에서 안전하게 지워버린 행동을 언급하며 이 사건을 수사하겠다고 공언했다.

"내가 당선되면 법무장관에게 지시해 특별검사가 당신을 수사하게 하겠다. 이렇게 거짓말과 기만이 넘쳐난 적이 언제 있었나. 사상 초유의 일이다."[19]

밖에 나가 연설할 때 미국 시민의 분노가 느껴진다. 아마 FBI에서 오래 일한 사람들도 분노할 것이다. 이런 이메일 사건이 언제 있었나. 힐러리 당신은 소환장을 받았다. 미 의회로부터 소환장을 받고서도 3만 3000개의 이메일을 지웠고 산세척을 했다. 표백했다고도 할 수 있겠다. 매우 값비싼 일 처리를 했다.

이 발언에서 주목해야 할 점은 트럼프는 힐러리의 어떤 행동 때문에 특별검사를 기용하겠다는 것인지, 이메일 일부를 유례없이 지운 행동을 제외하고는 딱히 제시하지 못했다는 점이다. 하지만 2차 대선 토론이 열리기 몇 개월 전에 FBI 국장 제임스 코미James Comey는 긴 수사 끝에 공개적으로 힐러리에게 불기소 처분을 내렸다. 그리고 세세한 설명도 이렇게 덧붙였다. "우리는 업무 관련 이메일을 은폐하려고 고의로 추가 삭제했다는 증거를 전혀 발견하지 못했다." "우리는 힐러리 장관이나 동료들이 기밀 정보 관리에 관한 법을 의도적으로 위반했다는 뚜렷한 증거를 찾지 못했다."[20] 그는 관계자들이 정보를 부주의하게 다뤄 위험한 상황에 노출한 점은 거듭 비판했지만, 개인 서버가 해킹당했다는 직접적인 증거는 찾지 못했다고 말했다.

힐러리가 저지른 몇 차례의 판단 실수는 두 번째 이메일 스캔들로 이어졌다. 힐러리 클린턴의 선거대책본부장을 맡은 존 포데스타와 미국 민주당전국위원회 직원들이 쓰던 이메일 계정이 해킹된 사건으로, 당시 몇 주에 걸쳐 〈위키리크스〉에 그 내용이 공개됐다. 이 폭로 전문 사이트는 FBI가 사건 조사 후 공식적으로 공개한 힐러리 개인 서버에 있던 이메일들이 무엇인지도 알렸는데, 사이트에 올라온 힐러리의 이메일 문건 여러 개가 복잡하게 뒤섞여 있다 보니 여러 달에 걸친 사건의 내막을 유심히 지켜본 사람이 아니면 두 번째 해킹 및 유출 사건이 어느 정도 힐러리 개인이 이메일 보안 관리를 허술하게 한 탓이라고 볼 가능성이 컸다.

사실 이 사건들은 서로 관련이 없다. 개인 서버에 있던 이메일은 그 존재가 드러나자 관계자들에게 조사를 받았고 그 후 힐러리 측에서 홍보의 일환으로 자발적으로 공개했다. 반면 포데스타의 이메일이 공개된 까닭은 아주 정교한 표적형 피싱 공격 때문이었다. 포데스타가 받은 이메일에는 동유럽에서 해킹 공격을 받고 있으니 비밀번호를 반드시 변경하라는 내용이 담겨 있었다. 구글에서 보낸 보안 경고 메일처럼 보였지만 이는 정교한 피싱 이메일이었고, 이 과정에서 비밀번호가 해커에게 노출됐다.[21] 트럼프와 그를 추종하는 열성 지지자들이 주장한 바와 달리 피싱 공격이 정교했으며 러시아 정부와 관련이 있음을 보여주는 공개된 증거가 있다.

정보기관이 러시아가 이메일 해킹 사건에 연루됐다는 증거와 진술을 공개했는데도 트럼프는 "아마 중국이나 침대에 앉아 컴퓨터를 두드리는 누군가가 저지른 소행일 것"[22]이라며 이를 부인했다. 트럼프가 러시아에 힐러리 이메일을 입수한 게 있으면 미국 당국에 넘기라고 요청하고 자신이 후보로 뛰는 대선에 다른 나라가 영향력을 행사하도록 내통한 정황이 분명해 보이는데도 말이다.

트럼프 선거 캠페인은 세부 사항은 엉성할지언정 공격적으로 막말을 퍼부음으로써 이메일 사건과 힐러리의 부패한 모습이 신문에 연거푸 오르내리게 했다. 트럼프 진영은 "사기꾼 힐러리에 관한 오늘의 궁금증"[23] 같은 공세를 통해 이메일 사건이나 그 안에 담긴 내용을 주기적으로 다뤘다. 트럼프의 선거 전략은 지지자들에게 경쟁 후보를 부패하고 불법적인 인물로 부각했을 뿐 아니라 의도했든 아니든 상당수 다른 기득권들도 한통속으로 몰아세웠다. 그래서 정보기관과 백악관, 여타 세력이 한데 뭉쳐 부패한 정치인을 두둔하는 양 보이게 했고 보통 대선 때는 손댈 수 없었던 기관들의 권위를 흔들었다.

결과는 성공적이었다. 10월 말 FBI는 힐러리의 이메일 서버 수사를 일부 재개하겠다는 서한을 의회에 보냈다. 서한 원문에서는 힐러리의 이메일 서버와 관련하여 "종결된 수사와 관련이 없는" 사건으로 이 문제가 다시 수면 위로 떠올랐다고 했다.[24] 각종 신문은 앞다투어 이를 보도했고 관련한 기사들은 사실상 지면에서 사라지지 않았다. 새로운 사건에서 문제가 된 것은 전 하원의원이자 힐러리 최측근의 남편이었던 앤서니 위너Anthony Weiner의 컴퓨터에서 발견된 이메일이었다. FBI는 성범죄 혐의로 그를 수사하던 중에 수사관들이 그의 컴퓨터에서 힐러리의 개인 서버에서 보낸 이메일을 발견했지만 선거를 며칠 앞두고 의회에 보고할 당시 새롭거나 중요한 이메일이 있는지는 확인되지 않았다고 보고했다.

FBI는 새로 나온 이메일을 수사했고, 며칠 후 중요하거나 새로운 정보가 없다고 밝혔다. 그러나 이 사건은 대선 막판에 논란을 끌어올리는 데 성공했다. 트럼프 진영은 재빨리 이 검토가 미심쩍다고 주장했다. 트럼프 선거캠프 안보 고문이자 국가안보회의 보좌관으로 지명됐던 전 국방정보국 국장 마이클 플린Michael Flynn은 "이메일 수십만 개를 단 며칠 만에 훑는 일은 불가능할 것"이라고 트위터에 올렸다. 미 국가안전보장국의 내부 고발자 에드워드 스노든Edward Snowden을 비롯해 정보기관 전문가들이 들으면 코웃음 칠 이야기지만,[25] 이 논란이 유권자에게 얼마만큼 영향을 끼쳤는지 밝히기는 매우 어렵다. FBI의 발표 후 며칠 지나지 않아 ABC방송과 《워싱턴포스트》가 실시한 설문 조사에 따르면, 응답자 중 34퍼센트가 이메일 스캔들로 힐러리에게 투표할 생각이 사라졌다고 답했다.[26] 신문에 보도된 투표 의사는 아주 조금 바뀌었다고 나왔지만 말이다.

트럼프의 전략은 '사기꾼 힐러리'를 사람들 입에 오르내리게 하는 데 효과적이었던 듯하다. 반면 트럼프에게 비슷한 스캔들을 띄우려 했던 시도는 이미 트럼프에게 적대적이던 사람들 너머로 확산하지 못했다. 2016년 10월 1일 《뉴욕타임스》는 기자 우편함으로 제보된, 1995년도 트럼프의 납세 내역이 담긴 한 장짜리 요약본을 공개했다. 21년 된 그 문서는 트럼프가 1995년에 9억 1600만 달러를 손실 신고해 최장 18년 동안 탈세했을 가능성이 있다고 전했다.[27]

당연히 힐러리 진영은 이 자료를 이용하려고 했다. 방법은 다양했다. 트럼프가 자발적으로 납세 내역을 공개하지 않았다거나 납세를 회피했다고 몰아붙일 수도 있고, 심지어 세금을 면제받을 수 있을 정도로 엄청난 손실을 안기고 실패한 카지노 사업으로 수많은 일자리가 사라져 계약직들이 보수를 받지 못했다고 공격할 수도 있었다. 그렇지만 힐러리 진영은 트럼프를 겨냥한 그 어떤 공세도 오래 유지하지 못하면서 결국 이슈 띄우기에 실패했다.

《워싱턴포스트》 기자 데이비드 패런솔드David Fahrenthold가 여러 달에 걸친 치밀한 탐사 보도로 트럼프의 자선단체 기부와 재단 운영을 둘러싼 일련의 의혹을 제기했을 때도 마찬가지였다. 트럼프는 수백만 달러를 자선단체에 기부했다고 거듭 주장했지만, 기부한 증거가 어디에도 없다는 사실을 패런솔드가 밝혀냈다. 이 기사는 트럼프 재단을 둘러싼 이해 상충과 도덕성 문제도 전했다. 하지만 힐러리는 수년간 클린턴 재단에 대한 조사로 여러 의혹에 시달렸으면서, 아니면 그랬기 때문이었는지 트럼프 재단에 대한 공세를 거의 하지 않았다.

선거 후 여러 달 동안 보도 능력과 탐사 능력을 키워 이 독특한 미국 대통령을 깊이 파헤치자는 논평이 많았다. 좋은 조언일지도 모른다. 그렇지만 선거운동 기간에도 트럼프의 세금 문제, 사업 활동, 불법 의혹 그리고 여성에 관한 선정적이고 불쾌한 언급 등을 파고든 참신한 탐사 보도가 많았음을 떠올려보자.[28] 그런 보도에도 불구하고 트럼프는 대선에서 이겼다.

어쩌면 모두가 한목소리로 힐러리 클린턴이 승리한다고 전망했기 때문인지도 모른다. 트럼프가 각종 언론과 매체, SNS를 도배하고 끊임없이 논란을 만들었음에도 불구하고 여론조사에서는 늘 상대 후보보다 뒤졌다. 몇몇 주요 공화당 의원들은 트럼프를 비난하거나 트럼프에게 투표하지 않겠다고 선언하는 등 공화당 대선 후보와 공개적으로 선을 그었다.[29]

힐러리 캠프는 대다수 전문가의 견해처럼 자기들의 유세 방식이 통하고 있으므로 대선에서 이기리라고 확신했다. 이런 전망과 더불어 포지티브positive 선거운동을 하지 않으면 오바마 지지표가 오지 않을 수도 있다는 우려 때문에 힐러리 캠프는 결과를 뒤집었을지도 모를 네거티브negative 선거운동이나 공격적인 광고를 시도하지 않았는지도 모른다. 전국 여론조사에 따르면 선거를 며칠 앞둔 시점에 힐러리가 1~7퍼센트포인트 앞선다고 나왔는데 힐러리 진영은 그 어떤 의혹도 피하면서 선거를 압승으로 마무리하고 싶었던 듯하다.[30] 선거가 코앞에 다가오자 힐러리는 유세 지역으로 애리조나주를 택했다. 애리조나주는 1952년 이후 민주당이 대선에서 딱 한 번 승리한 곳이었다. 전통적 격전지를 외면한 힐러리는 결국 경합 지역 여러 곳에서 표를 얻지 못했다.

결과를 받아들이지요, 단 내가 이겼을 때 말입니다

트럼프가 선거 결과에 승복하지 않을 수 있다는 근거 있는 우려도 있었다. 물론 현대 미국 정치에는 그런 사례가 없었다. 치열한 접전으로 진통을 앓은 조지 W. 부시와 앨 고어의 2000년 대선 때도 연방 대법원이 재검표 중단 결정을 내리자 고어는 선거 결과를 받아들였다. 선거를 며칠 앞두고 트럼프는 아무런 근거도 없이 선거판이 자신에게 불리하다고 주장했다.

대선 3차 토론에서 사회자가 선거 결과에 승복할 것인지 묻자 트럼프는 "힐러리는 대선에 절대 나와서는 안 될 사람이었다"라고 주장하면서, 자신이 조작된 선거판에서 뛰는 것 같다고 느끼는 이유를 열거했다.

"그때 가봐야 압니다. 지금은 확실하게 말하기 어렵습니다. 그때 가면 알겠지요. 제가 지금까지 본 상황이 너무 나빠서요."[31] 트럼프가 질문에 한 답이다.

무엇보다도 미디어가 너무 부정직하고 부패했으며 과장된 기사가 넘칩니다. 사실《뉴욕타임스》는 이를 다룬 기사를 써놓고도 신경도 쓰지 않더군요. 아주 부정직하고 유권자의 판단을 흐리는 언론사입니다. (…) 유권자 명부를 보시면, 자격이 없는 수백만 명이 유권자로 등록했습니다. 제가 하는 말이 아닙니다. 퓨리서치센터 보고서와 여타 기관에서 한 이야기입니다. 등록하면 안 되는 수백만 명이 유권자로 등록한 것입니다. 그러니까 한 가지만 더 말씀드리지요. 미디어가 부패했습니다. 불법 등록 유권자도 수백만 명이고요.

폭스뉴스 앵커로 대선 토론 사회를 맡은 크리스 월리스Chris Wallace가 미국은 선거 과정에 우여곡절이 많았어도 후보자들이 선거 결과에 승복하는 오랜 전통이 있다며 호소하듯이 다시 묻자, 트럼프는 힐러리를 "계속 애태울 것"이라고만 답했다. 3차 토론 다음 날 열린 대중 유세에서, 그리고 그 후로도 열광하는 대중이 모인 자리에서 트럼프는 자기 생각에는 변함이 없다는 듯 지지자들에게 이렇게 말했다. "나는 이 위대하고 역사적인 대선 결과를 완전히 받아들이겠습니다. 단 내가 이겼을 때 말입니다."[32]

그리고 2016년 대선에서, 그가 이겼다. 트럼프는 미국 선거인단 538명 중 304명의 표를 확보해 접전이었지만 비교적 결정적인 승리를 거뒀다. 힐러리 클린턴은 선거 다음 날 아침 일찍 승복 연설을 했다. 투표 전에 자신이 뛰고 있는 선거의 시스템을 문제 삼은 트럼프의 행동은 도덕적으로 문제가 될지 몰라도 전략적으로는 효과가 있었다. 분개한 지지자들이 투표장으로 몰려가게 하거나 선거 결과에 합법적으로 문제를 제기한다면 대중에게서 폭발적 지지를 이끌어낼 수 있기 때문이다. 하지만 자신이 이긴 선거 결과에 이의를 제기하는 데는 자존심 문제가 아니고서야 그 어떤 합당하거나 합리적인 이유가 없다. 그런데도 도널드 트럼프는 그렇게 했다. 그는 자신이 이긴 선거가 조작됐다고 주장한 최초의 승자일 것이다.

힐러리가 전체 득표수에서 이긴 것이 화근이었다. 힐러리는 일부 주에서 이겼는데 그것도 크게 이겨서 트럼프보다 300만 명에 조금 못 미치는 유권자의 표를 더 얻었다. 선거 후 몇 시간 만에 조작된 총 투표수를 제시하며 트럼프가 전체 득표수에서도 이겼다고 주장하는 사이트가 등장했다. 이 주장은 곧 구글 검색어 상위권을 차지했으며, 소셜 미디어에서도 주류 미디어의 사기 행각을 보여주는 증거로 널리 공유됐다.[33]

트럼프는 사실과 다르게 자신이 "선거인단 투표에서 압도적 승리를 했다"라고 말하더니 더욱 깜짝 놀랄 만한 주장을 했다.[34] 이번 선거에 부정투표가 있었다면서 정확히 힐러리가 전체 득표에서 더 얻은 투표수만큼을 제시했다.

트럼프가 제시한 근거는 황당했다. 그는 트위터에 "그레그 필립스Gregg Phillips와 그 동료들이 적어도 300만 건의 부정투표가 있다고 말했다"라고 올렸다. 필립스는 오랜 보수주의자이자 미국의 강경 보수 단체 티파티Tea Party의 활동가로 부정선거 의혹을 종종 제기했지만 다른 연구 기관에서는 그런 흔적을 발견하지 못했다.[35] 300만 건의 부정투표를 확인했다는 필립스의 주장은 우파 음모론 사이트 《인포워스InfoWars》에 실렸다. 인포워스를 만든 알렉스 존스Alex Jones는 9·11테러가 내부 소행이며, 어린이 스무 명이 희생된 샌디훅초등학교 총기 난사 사건이 날조라고 주장한 인물이다.[36] 트럼프는 대선 승리 후 초기 인터뷰 중 하나를 존스와 진행하기도 했다.[37]

필립스는 자신의 연구법을 공유하거나 근거 자료를 공개하기를 꺼렸다. 반면 다수의 주요 선거 전문가들은 이번 선거가 조작이 아님을 보여주는 방대한 증거 자료를 제시했다. 그런데도 트럼프는 어떤 증거도 제시하지 않은 채 부정투표를 공식적으로 조사하라고 명령했고 다수의 주에서 부정 등록한 유권자를 잡아내겠다고 큰소리쳤다. 한편 트럼프가 인용한 전문가 필립스 역시 세 개 주에서 중복으로 유권자 등록을 했다고 전해지며[38] 트럼프 측근과 친인척도 여러 주에 중복으로 등록했다.[39] 여러 주에 유권자로 등록되는 건 드물지 않은 일이다. 다른 주로 이사 가면서 등록 취소를 잊는 경우가 종종 있기 때문이다.

정치 담론의 주류로 자리 잡은 음모론

트럼프가 이긴 선거의 합법성을 문제 삼은 사람이 트럼프밖에 없었던 것은 아니다. 선거가 끝나고 몇 주 지나지 않아 힐러리의 이메일 스캔들을 둘러싸고 다시 한번 논란이 일었다. 그런데 이번에는 화살이 트럼프에게 향했다. 선거 전에 미국 국토안보부와 국가정보국은 미국 정보기관을 대표해 미국 대선에 개입하려던 해킹 공격의 배후에 러시아가 있다는 성명서를 발표했다.[40] 선거가 끝난 뒤에 유출된 문건을 보면 CIA가 비밀 보고서에서 이와 비슷한 결론을 내린 과정이 상세히 나오고 "러시아가 트럼프를 지원사격하려고 선거에 개입했음을 매우 확신한다"라고 표현한 대목이 있다.[41]

트럼프는 전례 없이 곧 자신의 직속 기관이 될 정보기관의 진술을 정면으로 반박했다. 당선 후 발표한 성명서에서 "사담 후세인에게 대량 살상 무기가 있다고 한 자들이 바로 이자들이다"라고 비판했다. 트위터에 올린 또 다른 글에서는 〈위키리크스〉 설립자 줄리언 어산지가 CIA 성명서를 부인한 점을 높이 사는 듯했다. "줄리언 어산지는 '열네 살짜리도 존 포데스타를 해킹할 수 있었을 것'이라고 했다. 민주당 전국위원회는 왜 그렇게 부주의했을까? 게다가 (어산지는) 러시아에서 받은 정보도 없다고 한다!"[42]

이러한 논란은 트럼프 지지자들과 정보기관 사이에 갈등을 낳았을 뿐 아니라 미국 유권자 모두에게 의심과 혼란을 가중시켰다. 러시아의 미 대선 개입을 둘러싼 논란이 대대적으로 보도되는 와중에 녹색당 대선 후보 질 스타인Jill Stein이 트럼프가 경합 끝에 간신히 이긴 세 곳의 주에서 재검표를 요구하며 크라우드 펀딩으로 거액을 모으고 있다는 사실까지 알려졌다.

보도가 쏟아지던 몇 주 사이에 실시한 여론조사를 보면 미국이 러시아 해킹과 부정투표를 둘러싸고 완전히 양분했음이 드러난다. 여론조사 전문 기관인 유고브에 따르면 부정선거의 경우 트럼프를 찍은 유권자 중 62퍼센트가 수백만 건의 부정투표가 있었다고 믿는 반면, 힐러리를 찍은 유권자 중에는 25퍼센트가 그렇게 믿었다. 해킹 사건과 관련해서는 더욱 극명한 결과를 보여주었다. 힐러리 투표자 가운데 87퍼센트가 트럼프를 돕기 위해 러시아가 이메일을 해킹한 것이 사실이라고 답한 반면, 트럼프 투표자들은 20퍼센트만이 이를 사실로 여겼다. 이보다 더 심한 견해를 보인 응답자도 많았다. 힐러리에게 투표한 사람 중 절반은 러시아가 트럼프를 돕기 위해 전자 개표기로 선거를 조작했다고 답했다. 트럼프 투표자들은 9퍼센트 정도만 그렇다고 답했다.[43]

두 번째 주장과 관련해 주목할 점이 있다. 개표기를 조작했다는 주장에는 어떠한 근거도 없을 뿐 아니라 어느 누구도 그런 주장을 한 적이 없다는 점이다. 힐러리 진영도 민주당 전국위원회도 투표수에 변동이 있었다고 주장하지 않았고 오바마도 그런 일이 없었다고 분명히 밝혔다.

오바마는 풍자 뉴스 프로그램 〈데일리쇼〉에 출연해 이렇게 말했다. "우리는 솔직히 선거를 앞두고 우려가 지나친 나머지 투표 조작 가능성까지 제기하고 있다. 그러나 그런 근거는 보지 못했고, 우리에게 그런 일을 막을 능력이 있다고 자신한다."[44] 여론조사가 현실을 조금이라도 반영한다고 본다면 좌파든 우파든 이제 음모론이 미국의 정치 견해에서 주류로 자리 잡았음을 알 수 있다. 이제 수백만 명의 유권자들은 모든 사안에서 상대 세력이 선거에서 이기려고 불법행위를 저지른다고 믿는다. 이런 현실이 미국 정치제도에 유익할 리 없다.

음모론 그리고 가짜뉴스, 편향된 뉴스의 증가 추세는 좌파보다는 우파에서 더 쉽게 관찰된다. 지난 8년간 미국을 통치한 대통령이 못마땅했던 다수의 우파 세력은 극도로 공격적인 온라인 방송과 가짜뉴스 및 음모론 사이트에 자극을 받았을 뿐만 아니라 최근 급부상한 대안우파의 활동에 고무되었다. 이 집단은 주류 매체가 자신들을 푸대접한다고 느끼기 때문에 오래전부터 그들만의 대안 미디어를 갖고 싶어 했다. 또한 광고나 제휴 마케팅으로 쉽게 돈을 벌기 위해서든 그냥 장난을 치고 싶어서든 이념적 명분에서든 대안 미디어 활동에 활발하게 참여한다. 프란치스코 교황이 트럼프를 공개 지지했다거나 힐러리가 ISIS에 무기를 팔았고 그녀를 조사한 담당자들이 시신으로 발견되었다는 기사 모두 거대 독자층이 기다린 이야기였다.[45]

좌파 음모론 사이트도 예전부터 있었지만 진보적인 민주당이 백악관을 장악한 기간에는 그런 콘텐츠에 대한 수요가 확실히 덜했다. 이 말은 곧 가짜뉴스가 보통 우파적 현상으로 거론된다는 뜻이다. 물론 수요가 덜하긴 해도 좌파 음모론과 가짜뉴스도 분명 떠돌아다닌다. 좌파 이념을 퍼뜨리는 가짜 기사 역시 흔한 우파 기사처럼 똑같이 악의적이다. 트럼프 정부의 부통령 마이크 펜스는 낙태금지법에 강간을 예외 조항으로 두면 여성들이 강간당하려 할 것이라고 발언했다,[46] 트럼프는 공화당 유권자들이 제일 멍청하기 때문에 공화당에서 출마한다고 말했다,[47] 트럼프의 당선 승리 축하 집회에서는 우리는 무슬림이 싫다, 흑인도 싫다[48]는 외침이 있었다느니 하는 좌파 기사들도 거짓 의혹을 유포하는 데 일조했다.

미디어를 적으로 보는 대통령

트럼프 정부의 인수 과정은 투표 조작 논란과 트럼프와 정보기관 사이의 공개적인 말다툼으로 요약된다. 결국 트럼프 행정부의 어조에 변화가 있으리라는 기대는 사라졌다. 또 트럼프는 기성세대로서 "미국을 파괴하고 싶다"던 《브레이트바트》의 전 편집자 스티브 배넌을 기용함으로써 그의 인사 정책이 기성세력과 반동분자 사이에서 우왕좌왕하고 있음을 보여주었다.

트럼프의 취임식은 그가 어떤 성격의 대통령이 될지 확인하는 기회였다. 첫인상은 여전히 쉽게 탄로 나는 개소리를 잘 내뱉는다는 것이었다. 취임식 전날 링컨기념관에서 열린 환영 콘서트에서 그는 1만여 명의 관중에게 이렇게 말했다. "이런 행사가 전에도 있었나요? 있었더라도 아주 드물었겠지요." 실제로는 2009년에 똑같은 장소에서 오바마가 40배는 더 많이 모인 관중과 함께 콘서트를 열었다.[49]

트럼프의 참모들은 트럼프가 취임식 연설문을 직접 쓸 것이라고 했다가 얼마 지나지 않아 배넌과 《브레이트바트》에서 기용한 또 다른 인물인 스티븐 밀러Stephen Miller가 연설문을 작성했다고 발표했다.[50] 트럼프는 취임식 날 자신이 연설을 마치고 나니 비가 오기 시작했다고 말했다. 텔레비전에 전혀 다른 증거가 잡혔는데도 말이다.[51] 무엇보다 가장 유별났던 논란은 바로 취임식에 참석한 관중 수였다. 트럼프와 그 무리는 관중이 어느 취임식 때보다 적었음을 보여주는 사진과 영상을 인정하지 않는 분위기였다.

분명히 짚고 넘어가자. 트럼프가 이렇게까지 우길 이유는 없다. 워싱턴 D.C.는 미국에서 매우 자유로운 도시 중 하나로 트럼프의 지지 기반인 보수 성향의 중서부 지역과 거리가 멀다. 버락 오바마의 당선이 매우 역사적인 사건이었음을 고려할 때 트럼프가 전임 대통령보다 관중을 적게 동원한들 놀라운 일이거나 이슈가 아니었을 테다. 취임식 현장 사진은 이를 분명하게 보여준다. 오바마의 첫 취임 연설 때보다 관중이 확연히 적다.[52] 텔레비전에 나온 장면만 봐도 대로변 관람석이 줄줄이 비었는데, 소셜 미디어에서도 이 점을 부각해 관중 수를 비교했다. 도널드 트럼프도 이 사실을 눈치챘을 것이다.

결국 새로 취임한 대변인 숀 스파이서는 공식 업무 첫날 이례적인 첫 기자회견을 열었다. 스파이서는 입장 발표 후 질문은 받지 않고 미디어가 "의도적으로 허위 보도를 하고 있으며 광장에 모인 엄청난 인파를 최소한으로 보이게 하려고 사진을 고의로 조작했다"라고 미디어를 비난했다. 또 트럼프의 취임식은 잔디를 보호하려고 처음으로 바닥에 깔개를 덮고 치렀다고 거짓말을 하면서 이 때문에 공간이 비어 보였다고 주장했다. 스파이서는 "미디어의 이런 행태는 부끄럽고 잘못됐다"라며 트럼프 행정부는 "언론에 그 책임을 물을 것"이라고 말했다.[53]

결국 미국은 어떤 사진이 관중 수가 더 많은지, 차량 한 대가 불붙은 장면이 영상에 잡혔는데도 취임 행사 때 리무진 한 대가 불에 탄 것이 사실인지(차량의 실소유주가 인권 운동가 제시 잭슨Jesse Jackson 목사라는 거짓 소문도 잠시 돌았다[54]), 심지어 국립공원관리청이 군중 수 비교 사진을 트위터에 올린 저의가 무엇인지를 놓고 진보와 보수로 나뉘어 대립했다.[55] 주말 취임식이 끝난 그다음 주에 한 여론조사 기관이 응답자들에게 두 장의 사진을 나란히 보여주고 설문 조사를 했다. 내셔널몰에 모인 군중의 사진으로 규모에 차이가 있었다. 사진에는 아무 표시가 없었지만 각각 오바마와 트럼프의 취임식 사진이었다. 어느 쪽 관중 수가 더 많아 보이냐는 질문에 트럼프 투표자 중 15퍼센트는 분명 인원이 더 적은 사진을 선택했다.[56] 연구원들은《워싱턴포스트》에서 "우리의 설문 표본이었던 트럼프 지지자들은 이 설문 조사를 사실 그대로 답하는 질문이 아니라 트럼프에 대한 지지를 확인하는 질문으로 여긴 듯했다"라고 설명했다.

대변인 숀이 첫 기자회견에서 언급한 여러 허위 사실에 관해 묻자 백악관 수석 고문 켈리앤 콘웨이Kellyanne Conway는 우리 대변인은 단지 '대안적 진실'을 말했을 뿐이라며 능청스럽게 답변했다. 이런 사례들은 사소해 보이고 실제로 사소하지만, 상황이 얼마나 심각한지도 보여준다. 미국 정부와 미디어는 텔레비전 화면에 잡힌 취임식 관중 규모에서도 의견 일치를 못 보고 있는 것이다.

트럼프 일가가 공직으로 사익을 취하면 안 된다는 공직자 윤리 규정을 어겼는지를 놓고도 의견이 분분하다. 좌파 세력은 윤리 규정 위반을 놓고 트럼프와 그 측근이 더 큰 이해가 얽힌 이슈에서 '대중의 관심을 돌리려는' 천재적 전략으로 해석하고 싶어 했다. 물론 어떤 이슈가 시선 끌기용이고 어떤 이슈가 주목할 사안인지 서로 합의된 바는 없었다. 이렇게 아무 증거 없이 던지는 주장은 역효과를 낳는다. 트럼프는 종종 트위터로 케이블 뉴스 방송을 팔로우해서 자신이 대응하는 이슈를 챙겨 보기 때문이다. 어떤 기사에 교묘하고 악의적인 전략이 숨어 있다고 억측하는 것은 독자와 미디어 모두를 힘 빠지게 한다. 미디어는 늘 엉뚱한 이슈를 보도하고 있고, 우리 모두는 계속 술수에 놀아난다는 소리니 말이다.

이러한 사소한 이슈들은 미디어에 닥친 위기를 가장 잘 보여주는 한편 트럼프 행정부가 주요 영역에서 그 영향력을 키울 것이라는 초기 신호이기도 하다. 국가안보회의의 구성원 변화를 보면 정치 고문들이 고정 참석자로 올라섰고 정보기관의 전문 관료 중 일부는 필요에 따라 참석하는 것으로 강등됐다.

트럼프 행정부가 주요 무슬림 7개국 출신자에 대해 비자 기간이 유효하고 취업허가증이 있더라도 입국을 가로막는 행정명령을 내리자 판사들이 제동을 걸었다. 트럼프와 관료들은 곧바로 불법 판결이라며 맞섰다. 그들은 여기서도 사소한 논란을 일으켰다. 트럼프가 입국 '금지' 조치라고 여러 번 발언했음에도 스파이서는 절대 '금지'라고 표현한 바 없다고 부인했다. 앞뒤가 안 맞는 이 상황에 관한 보도가 쏟아졌다. 트럼프의 초기 행보를 보면, 그는 대통령의 권한이 어디까지인지 시험하려는 사람 같았다.

트럼프가 취임 초반에 일으킨 사건들은 그에게 책임을 추궁하려는 자들이 겪게 될 난관이 무엇인지를 알려주었다. 취임 이튿날 CIA 직원들 수백 명 앞에서 트럼프가 한 연설은 이를 단적으로 보여준다. 사람들의 행적을 밀착 추적하고 진실과 거짓을 가리는 일이 주요 업무인 전문가들 앞에서 트럼프는 사실이 아닐뿐더러 구글로 검색해보면 금방 들통날 발언을 했다. 트럼프는 정보기관과 자신 사이에 아무런 불화가 없다고 강조하면서 자신 앞에 있는 청중이 듣고 싶어 한다고 판단한 이야기이자 그 순간 사실이길 바란 이야기를 꺼내며 또 다른 대상을 악당으로 만들었다.

"나는 지금 미디어와 전쟁을 치르고 있습니다. 언론인은 지상에서 가장 부정직한 자들입니다. 그들은 내가 정보기관과 불화가 있는 양 말합니다. 제가 여러분을 제일 먼저 찾은 이유를 말씀드리고 싶군요. 여러분은 그들과 완전히 반대이기 때문입니다. 언론사들도 이 사실을 알고 있습니다."[57]

트럼프가 그 어느 대통령 당선자에게서도 들어보지 못한 표현들을 써가며 정보기관을 비난했다는 사실은 트럼프가 그 말을 꺼낸 순간에도 누구나 트위터에서 확인할 수 있었다. 정보를 고의로 유출했다며 비난한 글, 심지어 정보기관의 활동을 나치 독일의 행적에 빗댄 글도 찾아볼 수 있다.[58] 결국 그가 한 말은 사실이 아니었다. 또 하나 분명한 점은 트럼프가 이런 일을 개의치 않는다는 점이다.

트럼프가 거짓말, 왜곡, 개소리, 이해하기 어려운 말들을 늘어놓을수록 미디어와 상당수의 대중은 허탈감에 빠진다. 혹자는 그가 자리에서 물러날 때까지 무시하자고 주장하지만 대통령에게 적용하기 어려운 일이다. 한동안은 트럼프의 말을 '진지하게, 그러나 문자 그대로 받아들이지 않는 것'이 상책으로 보였지만 그가 대통령 집무실에 들어선 순간 이 또한 무색해졌다. 분명 헛소리 같은 대담한 발언이었는데도, 트럼프는 취임 후 몇 주 만에 유세 현장에서 지지자들이 열광한 많은 정책을 이행했기 때문이다. '박식한' 평론가들이 트럼프는 이행할 능력이나 의사가 없으리라고 여러 달 동안 설명한 바로 그 정책들이었다.

결국 우리는 혼란스럽다. 백악관의 '결단의 책상' 너머에 앉은 그자는 30년 넘게 세상의 주목을 받았지만 우리는 여러모로 그를 잘 모른다. 우리는 그가 얼마나 많은 재산을 보유하고 있는지 모른다. 납세 내역도 보지 못했다. 러시아에서 그가 벌인 사업의 규모도 모른다. 그의 건강검진 기록에 예전 주치의가 "믿기 어려울 정도로 건강하다"라고 알 수 없는 소견을 밝히는 바람에 그의 건강 상태도 잘 모른다. 또 그의 선거 캠페인 때문에 미국 사회의 기본적인 상태에 대해서도 의견의 일치를 보지 못했다. 범죄율이 오르고 있는지 또 트럼프가 이긴 선거가 수백만 건의 부정투표로 조작됐는지를 놓고 의견이 분분하다. 어느 대통령의 취임식 관중 수가 많은지를 놓고도 서로 생각이 다르니 말이다.

트럼프는 미디어를 '국민의 적'이라고 불렀다.[59] 이는 트럼프 정치관의 핵심이다. 교묘한 전략에서 나왔든 평생 지녀온 습관 때문이든 트럼프는 권력에 책임을 묻는 미디어의 견해를 조금도 존중하지 않는다. 모든 것을 논쟁이 아닌 논란으로 만든다. 그리고 미디어는 그의 주장이나 세부 사항을 확인하지 않는다. 트럼프와 그의 지지자들에게 맞설 뿐이다. 트럼프의 정치 스타일에는 적이 필요하다. 힐러리를 해치웠으니 이제 그 대상으로 미디어가 제격이다.

이것이 미국판 탈진실 세상이다. 이제 살펴볼 영국판 탈진실은 브렉시트 투표를 치르며 만들어졌는데 그 특성상 미국만큼 극적이지는 않았다. 그렇지만 여파는 피부로 느껴진다.

02

통제권을 되찾기 위한 영국의 결정

2016년 6월 23일 밤 10시를 조금 넘긴 시각, 영국의 기득권층은 안도의 한숨을 내쉬었다. 예상보다 훨씬 접전이 될 것이라던 국민투표를 놓고 여러 달 캠페인을 벌인 결과, 영국은 유럽연합 가입국으로 남기를 택하는 듯 보였다. 투표 당일 유고브가 실시한 여론조사에서 잔류 의견이 52:48로 근소하지만 안심해도 될 만큼 앞선다고 나왔고,[1] '비공식' 탈퇴 캠페인 리브닷이유를 주도한 인물 중 하나인 나이절 패라지도 결과에 승복하는 듯했다. 패라지는 "잔류 쪽이 근소한 차이로 이길 듯하다. 금융권에 있는 친구들이 대규모 여론조사를 해보니 그렇다고 하더라"라고 말했다.[2]

개표를 시작한 지 90분이 지난 초반 개표 결과, 판세는 크게 달라졌다. 탈퇴와 잔류가 50:50으로 비등하리라 예상했던 선덜랜드 지역에서 탈퇴가 압도적으로 많이 나왔다. 개표를 진행할수록 탈퇴 쪽이 예상보다 더 강세였다. 새벽 4시에 이르자 영국의 EU 탈퇴가 분명해졌다. 몇 시간 후 영국 파운드화의 달러 대비 가치가 10퍼센트 하락했고, 이는 31년 만에 최저치였다. 오전 8시, 정규 아침 방송이 중단되고 데이비드 캐머런의 총리 사임 긴급 성명이 중계됐다.

무엇보다도 이제 영국은 43년간 유대를 맺어온 EU에서 빠져나올 준비를 해야 한다는 사실이 가장 중요했다. 데이비드 캐머런은 EU 탈퇴 국민투표를 2015년 총선 공약으로 내걸었다. 보수당 평의원들끼리 EU 탈퇴를 둘러싸고 수십 년째 갈등을 빚는 것에 대한 대응이었다. 혹자는 캐머런이 국민투표가 불가능하다고 생각했을 것이라 분석했다. 2015년 총선에서 보수당이 과반 의석을 확보하리라 전망한 사람은 드물었기 때문이다. 그래도 공약으로 내건 이상 국민투표는 불가피해 보였다. 보수당에 연정이 필요할 경우 가장 유력한 상대였던 자유민주당도 EU 탈퇴 찬반 투표를 지지한다고 공약에서 밝힌 터였다.

데이비드 캐머런은 계속 열린 자세를 보이겠다고 말했지만, 그가 EU 잔류를 지지하는 것 외에 다른 행동을 할 것이라 예상한 사람은 없었다. 국민투표를 몇 달 앞둔 시점에 투표 결과는 잔류 쪽이 우세해 보였다. 2016년 초, 잔류가 탈퇴를 8~10퍼센트포인트 정도로 너끈히 앞섰고[3] 정치권도 잔류 세력이 더 늘어날 것으로 전망했다. 대중이 경제적 이해를 거스르며 투표할 리가 없고 국민투표에서 늘 현상 유지를 택했으며 전문가들도 잔류파에 줄을 선다고 믿었기 때문이다.

브렉시트 논쟁은 양쪽 모두 자기 주장을 뒷받침할 근거가 풍부한 만큼, 양쪽 유권자가 속임수나 잔꾀에 넘어가 투표권을 행사했다고 하면 터무니없는 주장일 것이다. 그렇더라도 양쪽이 어떤 식으로 캠페인을 펼쳤는지, 한쪽이 개소리에 가까운 공약을 토대로 능수능란하게 캠페인을 펼치는 동안 다른 한쪽은 어떻게 현실성에 얽매며 방어적인 태도로 수렁에 빠질 수밖에 없었는지 짚어보는 것은 나름의 의미가 있다.

기존의 법칙을 뒤엎은 투표

브렉시트 찬성이라는 투표 결과는 영국 정치판에 존재하던 모든 법칙을 깨버렸다. 무엇보다 캠페인 주도자가 집행할 능력도, 실행할 의사도 없이 내건 공약을 바탕으로 투표 결과가 나왔다는 점에서 어느 캠페인과도 달랐다.

그동안의 설문 조사를 보면 영국 국민은 EU 자체에 어느 쪽으로든 큰 관심이 없었다. 영국 언론 매체와 정치인이 EU 관료들과 EU 관련 규제 조치를 자주 동네북으로 삼긴 했어도, 2015년 총선을 앞두고 영국의 3대 이슈로 EU 문제를 꼽은 유권자는 열 명 중 한 명도 되지 않았다.[4] 그러나 양쪽 캠페인은 초반 설문 조사를 바탕으로, EU와 매우 밀접하면서도 유권자의 관심이 뜨거운 사안을 비장의 카드로 내세웠다.

잔류캠프가 내세운 것은 경제 안정이었다. 잔류캠프는 EU에서 탈퇴하면 가계 경제에 해롭고 큰 부담이 생길 것이라고 유권자를 설득함으로써 투표에서 이길 수 있다고 생각했다. 반면 탈퇴캠프는 이민 문제를 가장 강력한 패로 꺼내 들었다. 영국 국민은 높은 외국인 이주율을 줄이고 싶었지만 회원국 간 자유로운 이동은 협상 대상이 아니라고 EU가 못 박았기 때문에 이민자를 줄이기란 불가능했다.

양쪽 진영은 이를 초반 전략으로 삼았다. 잔류캠프의 공식 진영으로 인정받은 '유럽 안에서 더 강한 영국BSE'의 핵심 지도부는 EU의 존재 가치를 열정적으로 옹호해도 대중은 싸늘할 것이라는 점을 잘 알았다. 그래서 이들은 수십 년에 걸쳐 영국 정계가 확인한 가설, 즉 유권자는 가계 경제에 타격을 주는 일은 절대 용납하지 않는다는 믿음에 기댔다.[5]

잔류캠프는 여러 가지로 유리했다. 전문가와 국제사회로부터 지지를 받고 있었고, 퍼다purdah(선거나 국민투표에 임박해 정부 관료들이 특정 진영에 대한 찬반 견해를 공개적으로 드러내지 않도록 하는 규정-옮긴이) 기간 전까지 공공 기관 연구 자료를 이용할 수 있었으며, 여론조사에서도 어느 정도 앞섰다. 물론 난관도 많았다. 보수당 내부가 좀처럼 의견을 모으지 못해서 분열 조짐을 보인

데다가 보수당 유권자는 대개 EU 회의론자들이었다. 잔류캠프가 투표에서 이기려면 보수당보다는 노동당, 자유민주당, 스코틀랜드 국민당 유권자 수백만 명을 끌어들여야 했다. 비록 노동당 대표가 EU 잔류에 애매한 태도를 보이는 인기 없는 인물이더라도 말이다.

탈퇴캠프에서도 그 나름의 갈등이 있었다. 탈퇴캠프에 속한 보수당 중진 의원들은 영국 독립당과 당시 독립당 당수였던, 총선에서 일곱 번이나 고배를 마신 나이절 패라지 때문에 브렉시트를 지지하려던 유권자 수백만 명이 돌아설까 봐 우려했다. 이주 문제를 다루는 방법도 걱정이었다. 탈퇴캠프의 공식 진영으로 인정받은 '보트리브Vote Leave'의 사무국장 도미니크 커밍스Dominic Cummings의 바람대로 캠페인 막판까지 미뤄야 할지, 아니면 패라지와 그의 주요 기부자 애런 뱅크스Arron Banks가 원하는 대로 처음부터 언급해야 할지 고민이었다.

두 집단이 저마다 나름의 캠페인을 펼치면서, 보트리브는 이주 문제를 암시하되 포괄적인 문구를 내걸었다. "통제권을 되찾자." "탈퇴에 투표하고 통제권을 얻자"가 바로 그것이었다.[6] 공식 탈퇴 캠페인은 잔류 캠페인의 주장과 맞서야 할 뿐만 아니라 주류 캠페인에서 다루기 부담스러운 주제를 꺼내는 아웃라이더outrider 집단과의 연결 고리도 잘라내야 했다. 이런 상황은 결과적으로 탈퇴 캠페인에 유리했는지도 모른다. 두 탈퇴캠프가 감정의 골이 깊은 만큼 두 집단이 비밀리에 협력한다고 생각할 사람은 없었지만, 아웃라이더 집단 덕분에 탈퇴캠프는 주류 캠페인이 다루지 못하는 사안을 언급할 수 있었고 두 집단이 서로 다른 대상을 겨냥할 수 있었기 때문이다.

두 캠페인 모두 새로운 환경과 마주했다. 양쪽 모두 다양한 정당에 소속된 하원의원들과 가지각색의 정치 성향을 가진 유권자에게 어느 정도 지지를 받았다. 탈퇴 지지자는 주로 우파에 많았지만 좌파 유권자 중 소수도 세계화나 이와 유사한 이슈 때문에 탈퇴진영을 어느 정도 지지했다. 그러나 허약한 동맹을 결집하는 일은 탈퇴진영보다 잔류진영에 더 큰 과제였다. 탈퇴진영은 다수의 보수당 의원과 소수의 노동당 하원의원으로 이루어진 반면 잔류진영의 상당수는 네 개의 다른 주요 정당 출신 하원의원들이었기 때문이다. 또 다른 과제는 달라진 미디어 환경에 대처하는 일이었다. 보통 보수당 총리는 우파 타블로이드 신문의 지지를 받아왔지만, 데이비드 캐머런이 EU 잔류를 지지함에 따라 그들에게 기댈 수 없었다. 반면 탈퇴진영은 캠페인 내내 정치색이 불분명한 정론지와 다퉈야 했다. 양쪽 다 브렉시트 국민투표를 총선처럼 대비한다면 승산이 없었다.

잔류진영에는 넘어야 할 난관이 하나 더 있었는데, 거꾸로 탈퇴진영에는 유리한 조건이었다. 바로 EU에 회의적인 신문들과 해마다 핑곗거리를 찾는 정치인들이 수십 년에 걸쳐 EU를 희생양으로 삼아 퍼뜨린 개소리였다. 정치인들이 인기 없는 정책을 통과시켜야 할 때나 영국이 EU조약 협상 때 막아내지 못한 정책을 시행해야 할 때, EU는 동네북으로 제격이었다. 영국이 양보해야 하는 조건들을 설명하느라 정치적 타격을 입느니 융통성 없는 EU 관료들과 EU기구 및 관계자를 욕하는 게 상책이었다. 더군다나 그들은 보통 영국의 정치 풍토에 무지했다.

이런 관행의 여파는 캐머런과 잔류캠프가 고스란히 떠안아야 했다. 영국 국민은 EU가 야드파운드법을 버리고 미터법으로 바꾸게 하고 넓이 단위인 에이커acre의 사용도 금지했으며, EU 때문에 진공청소기와 헤어드라이어 산업이 약해지고 주류 판매점이 문을 닫고 휘어진 바나나를 판매하지 못한다는[7], 때로는 옳고 때로는 그른 풍문을 수년간 들었다. 복지 혜택이나 의료서비스를 노리고 서유럽을 찾는 복지 관광과 의료 관광, EU회원국 국민이 영국으로 이주함으로써 영국 공공서비스가 압박받는 상황 등 아직 확신하지 못하는 더 심각한 문제에 대한 책임도 모두 EU에 있다는 주장을 들어왔다. 이주자 때문에 영국인의 일자리가 위협받는 것도 물론 EU 책임이라고 했다.

브렉시트 투표는 통상적인 선거가 아니었다. 이는 40년째 이어진 이슈를 담판 짓는 선거전으로 당의 정치 노선을 초월한 문제 제기가 필요했고, 의원 임기인 4~5년보다 훨씬 장기간에 걸쳐 쌓인 원한을 풀어야 하는 문제였다.

대중을 홀린 한 줄의 슬로건

브렉시트 캠페인을 결정지은 주장은 복잡하지 않았다. 캠페인의 집중 공략 사항을 담은 주요 공약은 단순하고 명쾌했다. 몇 주 동안 버스 옆면을 도배한 그 주장은 바로 이것이었다. "우리는 EU에 매주 3억 5000만 파운드를 보낸다. 이 돈으로 국민의료보험NHS을 지원하자."

특별한 슬로건은 없었지만 탈퇴진영과 잔류진영은 각각 영국 유권자에게 중대한 3대 이슈 가운데 하나씩을 차지했다. 탈퇴진영은 이주 문제를, 잔류진영은 경제 문제를 선택했다. NHS는 영국인들의 3대 이슈 가운데 나머지 하나이자 영국인이 가장 아끼는 제도였다. 보트리브는 즉시 버스 슬로건으로 그들이 내세우는 명분을 NHS와 연관 지었다.

탈퇴진영은 핵심 공약을 유명 인사들의 도움으로 요란하게 홍보했다. 캠페인 당시 런던 시장이었던 현 영국 총리 보리스 존슨은 형광색 작업복을 입고 3억 5000만 파운드짜리 대형 수표를 들고 스태퍼드셔에 있는 한 용광로 앞에 나타났다. 그는 대형 수표를 태우는 상징적인 퍼포먼스에 앞서 포즈를 취했다.[8] 한때 캐머런과 가까운 동지였던 당시 법무장관 마이클 고브Michael Gove는 영국 최대 민간방송국 ITV의 뉴스에 나와 이렇게 말했다. "그 돈을 돌려받으면 영국인에게 가장 시급한 사안에 매일 5000만 파운드를 쓸 계획이다. 무엇보다도 시급한 사안은 당연히 NHS다."[9] 캐머런 3기 내각 고용부 장관인 프리티 파텔Priti Patel도 《선데이텔레그래프Sunday Telegraph》에서 3억 5000만 파운드를 이주 문제와 엮어 말했다.[10]

"영국이 EU에 있기 때문에 갈수록 NHS가 위태로워지고 있다. 우리는 매주 3억 5000만 파운드를 브뤼셀에 보낸다. 그 돈을 환자에게 쓰는 편이 더 나을 것이다. (…) 현재 이민자 수치는 영국의 공공서비스를 심하게 압박하므로 NHS도 그 부담을 이기지 못해 삐걱댈 것으로 보인다."

3억 5000만 파운드 주장은 연일 미디어에 등장했고 내각 각료들이 주기적으로 언급했으며 버스 옆면에 인쇄되는 바람에 브렉시트를 다룬 거의 모든 방송에 등장했다. 그렇지만 이를 사실로 받아들인 채 주장한 사람은 거의 없었다. 투표가 끝나고 여러 달이 지나면서, 보트리브 캠페인을 이끈 주요 인물 모두 핵심 슬로건을 문자 그대로 받아들이지 않았다는 사실이 분명해졌다. 매주 NHS에 지원하겠다던 3억 5000만 파운드는 사실 존재하지 않는 돈이었다.

그래도 이 슬로건은 여러모로 유익했다. 잔류 캠페인 활동가와 미디어의 사실 검증팀 모두에게 뿌리치기 어려운 미끼였다. 보트리브는 EU회원국의 분담금을 방어할 수 있는 선에서 가급적 크게 잡았다. 그러자 사실상 거의 모든 언론 매체가 정확한 수치를 따지는 기사를 대대적으로 내보냈고, 잔류를 지지하는 정치인들은 과장된 수치를 논박하려고 했다.

이런 반박이 있었다. 영국은 매해 EU에 180억 파운드가 조금 넘게, 주 단위로 환산하면 매주 3억 5000만 파운드를 보낸다. 그러나 마거릿 대처 전 총리가 협상한 덕분에 1985년부터 일부 금액을 환급받았다. 즉 3억 5000만 파운드에서 1억 파운드 정도를 할인받는다. 사실 영국은 처음부터 환급액을 제외하고 보낸다. 여러 가지 이유로 환급액은 해마다 조금씩 달라서 매해 정확한 분담금이 얼마인지 꼬집어 말하기는 어렵지만, 매주 최대 2억 5000만 파운드를 EU에 보낸다고 봐도 무방하다. 그렇더라도 이는 분명히 거액이다. 하지만 영국은 EU에서 직접 받는 혜택이 있다. 사회 기반 시설이나 지역 개발 프로젝트에 필요한 비용이나 농업 보조금 등으로, 이를 모두 합치면 일주일에 대략 7500만 파운드다. 이 말은 영국이 EU에 보내는 순수분담금은 주당 1억 7500만 파운드라는 뜻이다.[11]

끔찍한 논쟁이었다. 정치적으로 논쟁을 확대할수록 복잡해진다. EU의 지출 구조와 환급 개념을 알아야 하는 등 이해하기 어려웠기 때문이다. 설사 이해했다 한들, EU에서 이것저것 다 받아도 여전히 매주 1억 7500만 파운드를 보낸다는 사실에는 변함이 없었다. EU에서 탈퇴하면 가장 다급한 국내 사안에 쓸 돈이 더 늘어난다는 탈퇴 캠페인의 주장만 재확인하는 셈이다.

영국 통계청이 탈퇴 캠페인에 "3억 5000만 파운드라는 수치는 대중을 현혹할 여지가 있다"라고 경고하며 쓰지 말아 달라고 요청한 사실은 전혀 중요하지 않았다.[12] 캠페인 기간에 통계청이 이런 식으로 개입하는 일은 드물었는데도 말이다. 3억 5000만 파운드든 1억 7500만 파운드든, 대다수에게는 그저 상상하기 힘든 엄청난 액수일 뿐이었다. 얼마가 됐든 거액을 어디론가 보낸다는 사실만 사람들의 뇌리에 남았다.

당시 국방부 육군 장관이었던 페니 모돈트Penny Mordaunt는 국민투표 전《버즈피드뉴스》가 주최한 라이브 방송에서 젊은 유권자를 상대로 자신의 논리를 노련하게 제시했다.[13] "다르게 표현하자면, 총액으로 따질 때 EU에 일주일에 군함 한 대 값을 보내는 것입니다. 순액으로 보면 이 주일에 한 대씩 보내는 것이고요. 솔직히 여전히 큰 액수입니다."

일주일에 한 대든 이 주일에 한 대든, 엄청난 액수로 들린다. 규제기관이 홍보에 직접 개입하지 못하니 되도록 큰 수치를 주장해도 불리할 게 없었고, 또 잔류 지지자들과 중립적인 사실 검증팀에는 좋은 미끼 구실을 했다. 이 주장은 다분히 의도적이었다. 보트리브 사무국장 도미니크 커밍스는 이 상황을 정확히 인지하고 있었다. 그는 캠페인이 끝나고 몇 달이 지난 후 개인 블로그에 올린 장문의 글에서 이 사실을 털어놓았다.[14] 커밍스는 '3억 5000만 달러를 NHS에게'라는 주장이 "승리하는 데 반드시 필요했다"면서 이렇게 설명했다.

> 우리는 종종 사람들을 논쟁으로 끌어들이기 위해 "영국은 EU에 3억 5000만 파운드를 보낸다"라고 말했다. 생각보다 훨씬

효과가 좋았다. 분담금은 공식 수치가 다양해서 정확히 얼마라고 하기 어렵지만, 재무부가 밝힌 총액은 3억 5000만 파운드가 조금 넘고 그중 절반 정도를 영국이 돌려받는다. (…) 이주 문제를 언급하지 않았어도 탈퇴캠프가 승리했을까? 아니다. '3억 5000만 파운드' 이슈 없이 탈퇴캠프가 이길 수 있었을까? 우리가 실시한 연구 조사와 투표 결과를 보면 분명 이기지 못했을 것이다.

윗글을 읽고 나면, EU에서 탈퇴하고 1억 7500만 파운드를 NHS에 지원하느냐 아니면 3억 5000만 파운드를 EU에 보내느냐 하는 논쟁 구도만 기억에 남는다. 현실적으로 생각하면 NHS에 쓸 여윳돈이 생길 가능성은 매우 희박하고, 영국은 브렉시트로 더 심한 자금 압박에 시달릴지도 몰랐다. 그러나 잔류 지지측은 이런 의견을 간결하고 효과적으로 주장하지 못했다.

정부가 지출하는 액수는 국가 경제 규모에 따라 다르다. 개인 소득과 기업 이윤에 세금을 매기고, 물품에 부가가치세나 연료세 등을 부과해서 정부는 조세 수입을 늘린다. 만약 경제성장이 주춤하면 정부가 쓸 돈이 줄어든다. 이는 영국이 EU에 직접 현금을 보낼 때보다 국가 경제에 미치는 영향이 훨씬 더 크다. 브렉시트가 불경기를 만드는 직접적인 원인이 아니고 적은 비용을 일회성으로 치르더라도, 만약 영국의 중단기 경제성장 속도가 조금이라도 느려진다면 정부가 쓸 수 있는 돈은 줄어들기 마련이다. 물론 NHS 지원금도 포함해서다. 논리적이고 통찰력 있는 이 주장을 잔류캠프와 그 대변인들은 내세우기 어렵다고 판단했다. 놀랍지도 않은 일이다.

매주 NHS에 3억 5000만 파운드를 지원하겠다는 주장은 근본적으로 정치적 개소리였다. 어느 정치인이나 정당도 이 주장을 제대로 책임지지 않았고, 투표로 심판하지도 못했다. 이 수치를 쓴다고 질책하는 공식적인 규제기관이나 중재기관도 없었고, 세부적으로 따지다 보면 탈퇴 캠페인이 쓰는 수에 휘말리기 일쑤였다. 도발적인 주장을 미끼로 던지는 전략은 캠페인 내내 이어졌다.

논리적인 설명 대신 공포심을 자극하라

앞서 살펴봤듯이, 도미니크 커밍스는 NHS 지원과 이주 문제 모두 탈퇴진영이 승리하는 데 필수였다고 진단했다. 탈퇴 캠페인은 이주 문제에서 터키가 EU 회원국이 될지도 모른다는 근거 없는 주장을 핵심으로 내세웠다. 뉴스에서 흔히 비추는 터키는 정치 불안에 시달리고, 독재자가 통치할뿐더러, 시리아나 ISIS와 극심한 갈등을 빚었다. 다른 어떤 이슈보다 터키와 관련한 주장은, 탈퇴진영의 경솔한 미디어 전략과 함께 캠페인 생태계가 어떤 주장을 어떤 식으로 부풀려 유권자를 공략하는지를 속속들이 보여주었다.

보트리브 캠페인은 새로운 이주자들이 들이닥친다고 은근하게 암시하는 온라인 포스터를 만들어 터키 문제를 알렸다. 정치적 올바름에 어긋나거나 자극적이라고 공격받을 만한 내용은 아예 없었다. 포스터에는 "7600만 인구의 터키가 EU에 가입한다"라는 단순한 문구가 쓰여 있었다. 엄밀히 말해 사실이라고 볼 수도 있었다. 터키는 EU 가입 후보국이었기 때문이다. 그렇지만 앞으로 10년 정도는 터키가 회원국이 될 가능성은 적었다. EU에 가입하려면 35개 분야에서 가입 요건을 충족해야 하는데 브렉시트 투표 당시 터키는 딱 한 분야에서만 요건을 충족했고, 나머지 분야에서는 협상에 조금도 진전이 없었다. 35개 조건을 모두 충족해도 터키의 가입을 기정사실화하기 힘들다. EU에 가입하려면 회원국이 만장일치로 해당 국가의 가입을 승인해야 하기 때문이다.[15]

보트리브의 포스터 덕분에 훨씬 더 대담한 주장도 나왔다. 육군 장관 페니 모돈트는 영국 총리 어느 누구도 터키의 EU 가입에 거부권을 행사하지 못한다고 거듭 강조하면서, 유권자들에게 이번 투표가 터키인들이 영국에서 아무 제약 없이 거주하거나 일하지 못하게 막을 마지막 기회라고 넌지시 전했다. 그러면서 모돈트는 영국이 터키와 안보 협약을 맺었기 때문에 터키의 회원국 가입에 절대 거부권을 행사하지 못한다며 자신의 정치적 견해를 덧붙였다. 하지만 EU 회원국인 영국은 어느 나라든 회원국 승인을 거절하고자 하면 얼마든지 그럴 수 있었다.

EU에 회의적인 미디어들은 이 주장을 증폭하는 역할을 했다. 그렇지만 그 기사들이 캠페인들의 주장과 직접 맞닿아 있다고 보기는 힘들었다. 대중을 현혹하는, 그러면서도 냉혹한 이 정치적 주장은 EU 탈퇴를 누구보다도 열렬히 지지한 신문사라 할 법한《데일리익스프레스》1면에 대문짝만하게 실렸다.

이 신문사는 "1200만 터키인이 영국에 온다고 한다"를 헤드라인으로 뽑은 다음, 다음의 소제목을 달았다. "최근 충격적인 여론조사에 따르면 이주를 계획 중인 터키인은 실업자이거나 학생인 것으로 밝혀져…." 여론조사는 터키 인구수를 언급함으로써 보트리브 포스터에서 모호하게 처리한 메시지를 노골적으로 드러냈다. 1200만 명의 이주자가 몰려오면 영국 사회는 엄청난 부담을 떠안을 테고 영국으로 들어오는 순수 이주자 수가 한 해 30만 명에 달하리라는 사실이었다.[16]

영국 이주 계획을 세우고 있는 상당수가 실업자임을 강조한《데일리익스프레스》는, 이들이 이주하면 영국인의 일자리가 위협받거나 새로 온 이주자에게 복지 혜택을 줘야 한다고 암시하면서 반反이주 정서를 부추겼다. 그렇지만 해당 여론조사는 질문부터 잘못된 것이었다. 응답자에게 본인이나 '본인이 아는 사람' 중에 이주를 '고민하는' 사람이 있는지 물었기 때문이다. 이는 마치 한방 가득 사람들을 모아놓고, 아는 사람 중에 간호사가 되려는 사람이 있는지 묻는 일과 같다. 손을 든 사람은 누구든 간호사 지망생이 된다. 다른 신문사들도 터키인이 무비자로 영국에 여행을 온다고 기사화하면서, 널리 보면 이런 상황 때문에 장기 이주가 가능해진다고 암시했다. 이런 기사와 공세가 반복되자 터키인 이민이 하나의 이슈가 됐다. 이주 규모가 지나치게 부풀려졌고 EU의 이주자 문제가 불가피한 사안처럼 다뤄졌으며 나아가 브렉시트 투표가 이런 위험을 막을 최후의 기회처럼 보이게 했다. 중단기적으로 이런 위험은 존재하지도 않는데 말이다.

탈퇴 지지 캠페인과 언론은 사실과 많이 다르거나 전혀 사실이 아닌 주장들을 계속 쏟아냈다. 어떤 때는 유럽연합군 창설안에 초점을 맞췄는데, 유럽연합군이 만들어지면 영국의 군사독자성이 사라진다고 했다(영국은 이미 다국적군 동맹이다). 유럽연합군 창설안은 실제로 존재하고 10년 넘게 논의됐지만 아무 성과가 없었고, 영국은 이 제안을 저지할 수 있다. 앞으로도 반대할 것이라는 의사도 밝혔다.

특히 당혹스러운 사례는 일간지 《데일리메일》이 1면에 대서특필한 기사였다. 이 기사는, 잔류캠프 지지자 중 당시 내무장관이었던 테리사 메이와 당시 재무장관이었던 조지 오즈번이 영국이 EU에 잔류하더라도 국경 통제를 더 강화할 필요가 있는지를 놓고 논쟁을 벌이던 차에 나왔다. 《데일리메일》은 화물차에 가득 탄 사람들이 영국으로 밀입국하는 장면과 함께 이런 문구를 대문짝만하게 실었다. "우리는 EU에서 왔다. 들여보내 달라!" EU 시민들은 영국에서 거주하고 일할 권리가 있기 때문에 영국에 이런 식으로 들어올 필요가 없다. 결국 이 사진을 수상하게 여긴 어느 BBC 기자가 알아보니, 실제로 한 말은 "우리는 이라크에서 왔다"였다.[17]

또한 이주 문제를 공략하면서 대중을 현혹한 가장 오싹한 사례로, 나이절 패라지가 이끈 비공식 캠페인 리브닷이유의 홍보물을 들 수 있다. 우연의 일치인지는 모르겠으나 대부분 백인이 아닌 사람들이 길게 늘어선 사진을 배경으로 "한계점에 이르다. EU는 우리 모두를 실망시켰다"라는 헤드라인과 함께 "우리는 EU에서 빠져나와 통제권을 되찾아야 한다"라는 문구를 넣었다. 홍보물은 자극적이라는 비난을 받았고, 심지어 나치의 정치 선전물과 비교되기도 했다.

리브닷이유의 포스터에는 사진에 대한 아무런 설명이 없었다. 사진 속 사람들은 크로아티아와 슬로베니아 사이의 국경분쟁으로 생긴 난민이었다. 영국의 난민 수용 의무는 EU 회원국과 상관이 없었고, 영국은 EU의 난민할당제에서 일찌감치 빠져나왔다. 주로 트위터와 페이스북을 통해 퍼진 리브닷이유의 비주류 주장에는 트럼프의 선거전과 비슷한 음모론적 사고가 섞여 있었다. 빅토리아 베컴이 21년 전에 한 말을 맥락 없이 인용한 것을 포함해 여러 유명인이 탈퇴진영을 공개 지지했다는 헛소문, EU에 있으면 영국 군주제가 사라진다는 전망, 심지어 투표용지에 연필로 기재하면 정보기관이 이를 지워버리고 잔류표로 바꿀 수 있으니 투표소에 꼭 펜을 들고 가라는 당부 등이 바로 그런 음모론들이었다.

탈퇴 캠페인의 홍보 전략은 효과적이었다. 탈퇴 절차가 어떻게 되는지, 브렉시트가 어떤 형태인지 자세한 내용은 밝히지 않고 대신 브렉시트 결정에 따른 책임은 당시 정부에 있고, 세계무역 전망은 밝다고만 선전했다. 공식 캠페인과 경쟁 세력, 아웃라이더들이 부각한 현행 이슈에서도 고의적이든 우발적이든 과장된 주장을 퍼부음으로써 핵심 메시지를 전달했다. 탈퇴 진영에는 공격할 만한 구체적 전망이 거의 없었지만, 몇 안 되는 구체적인 내용이라도 공격받으면 반드시 자신들에게 유리한 방향으로 돌려놨다.

그렇지만 이런 상황에 놀랄 사람은 없었다. 그에 앞서 영국이 치른 다른 국민투표에서 본 전술과 똑같았기 때문이다. 2011년에 치른 선호투표제(유권자가 출마 후보 전원에게 지지 순위를 매기는 투표 제도-옮긴이)를 도입하는 선거 개편 방안에 대한 국민투표였다. 보트리브 캠페인의 총괄책임자 매슈 엘리엇Matthew Elliot은 당시 선호투표제 반대 캠페인을 주도했기 때문에 그가 펼친 전술은 상대 진영에 매우 익숙했을 것이다.

엘리엇이 이끈 선호투표제 반대 캠페인은 감정적이고 직설적인 포스터를 제작해 영국이 선거제도 개편을 감당할 만한 형편이 아니라는 주장을 펼쳤다. 한 포스터는 우는 아기 사진 옆에 "이 아기에게는 선호투표제가 아니라 산부인과 병동이 필요합니다"라고 적어놓았다. 또 다른 포스터에는 한 병사의 얼굴 사진과 함께 "그에게는 방탄조끼가 필요합니다"라고 써놓았다. 두 포스터에 같은 주장을 실었다. "영국은 선호투표제를 시행할 여건이 안 됩니다."

반대 진영은 서로 다른 선거제도의 장단점을 논하는 복잡하고 세세한 논쟁은 피했다. 논의 중인 안건에 실제로 꼭 필요한 질문들 말이다. 대신 새로운 선거제도를 도입하려면 2억 5000만 파운드가 필요한데 영국은 그 돈을 선거제도가 아닌 방탄복과 산부인과 병동에 써야 한다고 주장했다.[18] NHS 재정 지원 주장과 마찬가지로 이 액수 역시 의심스러웠다. 여기에는 어떤 선거제도든 국민투표 자체를 집행할 때 드는 비용 9000만 파운드와, 새 투표 집계기를 사는 데 드는 일회성 비용 1억 3000만 파운드가 포함됐다. 따져 보자면 영국이 1억 3000만 파운드를 지출할 여유가 없다는 주장은 정확하지 않다. 1억 3000만 파운드가 당장 커보이고 실제로도 거액이긴 하지만 한 해 정부 지출의 0.03퍼센트 미만이었다. 쟁점은 단지 비용에 그치지 않았다. 선호투표제 지지자들이 비용 문제를 정확히 해명하려고 하면, 이들은 방탄복이나 인큐베이터보다 투표 집계기를 선호하는 속물들처럼 보였다.

선호투표제 국민투표에서 찬성진영은 승산이 없었을뿐더러 반대진영이 놓은 덫에 걸려들었다. 5년 후, EU 잔류진영 역시 똑같은 처지에 놓였다. 공격할 틈을 주지 않은 탈퇴진영은 더욱 획기적인 전략을 썼다. 바로 상대 진영의 강점을 무력화하는 전략이었다. 잔류진영은 현상 유지를 지향하고 전문가의 견해를 대변한다는 점에서 유리했다. 대중을 향해 EU를 탈퇴하면 감수해야 할 위험이 있다고 경고했고, 대부분 사실이었다. 그러나 그들은 고된 삶을 살아가는 사람들의 상당수가 기꺼이 위험을 무릅쓴다는 점을 간과했다. 탈퇴진영은 반대 진영의 주장을 무력화하기 위해 적극적으로 치고 나왔다.

탈퇴진영이 주장하는 바에는 대체로 구체적인 내용이 없었다. 이들은 상세한 경제 전망이나 무역협정이 깨질 가능성을 제시하기보다 '공포 프로젝트'에 매달렸다. 공포심을 주입할 뿐이라고 잔류진영에서 비판하는 막연한 담론이었다. 또 탈퇴진영은 마이클 고브의 파렴치한 발언을 강조했다. 다수의 저명한 경제학자들이 잔류진영을 공개 지지하는 바람에 탈퇴진영에 영입할 경제학자가 없자, 고브는 "영국 국민은 전문가들 말씀에 질려버렸다"면서 이 문제를 그냥 무시했다. 기성 정치권과 주류 언론을 향한 대중의 환멸감을 이용해 자신들의 약점을 가린 전략이었다.

탈퇴진영은 이런 식으로 EU에 머무는 편이 안전하다는 인식을 깨뜨렸다. 이들은 통제 불가능한 터키 이민자나 유럽연합군 창설을 막을 유일한 수단이 이번 국민투표라거나, EU가 NHS의 존립을 위협한다고 주장했다. 브렉시트 국민투표를 앞두고 가장 많이 공유된 브렉시트 관련 기사는《데일리익스프레스》가 쓴 기사로 제목은 이러했다. "브뤼셀에서 유출된 주요 문건에 따르면 영국이 EU에 잔류할 경우 NHS가 '사라질 것'이라고 한다."[19] 이런 기사가 어디서나 통한 것은 아니었지만 수천 명에서 수만 명의 유권자가 이를 읽었고, 그중 일부는 이런 기사가 없었다면 잔류진영에 설득됐을지도 모른다.

무엇이 그들을 투표장으로 향하게 했는가?

'유럽 안에서 더 강한 영국' 캠페인이 이와 유사한 전술을 전혀 시도하지 않은 것은 아니다. 가장 두드러진 전술은, 물론 성공하지는 못했지만 캠페인 막바지에 조지 오즈번이 직접 나서서 증세와 복지 삭감을 담은 브렉시트 비상 예산의 윤곽을 제시한 것이었다. 오즈번은 EU 탈퇴 시 기본 소득세를 2퍼센트포인트 올리고 고소득자는 3퍼센트포인트 올리며 교육, 국방, 치안 관련 예산을 줄여야 한다면서 재무부에서 좀처럼 하지 않는 이례적인 초강수로 경고했다.[20] 이는 여러 가지 의미로 오즈번이 잔류캠프에 승리를 안기기 위해 자신의 향후 리더십을 담보로 한 행동이었다.

보트리브 캠페인의 주장만큼이나 근거 없는 오즈번의 주장은 그와 비슷한 효과를 노린 것이었다. 주장의 핵심에는 오즈번이 제시한 수치를 뒷받침하는 진실이 있었다. 만약 브렉시트로 경기가 침체하고 정부 재정에 300억 파운드의 구멍이 생겨도 오즈번이 재정 준칙을 바꾸지 않는다면, 그가 제시한 예산 삭감은 그 구멍을 메울 한 가지 방법이었다. 그렇지만 사실 잉글랜드 은행이 경기 부양을 해서 경기 침체를 막거나, 재무장관이 재정 준칙을 완화해 재정 지출 삭감 속도를 늦추는 방법도 있고, 재정이 필요하더라도 소득세 대폭 인상처럼 뻔한 방법 대신 다른 대안을 찾을 수도 있었다. 처음 말한 두 가지는 브렉시트 투표 이후에 실제로 시행됐다.

오즈번의 공세는 썩 효과적이지 않았다. 주된 이유는 오즈번이 겉으로만 경고하는 척했기 때문이다. 그의 발표가 있기 한참 전에 탈퇴캠프는 보수당 하원의원들에게 전화를 걸어 소득세 대폭 인상안과 보수당의 여러 지출 우선순위 항목에 대한 예산삭감안에 찬성표를 던질 생각인지 물었다. 당연히 수십 명의 의원들이 아니라고 답했고, 결국 오즈번의 암울한 예산 편성은 실현 불가능하다는 게 분명해졌다. 오즈번의 엄포가 너무 빨리, 너무 쉽게 탄로 났다. 잔류진영의 엄포는 탈퇴진영처럼 공격적이지 못했다. 언론인 팀 시프먼Tim Shipman이 『총력전All Out War』에서 지적했듯이 이 행동은 역효과를 낳았는지도 모른다. 오즈번이 내놓은 경제적 위협이 쉽게 탄로 난 바람에 잔류캠프가 내놓은 다른 경고들에 대해서도 신뢰도가 떨어졌기 때문이다.[21]

탈퇴진영은 분명 국민투표에서 이겼다. 52:48로 130만 표 차이였다. 남은 의문은 이주 문제에 대한 오랜 우려와 사회적 갈등, 고정관념을 고려했을 때 이러한 결과가 불가피했는지 아니면 양쪽 진영이 캠페인 활동을 달리했다면 결과도 달라졌을지 하는 것이다.

이 질문에 정확히 답하기란 불가능하지만, 탈퇴 캠페인이 유권자의 심리를 잘 파고들었음을 보여주는 증거가 있다. 투표 전 마지막 주에 여론조사 기관 입소스모리가 실시한 설문 조사에 따르면, 탈퇴진영의 주장이 몇 주에 걸쳐 그 신뢰성을 의심받았음에도 응답자의 78퍼센트가 매주 3억 5000만 파운드씩 EU에 보낸다는 탈퇴캠프의 주장을 들은 적이 있고 47퍼센트는 이 주장을 사실로 믿는다고 답했다. 또한 45퍼센트는 터키가 곧 EU에 가입한다고 믿었다.[22] 반면 탈퇴에 투표하면 결국 모든 가정이 4300파운드씩 가난해진다는 잔류 캠페인의 핵심 주장을 믿는 사람은 응답자의 17퍼센트에 불과했고, 브렉시트로 북아일랜드의 불안이 고조될 위험이 있다고 본 사람도 21퍼센트 정도였다. 수많은 대중은 탈퇴진영의 주장에 설득되었을 뿐 아니라, 주요 국제기구에서 나온 주장보다도 탈퇴진영의 주장을 더 진지하게 받아들였다.

누가 브렉시트에 찬성했고 왜 찬성표를 던졌는지, 캠페인 방식이 달랐다면 투표 결과도 달라졌다고 보는 이유는 무엇인지에 대한 더 많은 근거 자료는 냇센 사회연구소가 진행한 브렉시트 투표 결과 분석에 나와 있다. 연구에 따르면 지난 10년간 영국 사회가 퇴보했다고 본 사람은 탈퇴에 투표했고, 남들보다

삶이 훨씬 열악해졌다고 생각하는 사람도 탈퇴를 선택했다. 공공임대주택 거주자, 경제적으로 취약한 저소득층도 탈퇴를 지지했다. 냇센은 응답 결과와 다른 지표들을 기준으로 브렉시트 투표자를 다섯 집단으로 분류했다.[23]

EU 잔류를 지지한 세력은 크게 두 집단이다. 진보적 중산층의 92퍼센트와 노동당을 지지하는 젊은 노동자 계급의 61퍼센트가 잔류를 선택했다. 두 집단은 EU 탈퇴를 원한 다른 거대한 두 집단의 수를 조금 웃돌았다. 탈퇴와 잔류가 75:25로 나뉜 부유한 EU 회의론자들(시골과 교외 지역의 중산층), 그리고 나이 든 노동자 계급의 72퍼센트가 탈퇴를 지지했다.

가장 흥미로운 세력은 마지막 집단이다. 냇센은 이들을 '경제적 박탈감을 느끼고 이주에 반대하는' 유권자라고 표현했다. 전체 인구의 12퍼센트인 이들은 95:5의 비율로 브렉시트를 압도적으로 지지했다. 주목할 점은 이 집단에서 세 명 중 한 명은 2015년 총선 때는 투표하지 않았지만 브렉시트 투표장에는 나타났다는 점이다. 이런 유권자 집단은 130만 명이 넘는데, 탈퇴진영이 승리한 표차가 바로 130만 표였다. 투표에 관심 없었던 유권자들을 투표소에 가도록 독려하지 않았다면 잔류진영이 이겼을지도 모른다. 그렇지만 탈퇴진영은 잔류진영보다 훨씬 효과적으로 이들이 투표장에 나서도록 독려했다.

정치에 큰 관심이 없고 참여하지도 않는 사람을 다소 모욕적이지만 '정보 수준이 낮은 유권자'라고 부른다. 우리는 이 집단이 어떤 메시지에 반응했는지 생각해볼 필요가 있다. 캐머런 전 총리의 미디어 담당이었고 BBC 방송 중역이었던 크레이그 올리버Craig Oliver는 이 집단과 관련한 정서는 오랜 좌절이라고 보았다. 그는 방송 매체들이 탈퇴진영과 잔류진영의 메시지를 보도하는 과정에서 의도치 않게 전자에게 유리한 상황이 연출됐다고 지적했다.

올리버는 BBC가 논증적인 프로그램으로서 탈퇴진영의 주장을 반박하기는 했지만, "문제는 수천만 명이 보는 대중용 짧은 속보와 사이트 이미지였다"라고 주장했다. 그는 이런 콘텐츠는 편집자가 신경을 덜 쓰지만 파급력은 더 크다고 말했다. 그는 자신의 저서 『고삐 풀린 악마들Unleashing Demons』에서 이런 결론을 내렸다.[24] "진중한 저널리즘이란 캠페인이 흔한 과장 수위를 넘어 노골적인 거짓말을 하려 들 때 그 책임을 묻는 것이다. 어느 한쪽 주장을 적극 지지하는 공식 캠페인이 사실이 아닌 핵심 메시지를 마구 쏟아낼 때 어떻게 이를 아무런 해석과 평가도 없이 그대로 보도할 수 있겠는가?"

일반적인 선거 캠페인에서는 이런 이슈들이 많은 부분 저절로 해결된다. 한 정당이 선거공약을 말해놓고 이를 실천하지 않으면 유권자들은 몇 년 후 이들을 공직에서 끌어낼 수 있기 때문이다. 아마 이런 이유로 대중이 정치를 매우 불신하긴 해도 영국 정부가 대체로 공약을 잘 이행하는 것일지도 모른다. 『넘치는 성 담론과 거짓말 그리고 투표함More Sex, Lies and the Ballot

Box』에서 니콜라스 앨런Nicholas Allen이 언급한 연구 결과를 보면, 임기가 적어도 4년인 영국 정부는 검증 가능한 선거공약 중 80퍼센트 정도를 이행하는 편이라고 한다. 물론 상당수의 선거공약이 검증하기 힘들 만큼 모호하다는 점도 지적했다.[25] 우리가 인식하는 정부의 모습과는 다를 텐데 아마도 우리 기억에는 지키지 않은 약속이 가장 강하게 남기 때문일 것이다.

다수결 투표가 남긴 역설

영국 사회에는 보트리브 캠페인이 내건 공약을 책임지게 할 방법이 없고, 보트리브 역시 책임질 의사가 없음을 계속 암시했다. 투표가 끝난 지 며칠 만에, 보트리브 캠페인은 사이트에 예전에 올린 내용을 모두 지우고 간단한 승리 서한으로 대체했다.[26] 심지어 투표 결과가 나온 당일 아침, 탈퇴진영 지지자들은 자신들이 외친 핵심 주장에서 재빨리 발뺌했다. 나이절 패라지는 "나는 보트리브에서 내놓은 의견처럼, 매주 3억 5000만 파운드를 NHS에 지원하자고 주장한 바 없다"[27]라고 말했다(보트리브는 경제 문제에, 리브닷이유는 이주 문제에 초점을 맞췄다-옮긴이). NHS 재정 지원 약속은 조심스럽게 정의되었다. 이는 캠페인 내부자들에게 집권 시 꼭 책임지고 이행하는, 구체적인 매니페스토 같은 약속이 아니었다. 그렇지만 일반 대중의 눈에는 당연히 확고한 공약으로 보였을 터였다.

“보트리브는 공약을 내세우는 정당이 아니었다. 공약과는 아주 거리가 멀었다. ‘이렇게 합시다’라는 말은 ‘우리는 할 수 있다’라는 뜻이지 ‘우리가 하겠다’라는 뜻이 아니었다.” 언론인 이저벨 오크숏Isabel Oakeshott은 트위터에서 이렇게 설명했다.

이러한 옹호는 일반 유권자가 매우 지적인 판단을 내린다는 가정하에 나오는 것이다. 즉 어떤 사람이 한 줄짜리 슬로건이 적힌 포스터나 장관과의 인터뷰 한 토막을 보고, 이것이 공약이나 약속이 아니라 실행이 어려울지도 모르는 막연한 제안이라고 정확히 간파한다는 뜻이다. 이러니 유권자들이 정치에 냉소적이고 신뢰가 없는 것이다.

브렉시트 투표 결과가 까다로운 브렉시트 절차와 정책에 절대적인 구속력을 갖지만 않았어도, 특정 슬로건이 EU 탈퇴를 결정지은 것은 부차적인 문제였을 것이다. 투표 전 탈퇴진영 측에서는 단일 시장, 관세동맹, 북아일랜드 평화협정 같은 구체적 사안들이 브렉시트 투표 전에 판단할 일이 아니라며 투표 이후에 논의할 문제라고 주장했다. 그런데 투표가 끝나자 열정적인 브렉시트 주창자들은 이 문제들을 이미 결정 난 사안처럼 취급했다. 브렉시트를 선택한 것은 곧 영국이 단일 시장을 떠나는 쪽을 택한 것이고 이와 다른 이야기를 하는 것은 민주주의를 배신하는 행위라고 주장했다. 탈퇴 지지자들은 EU를 탈퇴하는 것은 곧 단일 시장을 떠나는 것이라던 잔류 지지 정치인들의 경고도 인용했다. 물론 앞서 살핀 대로 투표 전에 이런 경고가 나왔을 때는 사람들이 대부분 외면했는데, 특히 탈퇴를 지지하는 유권자들이 이를 무시했다.

투표가 끝난 지 몇 달 만에 영국인이 결과를 몹시 후회한다고 하면 이는 거짓말일 테다. 실제 몇 달 후 여론조사를 보면 영국인은 대체로 오늘 다시 투표를 하더라도 2016년 6월 23일과 똑같은 선택을 하겠다고 답했다.[28] 즉 유권자 대부분이 자신이 현혹됐다고 생각하지 않았다. 브렉시트 2차 국민투표를 원하지 않는 쪽이 훨씬 많았고, 그중 브렉시트를 반대하는 쪽은 극소수였다. 심지어 잔류 지지자들도 결과를 받아들였다.

마찬가지로 브렉시트 투표 전에 조율하지 못한 복잡한 사안이 많다는 사실을 숨기는 것 역시 솔직하지 못한 태도일 것이다. 수차례에 걸쳐 EU와 브렉시트 협상을 이어나갔지만 아직도 끝나지 않았다. 2020년 1월이 되어서야 법안이 하원을 통과하면서 정식으로 EU 탈퇴가 결정되었고, 2020년 말까지 영국과 EU는 현재 관계를 유지하면서 남은 협상을 이어가기로 했다.

다수결에 따른 캠페인이 남긴 역설이다. 테리사 메이 총리와 영국 정부는 브렉시트 절차를 투명하게 진행하고 또 제대로 검토하라고 요청을 받을 때마다, 이는 영국 대중의 의사를 가로막는 행동이라고 비난한다. 그들은 투표 전에는 한 세대에 한 번 있을 법한 결정에 대해 질문할 시기가 아니라 정부로부터 대답을 들을 시기라더니, 투표가 끝나자 브렉시트를 방해할 뿐이라며 역시나 질문을 가로막는다.

선거 전 브렉시트의 핵심 이슈에 관한 공개 토론이 얼마나 부실했는지 확인하기 위해 투표 전후로 여러 달에 걸쳐 트위터에 올라온 300만 건의 글을 살펴보자. 트위터가 여론을 대표하는 표본은 아니지만 실제 어떤 논의가 오갔는지 알 수 있는 드문 자료다. 셰필드대학교 연구소가 수집하고《버즈피드뉴스》가 발표한 표본 자료에 따르면, 2016년 6월 1일부터 3일까지 탈퇴파와 잔류파가 올린 트윗 가운데 실제 EU 탈퇴 절차를 규정한 유일한 법적 조항인 리스본조약 50조를 거론한 경우는 753건에 그쳤다.[29] 그러다가 11월 3일 하루에만 이를 언급한 트윗이 5만 건이 넘었다. 이는 예시에 불과하지만, 브렉시트에 관한 중대 이슈가 사전에 논의되지 않았음을 정확히 보여주는 사례다.

브렉시트 투표가 찬성으로 귀결되면서 두 가지 일이 뒤따랐다. 첫째로 한 세대에 한 번 있을 법한 사건에 따르는 거의 모든 통제권이 총선에서 당 대표로서 나서지도 않았고 애초에 그런 역할을 거부했던 테리사 메이와 내각 장관들에게 넘어갔다. 둘째로 이는 첫 번째의 결과인데, 대중이 주류 정치에서 더욱 소외될 가능성이 있다. 영국 대중은 보트리브 진영이 내건 약속을 믿고 상품을 일괄 구매했지만, 자신이 택한 선택에 어떤 장애물들이 있는지에 관해서는 충분히 논의한 바 없다.

브렉시트 캠페인은 트럼프와 관련한 일련의 이슈만큼 요란하지 않았지만, 앞으로 나타날 여파는 훨씬 더 중요할 것이다.

브렉시트 캠페인은 공식 캠페인, 아웃라이더, 편향적 언론, 소셜 미디어로 구성된 생태계가 서로 공조하면서 자신과 친밀한 집단에 어떤 식으로 메시지를 퍼뜨리는지, 핵심 캠페인이 전략적으로 진실을 왜곡했을 때 어떻게 큰 이득을 얻는지 보여주었다.

그러나 이들 못지않게 중요한 점은 주류 정치인과 언론 매체의 위기 대처 능력이 부족하다는 사실이었다. 진중하고 공정한 언론 매체는 특정 유권자에게 공정한 정보를 전달하기가 어려웠다. 잔류진영은 본능적으로 전문가뿐 아니라 여러 정당의 고위 인사들과 연대했지만 오히려 역효과를 불러일으켰다. 대중에게 이는 상대 세력에 맞서는 존경스러운 인물들의 보기 드문 연대로 보이기보다 늘 똑같은 기성 정치판의 모습, 즉 사익을 챙기려는 엘리트들의 움직임으로 비쳤다.

우리는 지금까지 캠페인과 미디어, 기술 기업 등이 한데 뭉쳐 의심스러운 정보를 뿌리고 서로 이전투구하는 모습을 살펴보았다. 그렇다면 우리가 왜 이런 개소리들에 끌려 다니는지, 그 원인을 분석해보겠다.

3부

우리는 왜
개소리의 유혹에 넘어가는가

How Bullshit Conquered the World

01

유혹에 취약한 인간의 심리 구조

지금까지 개소리가 어떤 식으로 퍼지고 어떠한 결과를 낳는지에 초점을 맞췄다. 이제 남은 퍼즐 조각은 개소리가 퍼지는 이유다. 왜 우리는 개소리를 믿으려 하고, 왜 사람들과 조직들은 이를 퍼뜨리려 하며, 확산을 막거나 전파 속도를 늦추는 게 왜 어려운지 살필 것이다. 이번 장에서는 각종 개소리를 믿고 퍼뜨리는 사람들의 다양한 심리를 파헤쳐본다.

우리는 어떤 정보가 자신의 세계관과 일치하면 더 믿으려 하고, 통계보다 일화에 더 설득된다. 소셜 미디어처럼 집단 환경에서 교류할 때 더 두드러지는 태도다. 우리는 집단의 구성원임을 드러내려 하고, 집단에 속하지 않은 사람을 공격한다. 온건했던 집단도 차츰 극단적인 태도를 보이기 쉬운데, 의도하지 않아도 이렇게 된다. 이번 장은 우리가 정보를 처리하고 만들 때 개입하는 여러 심리적 요인에 주목할 것이다. 이번 장을 읽을 때는 현대 미디어의 풍경을 염두에 둬야 한다. 온라인에는 페이스북 친구처럼 자연스레 생긴 집단이 있는가 하면, 가입이 필요한 정치 정당이나 특정 조직처럼 의도적으로 남들과 선을 그은 집단도 있다. 이런 집단에서 우리는 다른 회원들이 무엇을 보고 공유하는지 확인할 수 있고, 다른 회원들도 내가 보고 공유하는 것을 알 수 있다. 한마디로 인터넷은 사람들이 그릇된 정보를 쉽게 믿도록 본능을 자극하는 구조로 굴러간다.

자신의 생각과 일치하는 정보만 받아들인다

우리의 이런 성향은, 지금 내가 가지고 있는 신념을 뒷받침하는 정보를 찾아 받아들이려는 아주 단순한 사실에서 확인할 수 있다. 사형제도에 반대하는 경우를 생각해보자. 실은 사형제도가 효과가 없다거나 잔인하다고 주장한 기사를 찾아 공유할 가능성이 높고, 논란이 있다 한들 이런 내용의 기사를 훨씬 잘 기억해낸다. 이를 일컬어 확증 편향이라고 한다. 내 믿음을 키우는 정보를 찾아 계속 간직하고, 믿음에 반하는 정보는 받아들이지 않는 태도다.

당연한 소리처럼 들릴지도 모른다. 철석같이 믿었던 내용이 틀렸다는 사실을 선뜻 인정할 사람은 없고, 자신이 비이성적으로 행동했다고 인정하는 일도 쉽지 않기 때문이다. 그렇지만 우리는 별것 아닌 상황에서도 이렇게 행동한다. 영국 심리학자 스튜어트 서덜랜드Stuart Sutherland는 『비합리성의 심리학』에서 이런 태도가 어떻게 나타나는지 구체적으로 보여주었다.[1] 한 가지 사례를 소개할 테니 독자 여러분도 한번 해보길 바란다. 여기 세 개의 수 2, 4, 6으로 이루어진 수열이 하나 있다. 이제 이 수열의 규칙을 알아내보자. 실제 실험에서는 참가자들이 아무 숫자나 세 개를 골라 제시하면, 연구자들이 이 수열 규칙에 맞는지 답해주었다. 참가자들은 규칙을 어느 정도 파악했다 싶으면 답을 제시했다. 자, 여러분도 잠시 어떤 수를 제시해야 규칙을 알아낼 수 있을지 생각해보자.

어떤 참가자들은 '8, 10, 12'나 '16, 18, 20' 같은 수열이 규칙에 맞는지 물었고, 연구자들은 규칙에 맞다고 대답했다. 여기까지 읽고 '연속한 세 개의 짝수로 이루어진' 수열이라고 결론 내리려는 독자가 있을 것이다. 안타깝게도 처음 제시한 수열과 비교해 새롭게 제시한 수열로는 추가로 얻어낸 정보가 전혀 없다. 그리고 방금 내린 결론은 정답이 아니다. '8, 12, 16'을 제시한 사람은 수열 규칙이 '점점 증가하는 세 개의 짝수'라고 추측했을 테다. '1, 3, 5'를 말한 사람은 '2씩 커지는 숫자 세 개'라고 추정했을 테다. 두 개의 수열은 모두 규칙을 따르지만 어느 것도 정확한 규칙은 아니다. 규칙에 따르는 또 다른 수열을 대보자면 '-1, 8, 29'이고 규칙에 어긋나는 수열은 '5, -2, 14'이다. 규칙은 무엇일까?

연구자들이 정한 규칙은 '점점 증가하는 임의의 세 수'였다. 우리는 처음에 제시된 수열 2, 4, 6과는 다른 패턴으로 검증하기보다, 처음 패턴과 같은 숫자만 제시하려고 한다. 그렇지만 답을 얻기 위해서는 처음과는 다른 수열로 검증해야만 한다. 우리는 추상적인 수열을 다룰 때조차 확실해 보이는 믿음이나 가설을 확인받으려는 본능을 느낀다.

이러한 성향은 감정이 섞이면 더욱 강하게 작동하는 듯하다. 2004년 미 대선 후보였던 존 케리와 조지 부시의 열성 지지자를 상대로 진행한 연구가 있었다. 당시 피실험자들에게 각 후보가 처음에 했던 주장과 이후 달라진 주장을 보여주고, 입장이 어떻게 바뀌었는지 설명했다. 예상대로 각 당 열성 지지자들은 자신이 지지하는 후보는 두둔한 반면, 상대 후보는 자가당착에 빠졌다고 생각했다. 그렇지만 피실험자들이 답변할 때 MRI 스캐너로 뇌를 촬영해보니, 냉철한 추론과 관련한 뇌 부위가 거의 활성화하지 않았다.[2] 우리는 내가 동의하지 않는 정보를 제대로 평가하지 못할 뿐 아니라, 확고히 믿는 정보는 어떤 식으로든 논리적인 평가를 건너뛰려고 한다. 『비합리성의 심리학』은 이러한 인지적 편향이 얼마나 비극적인 결말을 낳을 수 있는지 한 가지 사례를 든다. 일본의 진주만 공습이 있기 전, 미 태평양 함대 총사령관 허즈번드 킴멜Husband Kimmel이 보여준 행동이다. 키멀은 태평양 함대 기지 근처에 일본 잠수함이 접근했다는 사실을 알고 나서도 진주만 상륙을 금지하거나 해군의 경계 태세를 높이지 않았다.

서덜랜드는 인간의 비합리성에 대해 이렇게 결론 내렸다.[3] "우리는 자신의 신념을 지키기 위해 무의식적으로 사용하는 두 가지 방법을 살폈다. 하나는 자신의 신념과 다른 증거를 찾지 않는 것이고, 다른 하나는 그 증거가 내 주의를 끌더라도 이를 믿거나 그에 따라 행동하지 않는 것이다. 키멀은 두 가지 잘못을 저질렀다. 그는 모호한 메시지를 명확히 하기 위해 워싱턴에 확인하지 않았고, 진주만 외곽에 잠입한 잠수함이 일본 잠수함이라는 사실을 믿으려 하지 않았다."

일본의 진주만 공습으로 미국은 전함 4대, 항공기 188대를 잃었고 2403명이 사망했다. 키멀은 2주 만에 지휘권을 박탈당했고, 몇 달 지나지 않아 퇴역했다.

생각을 바꾸는 것에 대한 반발심

확증 편향 하나만도 해결하기 어려운 문제인데, 이보다 훨씬 강력한 심리적 편향이 있다고 한다. 내가 굳게 믿는 신념에 반하는 증거를 알게 될 때, 신념을 바꾸기보다 오히려 더욱 굳히는 현상이다. 다트머스대학교의 정치학 교수 브렌던 나이한

Brendan Nyhan과 제이슨 라이플러Jason Reifler가 실험에서 발견한 이 현상을 역화 효과라고 부른다. 일련의 실험에서 나이한과 라이플러는 정치 성향이 다른 학생들에게 사실과 다른 진술을 들려준 후, 믿을 만한 출처에서 나온 정보로 잘못된 내용을 정정한 다음 학생들의 반응을 살폈다.

2005년 실시한 첫 번째 실험에서는 학생들에게 이라크에 대량 살상 무기가 있다는 부시 전 대통령의 발언을 들려준 후, 곧바로 이라크에 대량 살상 무기가 있다는 증거가 없다는 AP통신의 보도를 인용해 부시의 발언을 정정했다. 잘못된 사실을 바로잡자, 진보 성향의 학생들과 중도 성향의 학생들은 이라크에 대량 살상 무기 계획이 있다고 보는 경우가 줄었지만, 보수 성향의 학생들은 사실상 더 늘었다. 연구자들은 이렇게 지적했다. "언론을 그저 불신하는 피실험자는 바로잡아 준 정보를 그냥 무시한다. 그런데 보수 성향 학생들은 믿음이 엉뚱한 방향으로 옮겨갔다. 단순하게 불신만으로 설명하기 어려운 반응이다."[4]

연구자들은 다른 이슈에 대해서도 실험을 반복했는데, 역시나 역화 효과가 나타났다. 학생들에게 세금 감면으로 경기가 활성화되어 정부 세수가 늘었다는 부시 전 대통령의 허위 주장을 들려준 다음, 곧바로 이 주장이 사실이 아니라는 증거를 보여주었다. 그렇지만 주장을 바로잡기 전보다 바로잡은 후, 이 허위 주장을 믿는 비율이 더 늘었다. 또 다른 연구에서는 부시 전 대통령의 줄기세포 연구 반대 주장을 놓고 실험했는데, 이번에는 역화 효과가 나타나지 않았다. 아마도 사람들이 이 이슈에 대해서는 다른 이슈만큼 입장이 뚜렷하지 않았던 것으로 보인다. 그래도 부시에 반대하는 집단은 여전히 수정된 정보를 믿지 않으려고 했다. 한 가지 주의할 점이 있다. 서른여섯 가지의 다양한 이슈를 놓고 역화 효과를 살핀 다른 연구에서는, 딱 한 가지 주제에서만 역화 효과가 나타났다.[5] 역화 효과의 정도와 빈도수는 논쟁 주제에 따라 달랐다.

그렇지만 이러한 역화 효과가 생기면 심각한 여파를 낳을 수 있다. 데이비드 맥레이니David McRaney는 역화 효과를 다룬 기사에서 이렇게 지적했다. "확증 편향이 적극적인 정보 탐색을 가로막듯이, 역화 효과도 내게 들어오는 정보를, 나를 기습적으로 공격하는 정보를 차단하는 역할을 한다. 뭐가 뭔지 혼란스러울 때 우리는 신념을 의심하기보다 고수하는 쪽을 택한다."[6]

> 우리는 역화 효과를 다룬 연구를 통해 당신이 온라인 논쟁에서 절대 이길 수 없는 이유를 확인했다. 당신이 각종 사실과 수치, 링크, 인용을 꺼내 들기 시작하면 상대방은 자기 생각을 훨씬 강하게 고수하게 된다. 반대로 상대방이 열정적으로 근거를 쏟아내면, 당신의 두개골에서도 똑같은 현상이 발생한다. 역화 효과로 두 사람 모두 원래 지녔던 신념이 더욱 확고해진다.

이처럼 다양한 근거로 내 생각을 확고히 할 수는 있어도,

근거를 제시하는 논쟁으로 상대를 설득하기는 매우 어렵다.

우리는 숫자 놀음에 속고 있다

통계에 대한 이해가 전반적으로 부족하면 이런 효과가 더욱 두드러진다. 여러 이유로 우리는 뉴스에 나오는 통계를 잘 이해하지 못하며, 통계가 우리의 개인적인 경험과 일치하지 않으면 믿지 않으려고 한다. 보통 기자나 여러 주체가 통계를 잘못 이해하거나, 어떤 의제를 공론화하려고 대중에게 통계를 왜곡해 전달할 때, 이런 효과가 증폭하면서 심각한 악영향을 끼친다. 실제로 세상에 악영향을 준 잘못된 믿음 하나는 상관관계와 인과관계를 혼동하면서 생겼다. 즉 어떤 사건 다음에 곧바로 다른 사건이 터졌다는 이유로, 하나가 다른 하나의 원인이라고 추측한 것이다. 홍역, 볼거리, 풍진을 예방하는 MMR 백신이 아동 자폐증을 유발한다는 공포가 대중에게 널리 확산한 데에는 이러한 혼동이 큰 몫을 했다. 이 주장은 영국의 사기꾼 의사 앤드루 웨이크필드Andrew Wakefield가 제기했지만, 대중에게 널리 퍼진 것은 언론을 통해서였다. 주장을 뒷받침하는 양질의 근거는 어디에도 없는 채로 의혹은 퍼져나갔다.

그럼에도 MMR 백신 접종과 아동 자폐증 사이에 시기적 연관성이 있었기 때문에, 웨이크필드의 주장은 그럴듯해 보였다. 아기들은 한 살 때 첫 예방주사를 맞으며, 자폐증이 처음 나타나는 시기는 예방주사를 맞고 보통 걸음마를 시작할 무렵으로, 시기상 바로 이어진다.[7] 영국에서는 이 자폐증 유발 논란으로 수천 명의 부모가 아이에게 MMR 백신을 맞히지 않는 바람에 집단면역이 깨졌고, 결국 홍역이 부활했다. 웨이크필드는 영국에서 신임을 잃었다. 그로부터 9년 후, 그는 미국 정치의 핵심 인물에게 접근해 있었다. 대통령 취임 축하 무도회[8]에서 그의 근거 없는 백신 반대 주장을 지지하는 듯 보이는 트럼프와 함께 찍은 사진이 공개됐기 때문이다.[9]

실제 수치를 제시하는 기사를 살펴보면 상황은 더욱 복잡해진다. 매주 신문사들은 암 발생률을 높이거나 줄이는 여러 습관을 알리는 기사를 쏟아낸다. 2015년에는 하루에 베이컨 두 조각을 먹으면 대장암 발생률이 18퍼센트 증가한다는 경고성 기사가 전 세계 매체에 등장했다.[10] 그렇지만 이 기사는 우리에게 온전한 정보를 전달하지 않았다. 베이컨을 먹지 않았을 때 대장암에 걸릴 위험이 어느 정도인지 알아야, 베이컨 섭취가 얼마나 해로운지 정확히 알 수 있기 때문이다. 연구에 따르면 평생 대장암에 걸릴 확률은 400명 중 5명꼴이다. 이 400명 모두가 하루에 베이컨을 두 조각씩 먹기 시작하면, 대장암 발병률이 400명 중 6명으로 올라간다.[11] 대장암 발병률을 이렇게 기술하면 별로 놀랍지 않을 뿐 아니라 상대적 비율이 매우 쓸모없게 느껴진다. 예를 들어 다른 어떤 음식을 먹으면 더욱 흔한 질병에 걸릴 확률이 10퍼센트 높아진다고 해보자. 이는 400명 중에서 10명이 추가로 질병에 걸린다는 뜻으로 쓴 것이었다. 그렇지만 위험이 10퍼센트 증가한다고 하면 18퍼센트 증가한다는 말보다 덜 위험하게 들린다. 실제로 훨씬 더 많은 사람이 질병에 걸리는데도 말이다. 언론이 통계를 기술하는 방식과 우리가 일반적으로 통계를 이해하는 방식은 정확한 현실 파악에 도움이 되지 않는다.

이 문제는 우리가 두려워하는 위험을 다룰 때 더욱 심화한다. 즉 통계만으로는 불안을 떨치지 못한다. 대다수의 사람이 비행을 두려워하지만, 운전은 훨씬 덜 무서워한다.[12] 비행기가 훨씬 더 안전한 이동수단인데도 말이다. 사망자를 낸 비행 사고는 300만 대당 한 대뿐이며, 거의 모든 비행기 추락 사고에는 생존자가 있다. 거리로 따졌을 때, 열차로 이동하면 비행기로 이동할 때보다 사망 확률이 두 배 높다. 자동차 이동은 비행기보다 사망할 확률이 100배 높다. 오토바이를 타면 비행기를 탈 때보다 사망할 확률이 3000배 높다.[13] 그리고 이들보다도 사망 확률이 월등히 높은 것은 심장질환이나 암이다. 그래도 비행기가 비만보다 더 무섭게 느껴진다.

우리가 두려워하는 대상을 논할 때 테러리즘은 놀랄 만큼 상위권을 차지한다. 테러는 언론이 헤드라인에 써넣거나 정치인이 선거 전술로 공론화하는 의제다. 트럼프의 대테러 강경노선은 이슬람 7개국에 대한 반이민 행정명령이나 그 외 여러 정책을 정당화하는 데 쓰였다. 그렇지만 우리는 테러를 그 위험성에 비해 지나치게 두려워한다. 위스콘신대학교의 명예교수인 마이클 로스차일드Michael Rothschild는 테러 위험을 설명하기 위해 극단적인 시나리오를 가정했다. 그는 테러리스트가 미국에서 매달 비행기 한 대를 성공적으로 납치해 폭파하는 세상이 있다고 상상했다. 이 세상 그 어떤 나라에서 벌어질 수 있는 현실적인 시나리오보다 훨씬 더 끔찍한 경우다. 이런 세상에서 매달 네 번씩 항공기를 이용하는 사람은 그 어느 해든 죽을 확률이 54만 분의 1이다. 1년에 한 번 비행기를 타는 사람은 사망할 확률이 600만 분의 1이다. 반면 어느 해든 자동차 사고로 죽을 확률은 7000분의 1이고, 암은 600분의 1, 심장질환은 400분의 1이다.[14] 테러 공격이 실제보다 상상 이상으로 심각해져도, 일상생활 속에 숨어 있는 위험보다는 훨씬 낮다. 그런데도 막연한 두려움과 근거만 제시해도 안심하지 못하는 기질 때문에 우리는 개소리에 쉽게 휘둘린다.

집단에 동조하고 싶은 인간의 본성

지금까지 우리는 개별적으로 영향을 받는 정보만, 내 힘으로 평가하고 대응할 수 있는 정보만 살폈다. 그렇지만 그 누구도 완전히 고립된 채로 살지 않으며, 온라인 시대에는 사회의 수많은 집단과 뒤섞여 뉴스를 본다. 우리는 친구들이 공유하는 뉴스를 보고, 친구들이 특정 연설이나 후보에 대해 어떻게 생각하는지 알고 있다. 정치 활동이나 캠페인에 열성적인 사람들에게는 집단이 더욱 큰 인자로 작용해, 정보를 판단하고 공유하며 나아가 믿음을 형성할 때 집단의 영향을 크게 받는다.

대체로 우리는 친구나 동료와 어울리기 좋아한다. 이러한 동조성 때문에 자신의 판단과 어긋나는 상황이 생겨도, 대개는 집단에 자신을 맞추려고 한다. 심지어 낯선 사람뿐인 집단에서 정치와 무관한 단순한 문제가 주어져도 집단에 나를 맞춘다. 마거릿 헤퍼넌Margaret Heffernan은 저서 『의도적 눈감기』에서 한 연구를 소개했다. 실험에 참가한 학생들을 같은 실험에 응한 듯 보이는 또래 학생들과 한 방에 모아놓고는, 검은 수직선 세 개를 보여준 후 이 가운데 화이트보드에 그린 또 다른 직선과 길이가 같은 게 어느 것인지 물었다. 어려운 문제가 아니었다. 선분 길이가 제각각이었기 때문에 정답은 뻔했다. 그런데 각 방에 있는 학생들 중에 딱 한 명만 피실험자였다. 방 안에 있던 나머지 학생들은 사전에 약속한 대로 똑같이 틀린 답을 골랐고, 피실험자는 맨 나중에 대답했다. 전혀 모르는 사람뿐인 집단에서 명백하고 논쟁의 여지가 없는 문제를 받아든 경우에도, 피실험자 중 40퍼센트는 자기 눈에 보이는 단순한 증거를 믿기보다 다른 사람들이 고른 명백히 틀린 답을 골랐다. 조금씩 다른 여러 실험을 반복했을 때도, 이런저런 조건이 주어졌을 때 피실험

자의 58퍼센트가 테스트 문항 중 적어도 한 개에서 다수가 고른 답을 택했다.[15]

이러한 동조성은 지도자에게 복종하거나 지시에 따르는 것과는 다르다. 자발적으로 하는 행동으로, 판단을 내리기보다 전체 흐름에 따르려는 태도다. 아주 단순한 조건에서도 진실을 버리고 동조성을 택하는 사람이 많다고 할 때, 이런 습관이 우리 삶에 얼마나 큰 영향을 끼칠지는 어렵지 않게 짐작할 수 있다. 나쁜 기업 문화에 휩쓸리거나, 동의하지 않는 관행에 반대 목소리를 못 내고, 정치인을 반사적으로 두둔하며, 생각이 대체로 일치하는 집단에서 반대 의견을 내색하지 않으려는 행동이 모두 여기에 해당한다.

동조성은 정중하게 행동하거나 함께 어울리려는 욕망과 비슷해 보이지만, 그 자체로 위험한 성향이라고 할 수 있다. 헤퍼넌은 많은 사람이 기후변화가 사실이라고 믿으면서도 행동에 변화가 없는 이유를 동조성으로 설명할 수 있다고 말했다.

> 우리는 비슷한 사람들과 어울려 살고, 소비 습관도 같다 보니 기후변화의 비용을 보지 못한다. (…) 우리는 고분고분한 소비자여서 누가 행동을 바꾸자고 하면 바꿀 수도 있겠지만 혼자서는 바뀌지 않는다. 우리 모두는 방관자처럼 주변에 보이는 소비 패턴을 따라 하면서, 누군가가 개입해주길 바란다. 그렇지만 정부와 기업은 너무 복잡해서 소통하거나 바꾸기 힘들므로, 우리

는 자신도 원치 않는 위치에 그냥 머물게 된다.[16]

연구에 따르면 우리는 소속 집단에 구성원임을 보여주는 행동을 하는데, 이런 행동이 소셜 미디어에서 실제로 어떻게 드러나는지 생각해볼 필요가 있다. 내가 소속감을 느끼고 싶은 집단에서 사람들의 반응을 얻고 싶을 때, 우리는 어떤 기사를 이들과 공유하려고 할까? 예를 들어 우리가 트럼프 지지자인데 두 가지 기사를 읽었다고 해보자. 하나는 트럼프 진영이 주요 무슬림 국가 출신자들의 입국을 가로막는 반이민 행정명령을 집행한 것이 최선이었는지 의문을 제기한 기사이고, 다른 하나는 트럼프 행정부의 활동을 제대로 보도하지 않았다고 언론을 질타한 기사일 때, 우리는 소속 집단에서 좋은 반응을 일으킬 두 번째 기사를 공유할 것이다.

공유하는 이 행위를, 특히 좌파가 이런 행동을 할 때, 다소 비꼬는 표현으로 '고결한 척 신호 보내기'라고 부른다. 우파 성향의 주간지 《스펙테이터》가 자신들이 처음 썼다고 주장하는 이 표현은 곧 좌파에 반감을 품은 우파가 남발하는 용어가 되었다. 제임스 바살러뮤James Bartholomew는 《스펙테이터》에 이렇게 기고했다. "사람들은 말하거나 글을 쓸 때 고결한 티를 내려고 한다. 이를 아주 미묘하게 드러내기도 한다. 자신이 《데일리메일》이나 영국 독립당을 싫어한다고 밝힐 때, 사실 하고픈 말은 자신이 인종차별주의자가 아니고, 좌파이거나 마음이 열린 훌륭한 사람이라는 것이다."[17]

'고결한 척 신호 보내기'는 거의 우파가 독점하듯 쓰는 말이지만 실은 좌파와 우파, 양쪽 모두에서 일어난다. 이를테면 정치적 올바름이 싫다, 언론의 자유를 지지한다, 대도시 엘리트를 비판한다와 같은 표현은 우파에서 쓰는 신호다. 이런 신호를 접하다 보면 당원들은 자신의 입장이 실제보다 더 대중에게 지지받는다고 느낀다. 집단 내에서 공개적으로 반대하는 사람이 없으면 더욱 그렇다.

정치문예지 《뉴스테이츠먼》에서 헬렌 루이스Helen Lewis는 이렇게 주장했다. "신호 보내기 효과 때문에 많은 소셜 미디어 이용자들이, 전 영국 노동당 대표였던 에드 밀리밴드Ed Miliband가 총선에서 근소한 표차로 이긴다고 확신했다. 어쨌거나 주변 친구들이 고가 주택 판매세를 선호하고 논돔스non-doms(영국에서 거액을 벌지만 주소지가 외국이어서 세금 혜택을 받는 영국 거주 외국인들-옮긴이) 단속을 반기는 듯 보였기 때문이다. 복지 예산에서 120억 파운드를 깎거나 장애인에 대한 지원을 줄이자는 안에 열광하는 사람도 주변에 전혀 없어 보였다."[18] 그러나 근소하게 이길 것이라고 전망한 여론조사 결과와 달리 에드 밀리밴드가 이끈 노동당은 2015년 총선에서 참패했다. 필터 버블과 내부의 신호 보내기 효과가 결합하면 우리는 사람들의 생각을 잘못 읽을 수 있다. 재정 적자에 회의감을 보이거나 긴축재정을 지지한다고 밝힐 중도파나 좌파가 어디 있겠는가? 다수가 그냥 말

없이 있다가 보수당에 표를 던진 것이다. 우리의 동조적 본성이 '고결한 척 신호 보내기' 욕구를 자극하면, 우리 눈에는 왜곡된 현상이 보이게 된다.

그렇지만 생각이 대체로 맞는 사람들과 대화하다 보면, 생각이 실제로 바뀐다. 어떤 주제에 관해 생각이 약간 다른 사람들을 모아놓고 몇 분간 그 주제로 토론을 시킨다고 해보자. 이들끼리 합의한 의견은 토론 전에 개개인이 낸 의견의 중간 지점일 것이라고 생각하겠지만 실제는 이와 달랐다.

하버드 법대 교수 캐스 선스타인Cass Sunstein과 심리학 전문가 리드 헤이스티Reid Hastie는 비교적 진보적인 도시, 볼더Boulder와 비교적 보수적인 도시, 콜로라도스프링스에서 실험 참가자들을 모집했다. 사전에 참가자들에게 세 가지 이슈에 대해 개인 의견을 등급으로 표시하게 했다. 세 가지 이슈는 기후변화, 소수집단 우대 정책, 동성 결혼이었다. 그런 후 참가자들을 같은 도시 출신끼리 묶어(토론 전에 의견이 비슷한 집단끼리 묶은 것이다) 각 이슈에 관해 토론하게 한 후, 다시 한번 참가자들에게 개인의 의견과 집단의 의견을 물었다.

결과는 극명했다. 세 쟁점 모두 볼더 집단은 더 진보적인 태도를, 콜로라도스프링스 집단은 더욱 보수적인 태도를 보였다. 집단 의견뿐 아니라 개인 의견도 마찬가지였다. 개인들은 토론 전보다 주관이 더 확고해졌다. 마찬가지로 집단끼리도 관점이 훨씬 비슷해졌다. 짧게 토론하기 전에는 각 이슈에서 어느 정도 견해차가 있었다. 그런데 짧은 시간이나마 토론을 하고 나자 집단끼리 동질성이 훨씬 강해졌다. 마지막으로 볼더 집단과 콜로라도 집단은 서로 양극화했다. 토론 전에는 두 집단 사이에 교집합이 있었으나, 토론 후에는 진보파와 보수파로 의견이 훨씬 뚜렷하게 갈렸다.[19]

이 효과는 생각이 비슷한 사람끼리 모인 집단이 단 몇 분간 짧은 대화를 나눴을 때 관찰됐다. 외부 집단과 충분한 교류 없이 특정 집단 내에서 매일, 매달 교류하면 사람들에게 얼마나 큰 변화가 생길지 쉽게 짐작할 만하다. 이 효과는 나라, 문화마다 존재하며 이를 경계할 듯한 전문가들에게서도 나타난다. 판단을 내리는 문제에서도 집단의 평가는 양극화하는 편이다. 한 연구에서 사업가들에게 어느 영업팀이 일정한 물량을 소화할 가능성을 예측하게 했다. 집단토론을 거친 뒤 사업가들이 내놓은 판단은 토론 전에 내놓은 판단보다 훨씬 더 확신에 차 있었다. 사람들은 사실에 대한 평가에서도 의견의 양극화를 보였다. 가장 극적인 사실은, 이런 효과가 연방항소법원 판사들에게서도 나타난다는 점이다. 한 연구 결과에 따르면, 항소법원 판사를 지명한 대통령이 민주당 소속인지 공화당 소속인지 알면 어떤 판결이 나올지 예측할 수 있지만, 항소법원의 판결을 더 확실히 예측할 수 있는 방법이 있다고 한다. 바로 3인 합의부에 속한 다른 판사들을 어느 당에서 임명했는지 알아내는 것이다. 양극화 경향은 배심원단에서도 역시나 나타난다. 배심원단이 원고에게 내리는 손해배상액은, 보통 배심원 각자가 토론 전에 밝힌 손해배상액의 평균치보다 훨씬 높다.

집단 양극화가 편향을 경계해야 할 전문가 집단에서도 나타난다면 페이스북 친구들이나 트위터 팔로어들이 우리 의견에 끼치는 영향이 어느 정도일지는 쉽게 짐작할 수 있다. 우리는 필터 버블 때문에 서로 다른 의견에 가까워지지 못할 뿐 아니라, 중도적 관점에서 더욱 멀어진다.

우리는 내가 속한 집단에 순응하고, 그 집단의 구성원이라는 신호를 보내며, 집단을 통해 성향이 양극화한다. 소속 집단의 정체성을 뒤흔드는 정확하고 검증 가능한 정보보다, 정체성을 한층 더 견고하게 하는 개소리 정보를 더 반기는 이유다. 정체성이 한층 단단해지는 또 다른 상황은 바로 다른 집단과 대립을 할 때다. 이를 일컬어 내집단, 외집단 행동, 또는 현실 갈등 이론이라고 한다. 우리는 집단에 대한 진짜 소속감을 다른 집단에 대한 경쟁의식, 심지어 적대감을 통해 느끼기도 한다.

공통의 적이 만들어내는 소속감

1950년대에 실시된, 집단 간 갈등을 다룬 매우 유명한 연구가 있다. 당시 연구자들은 오클라호마주립공원 내 로버스동굴에서 24명의 소년들을 대상으로 실험용 여름 캠프를 열었다.

두 팀으로 나뉜 소년들은 며칠간 서로를 보지 못한 채 팀끼리 유대감을 쌓고 정체성을 다졌으며, 다른 팀은 어쩌다가 스치듯이 봤다. 며칠 후, 소년들은 팀명을 각각 '방울뱀'과 '독수리'라고 지었다. 연구자들이 경쟁심을 불어넣기도 전에 두 팀 사이에는 긴장감이 흘렀다. 한번은 방울뱀 팀이 야구를 하던 독수리 팀 가까이 다가갔다. 그러자 각 팀에서 "한번 붙어보자"라는 반응이 바로 튀어나왔고, 각자 공원 다른 구역에 자기 팀의 영역 표시를 했으며, 야구장에 자기 팀 깃발을 꽂았다. 양 팀 모두 상대와 겨루고 싶어 했다.[20]

경쟁의식이 벌써 싹튼 탓에, 두 팀을 흥분시키기 위해 연구자들이 기울인 노력은 거의 없었다. 그저 야구 시합에서 이긴 팀에게 스위스 군용칼을 선물로 준다고 하면 그만이었다. 두 팀은 시합 전부터 신경전을 벌였다. 스포츠에서 흔한 일이었다. 그러나 방울뱀 팀이 시합에서 이기면서 갈등이 급속도로 커졌다. 시합이 끝난 후 독수리 팀은 방울뱀 팀의 깃발을 찢고 불태웠다. 방울뱀 팀도 앙갚음으로 독수리 팀 캠프를 덮쳐 모기장을 찢고 개인 소지품을 훔쳤다. 독수리 팀도 그 보복으로 '돌이 가득 든 양말'을 들고 상대 캠프를 공격하려는 계획을 세웠다(실행에 옮기지는 않았다). 독수리 팀은 방울뱀 팀을 '거지들' '불쌍한 패배자들' '욕쟁이들'이라고 불렀고, 방울뱀 팀은 독수리 팀을 '계집애 같은 녀석들' '겁쟁이' '갓난쟁이들'이라고 불렀다.[21]

고작 며칠 동안 유지되는, 임의로 만든 아주 작은 두 집단이 빚은 갈등이었다. 두 팀 모두 같은 지역에서 온 또래 남자아이들이었다. 연구자들은 분열을 없애고 두 팀을 화해시키기 위해 며칠간 각고의 노력을 기울여야 했다. 연구자들은 소년들에게 전과 성격이 다른 과제를 내주었다. 보상을 얻으려면 두 팀이 협력을 해야 하는 일들이었다.

곧 사라질, 본질적으로 별 차이가 없는 집단 사이에 생긴 갈등을 해소하는 데에도 연구자들은 부단히 노력해야 했다. 하물며 온라인의 양극화 현상을 피하기가 얼마나 어려울지 짐작이 갈 것이다. 트럼프 지지자는 민주당 지지자와 언론을 외집단으로 삼는다. 코빈 지지자에게는 보통 중도주의자, 보수주의자, 마찬가지로 언론이 외집단이다. 일단 어떤 대상을 외집단으로 정하면 그들을 진지하게 대하지 않을 뿐 아니라, 그들이 하는 말에 적대감을 보이면서 자기 집단의 정체성을 다진다. 게다가 현실에는 이들을 화해시키려고 애쓰는 연구자들도 없다.

우리가 온라인 정보를 처리하는 방식

이런 모든 요소를 고려할 때, 전 세계 정부가 온라인상의 극심한 갈등을 우려하게 된 것은 당연한 일이었다. 누가 의식적으로 노력하지 않아도 집단에 속하면 정치적 견해가 중도에서 극단으로 흐르고, 견해가 다른 사람에게는 반감이 커진다. 이를 이슬람 극단주의든 극우 세력이든 어떤 명분을 내세우는 자들이 악용할 경우, 소셜 미디어는 이들에게 풍부한 인력을 공급할 가능성이 있다.

영국의 싱크탱크 〈데모스〉는 대중이 인터넷에서 참과 거짓을 구분하는 능력이 부족한 만큼, 온라인이 ISIS 같은 테러 조직에 조직원을 공급할 수 있고, 심지어 자생적 테러리스트인 '외로운 늑대'가 반쪽짜리 진실과 음모론이 뒤섞인 온라인 정보를 접하고 과격한 행동을 할 수 있다고 지적했다. 2011년에 나온 〈데모스〉의 한 보고서는 앞날을 예견하듯 이렇게 말했다.

> 연구에 따르면, 다수의 젊은이들이 인터넷을 주의 깊고 분별 있게 사용하지 못한다. 대부분 원하는 정보를 찾아내지 못하거나, 처음 검색한 정보를 그냥 믿어버린다. 또 그 정보가 맞는지 확인하지 않는다. 편향된 정보와 정치 선전물을 알아보지 못하며, 다양한 정보원에 접근하려고 시도하지 않는다. (…) 이런 행태가 사회 전반에 어떤 영향을 끼칠지는 아직 모른다. 한 가지 위험은 젊은 층이 극단적이고 폭력적인 사상에 현혹될 위험이 크다는 점이다. (…) 온라인에서 의심 없이 맴돌며 증폭하는 가짜 자료들이 다수의 테러 집단을 키운다.[22]

영국 하원 청문회에서는 소셜 미디어, 그중에서도 페이스북, 트위터, 유튜브가 정치 선전물을 퍼뜨리는 수단이자 테러리즘을 위한 인력 공급 플랫폼이 되었다는 지적이 나왔다. 하원의원들은 미디어 기업들에 극단적인 콘텐츠를 감시하고 삭제하는 직원을 늘리고, 그런 정보를 올리는 사람을 사전에 경찰에 신고하도록 더욱 노력해달라고 당부했다.[23] 당시 미디어 실태 조사를 맡은 하원특별위원회 의장 키스 배즈Keith Vaz는 이렇게 말했다. "현대의 최전선은 인터넷이다. 인터넷의 공개 토론방, 자유게시판, 소셜 미디어 플랫폼이 ISIS와 여타 테러 조직에 인력 및 자금을 공급하고 이데올로기 전파 수단으로 기능하는 등 이들에게 생명력을 불어넣는다."[24]

극단적인 콘텐츠를 막는 것도 하나의 해결책일 것이다. 하지만 점점 극으로 치닫는 우리의 모습을 볼 때, 그리고 소셜 네트워크의 허용 범주에 든 콘텐츠도 사람들을 과격하게 만들 수 있다는 점을 고려할 때 〈데모스〉와 여러 전문가들은 이것만으로는 결코 충분하지 못하다고 충고했다. 〈데모스〉의 연구원 루이스 레이놀즈Louis Reynolds는 아래처럼 주장했다.

> 정부는 이슬람의 지하드 콘텐츠에 맞서기 위해 소셜 미디어 기업에 콘텐츠를 검열하라고, 학교 측에는 인터넷 접근을 제한해달라고, 사법 당국에는 소셜 미디어 단속에 더 깊이 개입하라고 점점 압박한다. 하지만 궁극적으로는 인터넷 검열이 주된 해결책이 될 수는 없다.
>
> 현재 영국 사회는 젊은 층에게 비판적 사고를 길러주려는 노력

을 기울이지 않는다. (…) 우리는 젊은이들에게 과장된 정보를 꿰뚫어 보며 극단적 견해를 의심하고, 허위 정보를 찾아내는 법을 온라인과 오프라인 양쪽에서 가르쳐야 한다. 무장단체 ISIS에 외국인 용병을 대주는 것은 이성의 실패와 정보 조작의 승리를 보여준다. 젊은 층이 무장단체에 정신을 빼앗기는 현실에 대항할 담론이 필요하다면 바로 이런 메시지여야 한다.[25]

온라인 과격화는 꾸준하고 고의적인 접근으로만 생기지는 않는다. 이 경향은 우리가 온라인 정보를 받아들이는 방식에서 이미 드러난다. 우리가 인터넷상의 정보를 다루는 방식은 상당 부분 우리가 그 정보를 어떻게 사고하느냐로 요약된다. 그리고 우리는 이런 결정을 보통 의식하지 못한 채 내린다. 노벨상을 수상한 심리학자 대니얼 카너먼Daniel Kahneman은 베스트셀러인 『생각에 관한 생각』에서 우리가 어떤 대상을 신중하게 사고하기보다 반사적으로 다루는 과정을 상세히 설명했다.

이 개념을 가장 잘 보여주는 예가 있다. 2 곱하기 2를 계산하는 경우다. 대부분은 이 문제를 보는 순간 바로 답을 떠올린다. 의식적인 노력이나 행동이 필요없다. 이제 19 곱하기 23을 생각해보자. 암산에 탁월한 소수를 제외하고는 어느 정도 의식적인 사고가 필요하다. 20 곱하기 23을 하고서 23을 빼는 사람도 있고, 계산기를 쓰는 사람도 있을 테다.[26]

카너먼은 사고 유형을 두 가지로 구분했다. 하나는 노력이 필요 없는 시스템 1 사고다. 우리의 감각과 본능, 반사적 행동이 여기에 속한다. 시스템 1 사고는 매우 쉽고 우리의 통제 범위를 넘어선다. 그래서 우리는 2 곱하기 2의 답을 자동으로 떠올릴 뿐 의식을 동원해 계산하지 않는다. 시스템 2는 머리를 써야 하는 신중한 사고로, 훨씬 의식적으로 노력해야 한다. 두 가지 시스템은 서로 경쟁한다.

이를 보여주는 유명한 퀴즈가 있다. "야구방망이와 야구공의 가격이 합해서 1파운드 10펜스다. 야구방망이가 야구공보다 1파운드 더 비쌀 때 야구공의 가격은 얼마인가?" 질문을 읽자마자 10펜스를 떠올린 사람이 많을 테다. 그렇지만 잠시 생각해보면 그 답은 틀렸다. 야구공이 10펜스면 야구방망이는 1파운드가 넘어버려 둘을 합치면 1파운드 20펜스가 된다. 정답은 야구공이 5펜스, 야구방망이가 1파운드 5펜스다. 시스템 1 사고는 순식간에 확실해 보이는 답을 내놓지만 우리를 오답으로 이끈다. 시스템 2 사고는 발동할 시간을 주면 시스템 1 사고를 무시하고 정답을 찾게 해준다.

이는 우리가 온라인에서 읽고 공유하는 방식을 고민할 때 교훈으로 삼을 만한 좋은 지침이다. 우리는 정치적 신념과 맞는 구절을 보면 쉽게 믿고, 거의 반사적으로 공유하려고 한다. 반면 잠깐이나마 출처를 살피고 사실인지 확인하려면 어느 정도 노력이 든다. 전자는 시스템 1 행동에 해당한다. 후자는 시스템 2를 발동한 것으로 공유하기 전에 정보를 더 신중히 검토해보자는 결단이 필요하며, 노력 없이 할 수 없는 일이다. 정보를 대강 훑을 때 나오는 순간적인 사고를 누르고 의식적으로 다른 방식의 사고를 해야 하기 때문이다. 시스템 2 사고를 작동시키는 것은 자기통제 행위로, 때로 '자아 고갈'이라고 부를 만큼 피곤한 일이다. 그렇지만 의식적이고 신중한 사고와 자기통제가 없으면 우리는 개소리에 노출될 것이다. 매일 탱크에 비축된 자기통제량은 한정돼 있으므로, 우리는 언제 자기통제를 발휘해야 하는지 잘 판단해야 한다.[27]

아무리 우리가 교육을 받았고, 양질의 정보와 저질 정보를 분간할 수 있다고 자부해도 여러 심리적 이유로 개소리에 넘어간다. 또 우리는 자신의 세계관과 일치하고 나의 사회적 규범에 맞으며 신호 보내기나 집단 정체성 강화에 쓰고 싶은 정보들을 많이 접한다. 우리가 꼭 개소리를 믿는다는 뜻은 아니지만, 의식적으로 노력하지 않으면 그렇게 되기 쉽다. 개소리의 영향력은 새삼스럽지 않지만 우리가 개소리에 사로잡히는 기제를 아는 것은 분명 도움이 된다. 이를 통해 개소리가 왜 효과적인 전략인지 어느 정도 이해할 수 있기 때문이다. 다음으로 살필 내용은 공급 측면이다. 개소리가 퍼지면 왜 금전적 이득이 생기는지를 살핀다.

02

개소리가 돈이 되는 이유

개소리는 그것의 확산에 관심이 있는 사람과 조직, 또 개소리를 받아들이는 독자가 있을 때 번성한다. 일부 정치인이 개소리를 퍼뜨리는 이유는 설명이 필요 없을 만큼 분명하다. 선거에 도움이 되고, 라이벌을 황당한 추문에 빠뜨리며, 쓸데없는 미디어 담론을 밀어낼 수 있기 때문이다. 권력을 잡을 기회를 제공하기도 한다. 정치적인 면으로 보았을 때 좋은 징조는 아니다.

정치인을 제외한 다른 주체들이 개소리를 퍼뜨리는 동기는 불분명해 보이지만, 대체로 돈으로 요약된다. 일부 미디어는 비용 절감차 편집실을 축소한 부작용으로 이따금 개소리 기사를 내보낸다. 결과야 어떻든 트래픽을 왕창 올리는 게 목적인 매체들은, 미심쩍고 저급한 기사라도 트래픽 증가에 도움이 될 것

같으면 출처가 확실한 정보와 더불어 개소리를 싣는다. 한편 우리가 소비자로서 방문하는 뉴스 매체의 배후에는 뉴스 생태계에 검증이 안 된 기사와 허위 정보, 화젯거리를 유통하고 주입해서 이익을 얻는 공급 사슬이 있다. 우리가 이번 장에서 더 깊이 탐색하려는 대상은 바로 이러한 비즈니스 모델 그리고 미디어 기업을 움직이는 동기다.

누가 어떤 이유로 무엇을 퍼뜨리는지 이해하는 것은 중요하다. 선정적 기사를 싣는 매체와 저질 바이럴 기사를 손가락질하거나 불만스러운 표정으로 잘못됐다고 지적하기란 쉽다. 하지만 하나도 소용없는 일이다. 뉴스 조직들이 이런 행동을 하는 재정적 이유를 이해하지 못하면 우리는 이에 대처하는 데 도움이 될 실질적인 해결책을 놓칠 것이다.

언론 매체의 새로운 비즈니스 모델

우리는 의심스럽거나, 아예 개소리인 기사를 주로 언론 매체를 통해 접한다. 요즘 언론 매체의 비즈니스 모델은 각종 위기를 겪고 있는데, 이런 난관 때문에 언론 매체는 독자를 끌어모으는 저비용 콘텐츠에 손을 뻗는다. 디지털 시대로 넘어오면서 발생한 위기는 인쇄물 판매 수익에 의지하던 매체가 특히 심하게 겪는다.

역사가 오랜 편집실들은 디지털 광고보다 인쇄물 광고에서 발생하는 수익이 훨씬 크다. 총 금액으로도 그렇고, 독자 수로 환산해도 여전히 많다. 2016년에 퓨리서치센터가 미국의 5대 출판그룹을 분석한 결과 디지털 광고는 전체 광고 수익의 4분의 1 정도를 차지했다.[1] 10년 전보다는 크게 오른 수치다. 그렇지만 이 증가세는 다른 부분이 감소했다는 점을 미루어 과장된 측면이 있다. 전체 광고 수익에서 인쇄물 광고 수익이 차지하는 비율이 급속도로 줄었기 때문이다. 신문사들은 인쇄물 광고 수익이 한 해에 보통 10~20퍼센트씩 감소할 뿐 아니라, 구인·구직 광고와 항목별 광고를 온라인 경쟁업체에 빼앗겨 어려움을 겪는다. 온라인 배너 광고나 팝업 광고로 신문사가 얻는 수익이 적다는 데 집중하다 보면, 다른 수많은 종류의 광고 수익은 더욱 급격하게 줄어들고 있다는 점을 쉽게 놓친다.

디지털 광고는 클릭당 단가가 푼돈밖에 안 된다. 수준 있고 유명한 뉴스 사이트의 아주 좋은 위치에 배너 광고를 실어도 클릭당 0.5센트에서 0.7센트(약 5원에서 7원)밖에 벌지 못한다.[2] 심지어 이 정도면 프리미엄 가격이다. 다른 사이트에서 거두는 광고 단가는 훨씬 낮다. 그나마 컴퓨터 모니터에서는 뉴스 기사 주변에 큰 광고를 여러 개 띄울 자리가 있지만, 모바일 기기 화면에는 그럴 자리가 없다. 그리고 뉴스를 모바일로 소비하는 비율은 점점 더 늘고 있다.[3] 데스크톱보다 수익성이 떨어지는 모바일로 기사를 보는 사람이 많아지면서, 가뜩이나 인쇄물 수익의 일부밖에 안 되는 디지털 수익이 계속 줄어든다는 뜻이다. 광고주는 웹페이지에 들어오는 방문자 수에 대해서도 회의적이다. 부도덕한 중간업자가 가짜 트래픽을 생성해 광고 노출을 높이기 위해 봇bot으로 시스템을 조작하는 경우가 있기 때문이고, 또 다수의 독자가 페이지 중간쯤 내려가야 나오는 광고를 사실상 보지 않는다는 좀 더 단순한 이유 때문이다.[4]

결국 사이트들은 방문객이 사이트에서 광고를 확실히 봤다는 증거를 확보하려고 갈수록 필사적이다. 기사를 계속 읽으려면 버튼을 클릭하게 해서 그때 나오는 광고는 확실히 보게 하거나, 기사를 읽기 전에 갑자기 광고가 튀어나오게 하고, 모바일 앱스토어로 유인하는 짜증 나는 광고를 기사에 심어놓는다. 정직한 독자에게는 매우 성가신 장치들이다. 결국 이용자는 광고 차단 소프트웨어를 설치한다. 몇 년 전만 해도 차단 프로그램을 사용하는 사람이 10명 중 1명이 될까 말까 했다면 2017년에는 5명 중 1명꼴로 증가했고[5] 2020년에는 4명 중 1명 이상으로 더 늘어났다. 광고 차단 프로그램을 쓰면 이용자가 사이트를 방문해도 전혀 수익이 발생하지 않는다. 광고 문제는 갈수록 심각해질 뿐이다.

《뉴욕타임스》, 《파이낸셜타임스》, 《월스트리트저널》 등을 비롯한 일부 매체는 수익을 만회하고 광고 의존도를 낮출 만큼 구독자를 확보하는 능력을 보여주었지만, 광고에 의존하는 대다수 사이트는 상황이 열악하다. 트래픽을 대폭 늘리기 위해서는 콘텐츠를 계속 만들어야 하지만, 사실 확인이나 꼼꼼한 자료 조사에 쓸 자금이 부족하다. 방문객을 대거 끌어모으려고 선정적인 기사를 내기도 한다. 개소리가 번성하기 좋은 훌륭한 서식지가 생기는 것이다.

《뉴욕타임스》의 전 CEO이자 전 BBC 사장을 지낸 마크 톰슨Mark Thompson은 2016년 옥스퍼드대학교 로이터언론연구소의 발표 논문에서 이런 현실을 냉정한 목소리로 전했다.[6] 그의 글은 미국 드라마 〈왕좌의 게임〉에 나오는 대사를 떠올리게 한다.

> 전 세계 뉴스 발행업자들에게 진짜 겨울이 닥치고 있다. 많은 발행업자들이 이 역경을 구독자와 디지털 광고에 기댄 모델로 극복하려고 했다. (…) 새로운 디지털 뉴스 공급업체들은 이와 비슷하지만 기생성이 짙은 비즈니스 모델을 택했다. 이들은 다른 뉴스 조직이 쓴 기사를 고쳐 쓰거나 다르게 포장해 실었는데, 기사를 직접 쓰는 것보다 비용이 훨씬 덜 들기 때문이다. 또 이들은 뛰어난 기술을 이용해 유통과 광고 수익화에서 전통적인 뉴스업체들을 크게 앞질렀다. (…) 현재 이 모델들을 바라보는 회의적인 시각이 존재한다.

우리가 읽고 공유하는 언론 매체들은 개소리 게임판에서 두드러진 행위자로, 이들이 처한 재정난을 보면 왜 이들이 최소한의 사실 확인만 거친 기사나 과장된 기사를 그대로 내보내는

지 쉽게 이해가 간다. 이 시스템에는 우리 눈에 띄지 않지만, 검증 안 된 정보를 퍼뜨리는 데 중요한 역할을 하는 대행사와 홍보 회사들이 층층이 존재한다.

뉴스를 광고로 사용하는 대행사와 홍보 회사

2017년 1월, 악의 없어 보이는 뉴스 하나가 이들의 존재를 세상에 드러냈다. 기사의 주인공은 런던에서 자전거를 타고 있던 한 여성이었다. 여성은 하얀색 밴 옆에 서서 신호를 기다리고 있었다. 그때 밴에 타고 있던 남성이 여성에게 말을 걸며 전화번호를 물었다가 퇴짜를 맞았다. 그러자 남성은 여성에게 욕설을 퍼붓고는 생리 중이냐며 빈정거렸다. 화가 난 여성은 신호가 바뀌자 먼저 출발해버린 밴을 추격해 따라잡은 후 사이드미러 하나를 뜯어버렸다.

이 기사와 영상을《데일리메일》,《메트로》,《인디펜던트》,《더 선》,《시드니모닝해럴드》, 그 밖에 여러 주요 매체들이 보도했고 일부 매체에서는 영상 조회 수가 수백만 건을 기록했다. 문제는 어느 매체도 영상을 올리기 전에 이 사건이 사실인지 확인하지 않았다는 점이다. 나중에《더 선》이 목격자를 찾아냈지만, 목격자는 해당 영상이 연출된 듯하다고 했다. 온라인《가디언》의 기자 엘레나 크레시Elena Cresci는 목격자가 나타나지 않았어도 매체들이 조작 사실을 알아챌 만한 의심스러운 정황이 분명히 있었다고 설명했다. 그녀는 "목격자가 나서기 전에도, 영상에는 몇 가지 수상쩍은 점들이 있었다"라고 썼다.

> 이 장면을 목격한 오토바이 운전자가 사건의 전 과정을 찍는 게 가능하다고 본 것은 지나치게 안이한 발상이었다. (자전거를 탄 여성과 밴 운전자 사이에서 발생한 사건을 뒤따르던 오토바이 운전자가 헬멧 카메라로 영상에 담았다-옮긴이) 헬멧 카메라를 쓰고 다니는 오토바이 운전자가 많으므로 아예 불가능한 일은 아니겠지만 말이다. 사이드미러를 그렇게 쉽게 뜯어내기란 다소 어렵다는 지적도 있었다. 게다가 영상 자체가, 주목받으려고 황당한 장면을 연출해 찍어 올리는 프랭크스터prankster 사이트의 영상들과 비슷한 구석이 많았다.[7]

삽시간에 퍼진 이 영상은 어디서 나왔을까? 인터넷에서 화제인 영상을 찾아 수익화하는 전문 대행사가 홍보하고 판 것이었다. 이런 대행사는 유튜브나 비슷한 사이트에서 인기 영상을 찾아낸 다음, 영상 제작자가 보통은 운 좋게 얻어걸린 높은 조회 수로 돈을 벌 수 있게 중간 다리 역할을 한다. 그리고 이들은 사기꾼들이 만든 콘텐츠를 쉽게 건네주기도 한다.

앞서 말한 자전거 영상은 정글크리에이션즈가 그 대행사로, 400파운드를 받고 이 영상을 뉴스 사이트에 올리게 하거나

150파운드를 받고 소셜 미디어에 사용하게 했다. 수십 개의 매체가 돈을 주고 이 기사를 구매하면서 이 업체는 수천 파운드를 벌었다. 정글크리에이션즈는 그 영상이 사실인지는 전혀 확인하지 않았다고 밝혔다. 해당 업체는 한 성명에서 "우리는 우리가 구한 콘텐츠를 하나하나 세심히 확인할 자원이 없다"라고 말했다. 또 나중에 발표한 두 번째 성명에서는 그 영상이 "사실과 다를지도 모른다"라며 회사의 소셜 네트워크 피드에서 해당 영상을 삭제했다.[8]

그렇지만 그 의심스러운 영상으로 수백만 건의 조회 수를 올린 매체들은 해당 기사를 내리거나 수정하지 않았다. 처음 올린 기사 제목에 "과연 사실이었을까?"라고 덧붙인 매체가 있는가 하면, 아무 조치도 하지 않은 매체도 있었다.《데일리메일》은 뻔뻔하게도 처음 쓴 기사를 그대로 둔 채, 사람들이 그 영상이 사실인지 의심한다는 두 번째 기사를 추가했다.

런던에서 통근하는 여성들은 일상적으로 성희롱을 겪는다. 영상이 진짜인지와 상관없이 영상에서 조명한 상황 자체는 사실이다. 그 영상에 특별히 심한 속임수는 없었다. 하지만 이런 기사가 계속 나오면 그 피해는 특정 층을 겨냥한 뉴스 매체나 가짜뉴스 매체보다 당연히 더 신뢰받아야 할 뉴스 매체가 고스란히 입게 된다. 주요 사이트에서 중간 업자들이 아무 확인 없이 제공한 검증 안 된 기사와 영상을 상습적으로 싣는다면, 독자는 다른 이슈에서도 그 사이트를 신뢰하지 않을 것이다. 기사를 무심코 읽는 독자로서는 그 매체에서 꼼꼼히 검증한 기사와 그러지 않은 기사를 분간할 방법이 없다.

이런 영상을 퍼뜨리는 이유는, 뉴스 사이트 입장에서 훌륭한 콘텐츠이기 때문이다. 영상 광고는 디지털 광고에서 아주 유망한 분야다. 수익률이 일반 배너 광고보다 훨씬 높다. 이미 뜬 영상을 찾아 소개해주는 대행사 덕분에 사이트들은 효과가 보장된 영상을 비교적 저렴하게 사서 트래픽을 높이고 나아가 수익까지 올린다. 그렇지만 이 먹이사슬에 있는 어느 누구도, 영상에 고소당할 만한 내용이 있지 않은 한, 굳이 사실 확인을 할 이유가 없다. 대행사는 인기 영상을 제공해 이익을 얻으려 하고, 뉴스 사이트는 쉽게 트래픽을 올리려고 한다. 꼼꼼한 사실 확인은 양쪽 모두의 금전적 동기에 방해가 된다.

이 업계에는 꾸며낸 기사를 미디어에 주입하려는 동기가 더욱 강한 행위자가 또 있다. 바로 PR 전문회사다. 이들은 예전부터 이런 활동을 해왔고 현재 달라진 뉴스 환경에 맞춰 다양한 방식을 모색한다. PR 회사가 미심쩍은, 그리고 본질적으로 가짜인 바이럴 영상을 만드는 이유는 보통 허위 사실이 고객의 제품 홍보에 도움이 되고, 나중에 연출된 영상이었다고 밝히면 한 번 더 홍보가 되면서 PR 회사도 새로운 광고주를 확보할 수 있기 때문이다. 결국 PR 회사와 고객 모두 처음에 나온 바이럴 기사로 한 번, 내막을 밝힌 기사로 또 한 번 이득을 본다.

2016년에 나온 바이럴 기사도 이런 종류였다. 영국 런던

해러즈백화점 근처에 주차된 흰색 레인지로버 차량 사진이 트위터와 페이스북에 올라왔다. 차량에는 "바람둥이 자식, 이제 끝이야." "그 여자랑 잘해봐!"라고 스프레이 칠이 되어 있었다. 유동 인구가 많은 곳이다 보니 차량은 금세 사람들 눈에 띄었고 소셜 미디어에서도 바로 화제가 되었다. 여러 뉴스 매체도 재빨리 기사를 냈다. 뭔가 숨은 사연이 있는 듯하다는 이런저런 추측도 덧붙였다.

그다음 날, 처음의 뜨거운 관심이 시들해질 무렵, 이 깜짝쇼의 배후에 있던 한 자동차 정비소가 모든 사실을 밝혔다. 이에 두 번째 기사가 나오면서 첫 번째 기사보다 더 큰 화제를 낳았다. 일간지 《이브닝스탠더드Evening Standard》는 이 사기극을 보도하면서, "9만 파운드짜리 흰색 레인지로버 신상품" "새로 나온 리비어레인지로버보그 홍보를 위한 깜짝 광고"라는 표현을 썼고, 이 깜짝쇼를 준비한 정비소를 "고급 차량의 디자인 개선과 기능 향상을 전문으로 하는 정비소"라고 소개했다.[9] 두 번째 기사는 깜짝쇼 준비 영상뿐 아니라, 엉망이 된 차량을 보는 행인들의 반응이 담긴 두 번째 영상도 공개했다. 결국 이 기사를 다룬 뉴스 사이트들은 하나 가격에 기사 두 개를 얻었고, PR 회사를 찾은 고객은 자사 제품을 톡톡히 홍보했으며, 이들이 미디어를 속였다는 사실을 밝힌 기사에서도 홍보가 계속되면서, PR 회사는 꾸며낸 사건으로 트래픽을 올리는 능력이 있음을 증명했다. 또 다른 고객을 확보하는 근사한 방법이었다.

이런 식으로 홍보해주는 여러 전문 대행사와 전담 부서가 존재한다. 호주의 한 대행사는 주로 충격적인 영상을 제작한다. 이들이 만든 영상의 제목은 이렇다. "시드니하버에서 거대한 백상아리와 싸우는 남자." "셀카를 찍으려고 토네이도에 뛰어든 미친 남자." "번개에 맞을 뻔한 시드니의 여자아이!"

이 PR 대행사의 총괄이사 데이브 크리스티슨Dave Christison은 《허핑턴포스트》에서 어떤 영상이 인기가 많은지 알아보려고 시험 삼아 만들었는데, 깜짝 영상으로 자사 브랜드를 홍보하고 싶다는 고객이 바로 몰렸다고 말했다. "우리가 만든 두 번째 영상인 '셀카를 찍으려고 토네이도에 뛰어든 미친 남자'는 고객이 의뢰해 만든 것으로 동일한 유튜브 계정에 올렸습니다. 로드쇼 필름이 그 고객이었는데, 〈인투더스톰〉이라는 차기 개봉작을 홍보하려고 만들었습니다. 영화 개봉 날 우리는 그 토네이도 영상이 연출된 것이라고 밝혔습니다."[10]

두 번째 영상 역시 동일한 계정에 올렸지만, 이 PR 대행사가 바이럴 영상을 여섯 편 더 제작하고 총 조회 수가 2억을 훌쩍 넘긴 후 자신들의 존재를 밝힐 때까지, 아무도 이 영상 뒤에 PR업체가 있다는 사실을 눈치채지 못했다. 물론 이 사실을 밝힌 것도 고객을 더 확보하려는 전략이었다.

PR 대행사들은 예전부터 고객을 위한 홍보 전략으로 뇌리에 오래 남는 낚시성 기삿거리를 찾아내려고 고심했고, 최근에는 그 전략으로 깜짝 놀랄 바이럴 영상을 만들기 시작했다. 이런 낚시성 기사들은 바람직하고 수준 있는 경우도 있지만, 근거가 없거나 해롭기만 한 경우도 있다. 과학저술가 벤 골드에이커Ben Goldacre는 1월 중 특정 월요일이 1년 중 가장 우울한 날이라 주장하는 '우울한 월요일'에 대한 비판 글을 몇 년 동안 썼다. 영국 매체는 우울한 월요일을 10년 넘게 연례행사처럼 보도한다. 물론 기분이 계절을 탄다거나 최저점을 찍는 날이 따로 있다는 근거는 전혀 없다.[11] 우울한 월요일은 처음에 방송 채널 스카이 트래블Sky Travel을 홍보하기 위해 만들어진 말이었다. 어느 순간 다른 기업들도 이를 이용하기 시작했고, 상대를 이길 자신이 없으면 손을 잡는 게 낫다고 판단했는지 정신 건강을 돕는 자선단체도 이를 가져다 썼다.

2011년에 골드에이커는 분명 해로운 개소리도 있다고 지적했다. 한 사람당 50파운드씩 받고 웹캠으로 상담을 해주는 한 신규 PR 대행사가, 자체 설문 조사 결과 10대 청소년 중 34퍼센트가 관심을 끌려고 심각한 정신질환을 앓는 척 연기한다고 발표했다. 주변에 휩쓸리기 쉬운 청소년에게 악영향을 줄 수도 있는 심각한 내용이었다. 골드에이커는 해당 PR 대행사에 설문 조사를 어떻게 진행했고, 설문에 응답한 10대가 몇 명이며, 통계를 어떻게 산출했는지 자세한 내막을 물었다. PR 대행사는 감감무소식이었다. 골드에이커는 이 문제를 놓고 "개소리는 갈수록 파국으로 치닫는 미끄러운 비탈길이다"라고 지적했다.

비탈길 위쪽에서는 자선단체가 우울한 월요일이라는 얼빠진 PR 문구를 한번 가져다 쓰더니 이제는 아예 일상적으로 쓴다. 비탈길 바닥에 가까워지면, 한 주요 언론지의 보건 담당 특파원이 오수로 가득 찬 강가에 서서 10대들이 심각한 정신질환이 있는 척 꾀병을 부린다고 백만 독자에게 외친다. 내가 제안할 수 있는 것이라곤 물마루에 휩쓸리기 전에 조금이라도 생각을 해보자는 것이다.[12]

PR 대행사들은 앞으로도 개소리를 더 많이 쏟아낼 것으로 보인다. PR의 홍보 효과를 측정하기 위해 수년째 쓰는 방식 중 하나로 '광고 환산 노출도'라는 것이 있다. PR 홍보와 동일한 효과를 내려면 광고를 어느 정도 해야 하는지 PR 대행사가 고객에게 보여주는 지표로, 요즘은 유튜브나 페이스북, 여타 비슷한 사이트의 홍보 효과를 측정할 때 쓴다. 독자들이 광고 차단 앱을 쓰거나 소셜 사이트를 통해 직접 뉴스를 보는 상황에서 브랜드 회사들은 갈수록 광고효과에 회의적이고, 그만큼 PR 홍보는 매력적이다. 결국 PR 대행사는 개소리의 경제적인 측면에서 두드러진 행위자임이 분명하다.

주류 언론에서 개소리 비즈니스 모델은 주로 광고와 PR이며, 일부 비주류 매체도 마찬가지로 광고와 PR에 집중한다. 특히 음모론이나 당파적 영상을 제작하는 매체들이 이런 비즈니스 모델을 택하는데, 상당수는 (구글이 소유한) 유튜브에서 많은 자금을 지원받는다. 조지프 번스타인Joseph Bernstein이 《버즈피드 뉴스》에서 지적했듯이 페이스북은 대중의 이목을 끌어 개소리를 퍼뜨린다면, 유튜브는 개소리에 자금을 댄다.[13] 앞서 언급한 피자게이트 음모론을 퍼뜨린 자들이 만든 영상을 수백만 명이 봤고, 우버Uber와 퀘이커오츠Quaker Oats가 여기에 광고를 실었다. 이 광고들은 유튜브의 광고 네트워크를 통해 맺어졌다. '전 세계의 정보를 체계적으로 정리하는 것'이 사명인 인터넷 최대 광고 네트워크 구글과 대형 브랜드 기업들이 음모론과 허위 정보가 수익을 내도록 돕는 격이다.[14]

공포심을 이용하는 비즈니스 모델

또 다른 비주류 매체에서는 이와 사뭇 다른 재정 모델이 작동한다. 가장 유명한 매체로 《인포워스》를 들 수 있는데 한때 극우 성향이 강했지만 지금은 트럼프 정부에 동조적이다. 《인포워스》는 프레퍼족(언제 발생할지 모르는 재난에 항상 대비하는 사람들-옮긴이)이 추종하는 우파 음모론자 알렉스 존스가 운영하는 사이트이자 방송이다. 존스는 9 · 11테러가 내부 소행이고, 샌디훅초등학교 총기 난사 사건이 날조이며, 보스턴 마라톤 폭탄 테러 배후에 미국 정부가 있다는 주장을 신봉하기로 유명하다. 게다가 존스는 이 모든 사건이 세계 정복을 꾀하는 세계주의 세력

의 악의적 어젠다의 일부라고 주장한다.[15]

독자들은 존스가 정원 창고 같은 데서 방송을 한다고 생각할지 모르겠지만 《인포워스》는 전문 스튜디오를 갖췄고, 영상을 독립 방송국에 공급하는 신디케이션 제휴를 맺었으며, 이윤도 수백만 달러에 달한다. 게다가 도널드 트럼프가 당선됐을 때 그와 인터뷰도 했다. 존스는 가끔 트럼프가 전화로 자신에게 조언을 구한다고도 말한다.[16]

《인포워스》는 지극히 남성 중심적이고 편집증적인 어젠다를 퍼뜨리면서, 시청자에게 "역사의 물줄기가 되자"라든가 "새로운 전함에 탑승하라"라고 촉구한다. 《인포워스》의 슬로건은 "당신은 레지스탕스다!"이다.[17] 《인포워스》의 수입원은 일반적인 배너 광고나 구독자가 아니며, 외부 광고주도 없다. 대신 사이트와 방송에서 《인포워스》만의 다양한 재난 대비 물품을 쉬지 않고 광고한다. 종말론적 사건이 터졌을 때 생존하도록 돕거나, 재난에 대처할 수 있게끔 체력을 길러주는 제품들이다.

광고 물품 중에는 인포워스라이프InfoWars Life가 생산하는 '강한 남자의 활력'이라는 제품이 있다. 홍보 문구로 "알렉스 존스가 하루 열두 시간씩 일하거나 자유를 위해 투쟁할 때 원기를 극대화하기 위해 복용하는 제품"이라고 쓰여 있는데, 한 달 치가 44.95달러밖에 안 한다.[18] 다른 제품들도 프레퍼족의 구매욕을 자극한다. 즉 전쟁이나 재해가 발생했을 때 몇 달에서 몇 년간 전기 없이도 생존하려고 물건을 쟁여두려는 사람들의 심리를 이용한다. 방사성 낙진이 흡수되지 않도록 돕는 화학물질인 요오드 영양제도 판다. '생존방패X-2'라는 이름의 이 제품은 '방사성 물질이 검출되지 않은' 보충제라고 한다.[19] 심지어 비상식량 판매업체 패트리엇 팬트리와 제휴해 유통기한이 25년인 저장용 비상식량을 판매하는데, 3개월, 6개월, 12개월 치 식량을 각각 499달러, 895달러, 1797달러에 판다.[20]

냉소적으로 말하면 《인포워스》의 비즈니스 모델은 분쟁이나 재해가 곧 다가온다고 시청자에게 끊임없이 주입하면서, 한편으로 그런 종말론적 사건이 터져야 쓸모 있는 맞춤형 제품을 계속 광고하는 형태다. 즉 살아남으려면 그런 제품을 필히 구매해야 한다고 시청자들에게 계속 환기하는 것이다. 《인포워스》도 시청자에게 이야기한바 이러한 비즈니스 모델은 매우 탄탄해서 광고주나 검색엔진, 여타 요소로부터 영향을 받지 않는다. 《인포워스》에서는 브랜드 제품을 찾아볼 수 없다.

어떤 매체든 헌신적인 시청자를 확보하면, 자체적인 경제 시스템이 만들어진다. 《인포워스》는 이런 시스템에 기대 이 매체에 우호적인 대통령을 맞이하는 날까지 살아남았다. 이제 《인포워스》는 정부와 맞서기보다 현직 대통령을 옹호하기 위해 분투한다. 시청자들은 오바마가 백악관에서 3킬로미터 정도 떨어진 곳에 혹자는 관저라고 부르는 새로운 거주지를 마련했고, 비밀 벙커 안에 비밀 군대를 보유하고 있으며, 3만 명의 비밀 군대가 바로 "세계주의자들의 막후 세력"이라는 이야기를 듣는다.[21] 존스는 이들 막후 세력이 트럼프를 암살할지도 모른다며 이들의 계획을 알려준다. 백악관 주인이 누구든, 존스의 망상은 마르지 않았다. 《인포워스》의 비즈니스 모델을 지탱하는 것이 바로 이러한 망상이기 때문이다.

노골적인 가짜뉴스를 만들어내는 사이트는 이런 식으로 직접 영리 활동을 하는 것이 중요하다. 클릭을 유도하려고 만드는 광고성 사기 사이트를 제외하면, 정체가 모호한 다수의 가짜뉴스 사이트와 단지 제품을 팔거나 일확천금을 버는 비법을 알려주는 가짜뉴스 사이트로 나뉜다. '남는 시간에 얼마 얼마를 버세요' 같은 광고 문구는 인터넷이 등장하기 훨씬 전부터 있었다. 그때는 길에 홍보 전단을 뿌려서 어수룩한 사람들을 꼬드겼다. 지금은 인터넷에 접속하기 쉬운 만큼 이런 문구도 수시로 접한다. 온라인에 10분만 있다 보면 팝업 창이 뜨고 광고가 나오면서 "백만장자가 밝힌 집에서 시간당 127파운드 버는 법" "일하지 않고 매일 387파운드씩 버는 법" 같은 매우 흥미로운 문구를 만나게 된다.[22]

이런 링크를 눌러보면 뉴스 매체로 위장한 사이트에 기사처럼 보이는 글이 나온다. 이를테면 '온라인 부자 뉴스' 같은 사이트다. 이 사이트는 정교하게도 내 웹브라우저에 있는 정보를 이용해 기사 제목을 살짝 바꿔 기사 속 인물이 마치 나와 가까이 사는 듯 꾸민다. 내가 본 기사 제목은 이랬다. "이즐링턴 Islington에 사는 백만장자 엄마가 모든 것을 털어놓다." 제목 바로 아래에는 “Telegraph.co.uk, FT.com, BBC에서도 내용을 확인할 수 있다”라고 쓰여 있다. 기사와 가짜 인터뷰가 이어지고 리아 윌리엄스Leah Williams라는 사람이 부자가 된 비결을 설명한다.[23] 기사를 읽다 보면 결국 매우 위험한 바이너리 옵션을 권하는 사이트 얘기가 나온다. 바이너리 옵션은 시장 동향에 돈을 거는 일종의 도박이다. 비영리 뉴스 기관 탐사보도국은 바이너리 옵션 때문에 “영국인 예금자 수천 명이 수백만 파운드”를 잃었다고 밝혔다.[24]

바이너리 옵션 사이트가 가짜 기사를 이용하는 수법은 특별한 이야기는 아니다. 이들은 몇 년 전에는 뉴스 매체로 위장하지 않은 사이트에서 홍보했거나 단순하게 이메일을 이용했을 것이다. 거짓 정보를 제공하긴 하나 지갑은 털지 않는, 비교적 무해한 가짜뉴스가 있는가 하면 심각한 금전적 피해를 주는 가짜뉴스도 있음을 기억해야 한다. 무엇보다도 주목할 점은 우리를 가짜 기사로 유도한 그 솔깃한 기사 제목이 애초에 어디서 왔냐는 점이다. 바로 주류 뉴스 사이트의 기사 하단이었다.[25]

71번 클릭해야 볼 수 있는 기사

이는 주류 언론이 가짜뉴스를 욕하거나 구글과 페이스북, 정부 측에 가짜뉴스를 단속해달라고 요구할 때 언급하기 꺼리는 가짜뉴스 생태계의 한 단면이다. 실은 압도적으로 많은 주요 뉴스 사이트가 노골적인 가짜뉴스나 매우 수상한 기사가 포함된 광고 네트워크로 돈을 번다.

이런 광고 기사들은 보통 기사 하단이나 측면에 있는 링크를 누르면 나오는데, 보통 작은 글씨로 "스폰서 링크" "홍보 기사" "더 많은 내용을 보려면"이라고 표시해놓는다. 또한 일반 광고와 달리 해당 사이트와 잘 어울리게 만들어놓아서 무심코 보면 일반 관련 기사 링크처럼 보인다.

예를 들어 《데일리미러》의 경우 "영국 BBC 드라마 〈이스트엔더스〉의 매혹적인 캐릭터 닉 베리의 믿을 수 없는 현재 모습" "77킬로그램을 뺀 수전 보일의 놀라우리만큼 매혹적인 모습"이라고 쓴 스폰서 링크가 뜬다. 수전 보일 기사 링크를 클릭하면 빼곡한 광고와 함께 "연예인들의 놀라운 체중 변천사" 목록이 나온다. 한 페이지에 연예인 한 명씩만 보여주고 다음 연예인으로 넘어가려면 버튼을 클릭해야 하는데, 그때마다 광고가 떠서 사이트에 수익을 올려준다. 수전 보일의 모습을 확인하려면 71번 클릭해야 한다. 결국 화면에는 "살을 뺀 보일은 (…) 전보다 나은 모습이다"라는 문구와 함께, 평소 모습과 다르지 않은 예전 사진 한 장이 뜬다. 물론 수전 보일은 77킬로그램을 감량한 적이 없다.[26]

식자층이 보는 외교 전문 미디어 《포린폴리시Foreign Policy》에도 스폰서 링크가 있다. "이제 겨우 열 살인 배런 트럼프Barron

Trump의 호화로운 삶." "공화당 지지자 클린트 이스트우드Clint Eastwood가 자신이 투표한 후보를 밝히자, 팬들은 전혀 못 믿는 분위기."(이스트우드는 전부터 트럼프를 지지한다고 말했기 때문에 전혀 놀랄 일이 아니었다.)[27] 《가디언》의 스폰서 링크 제목은 다음과 같다. "올해 출시될 믿기지 않는 차." "다른 가구 소매점들이 알려주지 않는 가구 사이트!"

이러한 스폰서 콘텐츠는 소수의 광고 전문 대행사가 집행하는데, 아웃브레인, 타불라, 레브콘텐트가 이 시장을 꽉 잡고 있다. 가짜뉴스 퇴치에 앞장서야 할 주요 뉴스 매체들이, 사람들을 현혹하고 때로 전혀 사실이 아닌 기사 제목을 자사 웹페이지에 뜨도록 방치하는 이유는 뭘까? 수익 때문이다. 링크들은 종종 익명으로 등록되고 광고주가 누군지 알 수 없지만, 일반 디스플레이 광고보다 수익이 높다.

니먼저널리즘연구소는 이렇게 지적했다. "수상한 식이보충제를 팔고 클릭을 유도하는 낚시성 기사를 유포하는 위젯이 사이트의 주요 요소가 돼버렸다. 이들이 퍼블리셔에게 지급하는 광고료 때문인데, 일반 배너 광고보다 단가가 높은 편이다. 이들은 어떻게든 수익을 높이려고 발버둥 치는 퍼블리셔에게 많은 경우 필요악이 돼버렸다."[28]

니먼연구소는 주요 온라인 회사에서 일하는 경영자의 말을 익명으로 인용했다. "퍼블리셔는 이런 업체를 싫어하지만 이들이 엄청난 수입원이기 때문에 같이 일을 안 할 수가 없다." 이 사실을 뒷받침하는 통계가 있다. 2016년에 나온 한 보고서에 따르면, 상위 50개 온라인 뉴스 사이트 중 41곳이 주요 '홍보성 기사' 광고 네트워크를 적어도 한 곳 이상 이용한다고 했다. 이를 이용하지 않는 곳은 《뉴욕타임스》, 《슬레이트》, 《버즈피드뉴스》, 《보스턴글로브Boston Globe》 등이었다. 그 밖의 다른 뉴스 사이트들은, 광고대행사 아웃브레인의 말이 맞다면 이러한 수입원을 끊어내기는 어려워 보인다. 니먼연구소의 글에서 아웃브레인의 제품 마케팅 담당 부사장은 이렇게 말했다. "우리는 메이저 중에서도 메이저인 퍼블리셔들에게 아웃브레인이 제1수입원이 되었다는 말을 들었다."[29]

그렇지만 퍼블리셔들은 홍보성 기사 생태계에서 양다리를 걸치고 있다. 《데일리익스프레스》와 《데일리스타》를 비롯한 영국의 뉴스 사이트들은 다른 사이트에서 타불라의 스폰서 콘텐츠 기사로 뜬다. 그래서 《데일리익스프레스》가 쓴 브렉시트를 반대하는 정치인들 기사나, 《데일리스타》가 쓴 매머드woolly mammoth 유해에 관한 기사로 트래픽을 유도한다. 이런 식의 콘텐츠 홍보는 간혹 일부 매체가 자사 광고영업팀이 광고주를 위해 만든 스폰서 콘텐츠로 트래픽을 유도할 때도 이용된다. 광고주에게 약속한 최소한의 조회 수를 확보하려는 자구책이다. 이런 광고를 실어야 하는 퍼블리셔들의 딜레마를 《포춘》의 매튜 잉그램Matthew Ingram 기자는 아주 명쾌하게 표현했다.

이주 문제나 미국 정치계 등 주요 주제를 다룬 장문의 탐사 보도 기사를 실었는데, 기사 하단에 헐벗은 여자들 사진과 여타 사기성 저질 사이트 링크가 걸려 있다면 독자에게는 어떤 메시지가 전달될까?[30]

가짜뉴스 단속을 요구하거나 로비하면서 한편으로는 이런 광고를 싣는 매체들에는, 적어도 어쩔 수 없는 현실이다. 좋든 싫든 양다리를 걸치고 있기 때문이다. 이들은 자신이 할 수 있는 범위 안에서 아무런 조치도 하지 않으면서 다른 이들에게 가짜뉴스를 단속하라고 요구할 자격이 있을까?

콘텐츠 노출 결정권을 가진 소셜 플랫폼

재정적 갈등을 낳는 마지막 요인은 기술 기업과 미디어 기업의 우선순위가 어긋나면서 생긴다. 페이스북도 18억 이용자들이 매일 접속해 가급적 오래 머물기를 바란다. 이용자가 많이 접속할수록 수익도 늘기 때문이다. 전에는 페이스북이 영상을 링크로 걸었다면, 이제는 자사 사이트나 앱에서 동영상을 바로 볼 수 있게 한다. 페이스북은 퍼블리셔에게 그들의 기사를 폐쇄형 구조인 인스턴트 아티클, 즉 링크를 타고 다른 사이트로 이동하지 않고 페이스북에서 바로 읽을 수 있는 형태로 제공하겠다고 제안했다. 이 경우 페이스북은 자체 알고리즘으로 이 기사들의 노출 순위를 높일 수 있으므로, 더 많은 이용자가 읽게 된다. 그러면 페이스북은 인스턴트 아티클에서 생긴 수익의 일정 몫을 얻는다. 물론 수익 중 최소한 70퍼센트는 퍼블리셔에게 준다.[31] 이때 퍼블리셔의 권한은 약해진다. 자체적인 기획과 디자인뿐 아니라 자사의 비즈니스 모델도 페이스북에 맞춰 일부 변경해야 하기 때문이다. 전통적인 퍼블리셔에게 더 곤란한 점은 인스턴트 아티클의 획일성이다. 페이스북이 콘텐츠의 디자인을 통일하면, 무심코 읽는 독자 눈에는 기사의 출처가 잘 보이지 않는다.[32] 정보원의 신뢰도도 파악하기 어렵다.

페이스북 생태계는 진실한 문화를 일구는 것과는 거리가 멀다. 페이스북 페이지는 회원이 많은 거대한 커뮤니티를 만들어야 이익이다. 그러다 보니 많은 페이지에서 무단 도용한 콘텐츠를 감성을 자극하거나 웃음을 유발하게끔 재가공해 올린다. 팔로어와 공유 수를 늘리려고 장애아의 사진을 훔쳐다 올리는 경우도 있다.[33] 훔친 콘텐츠로 감성을 자극하는 극소수의 악의적 이용자가 판치는 플랫폼에서 퍼블리셔는 좋든 싫든 사람들의 이목을 끌려고 늘 경쟁한다.

주요 기술 기업이 내린 몇 가지 다른 결정들이 탈진실 시대에 부정적인 영향을 줄 수도 있다. 구글은 끊임없이 검색 결과 페이지를 손질했다. 전에는 검색 결과 목록만 보여주었지만, 점점 구글 페이지에서 바로 보여주는 정보가 많아졌다. 전에는 이용자가 어떤 방송에서 어느 역을 맡은 배우가 누구인지, 어느 정치인의 나이가 몇 살인지 등을 검색하면 재미를 봤던 매체의 트래픽 유입이 줄었다.

알고리즘의 검색 결과는 전혀 엉뚱한 답을 내놓기도 한다. 구글은 기성 매체가 비주류 매체보다 검색 결과 상위에 노출되도록 최소한의 조치만 한 것 같다. 케이스웨스턴리저브대학교 부교수인 피터 슐먼Peter Shulman은 수업 시간에 겪은 황당한 일을 소개했다.[34] 한 학생이 그의 역사수업 시간에 미국 대통령 중 백인우월주의 단체 KKK에 가입했던 사람이 최소 다섯 명이라고 말했다. 학생 말대로 구글에서 'KKK에 가입한 대통령'이라고 검색해보니, 구글의 정보상자info box(구글이 신뢰도가 높다고 판단한 사이트에서 가져온 믿을 만한 정보를 보여주는 기능-옮긴이)에 윌리엄 매킨리, 우드로 윌슨, 워런 하딩, 해리 트루먼 대통령이라고 떴다. 출처는 나이지리아의 한 뉴스 매체라고 했지만 이를 뒷받침하는 근거는 전혀 없었다. 기술 기업은 결국, 고의는 아니겠지만 그들의 근거지에서 뉴스 매체들과 경쟁하면서 허위 정보 생태계를 더욱 얼룩지게 했다.

페이스북이나 구글과 함께하는 뉴스 매체의 가장 큰 경제 문제는, 대중에게 접근하기 위해 의존하는 이들 기술 기업이 동시에 자신의 경쟁자라는 사실에서 비롯한다. 많은 경우 브랜드 회사들은 디지털 광고 예산을 뉴스 매체보다는 페이스북이나 구글에 쓰는 것이 더 쉽고 효과적이다. 규모가 큰 만큼 광고 효과가 좋고 표적층을 확보하기도 쉽기 때문이다.

페이스북과 구글이 디지털 광고 분야를 장악하자 영국 신문사들의 조직체인 뉴스미디어협회는 정부에 조치를 요구했다. 관련 부처 장관에게 보낸 보고서에서 이들은 "온라인 뉴스 환경은 제삼자가 뉴스 기사를 수집해 콘텐츠를 재구성하고, 제공하고, 링크를 걸며, 수익화하는 것이 그 특징"이라며 "구글이 검색 분야를, 페이스북이 소셜 네트워크 분야를 장악하고 있다"라고 설명했다. 이어 "최초의 보도 활동에 투자하지 않는 기업이 여기에 투자하는 기업을 제치고 상당한 가치를 취한다"라며 우려를 표했다.[35] 2017년, 구글과 페이스북은 미국 디지털 디스플레이 광고 시장의 75퍼센트를, 영국 시장의 50퍼센트 이상을 차지했다. 비율은 계속 오름세다.[36]

이러한 문제의식은 구글이나 페이스북을 소리 없는 악당으로 만들려는 게 아니다. 저널리즘 프로젝트 중에 구글이 자금을 대는 '디지털 뉴스 이니셔티브'라는 게 있다. 이는 유럽에서 수준 높은 보도를 지원하고 더 지속력 있는 뉴스 생태계를 일구려는 사업으로, 크고 작은 언론사의 프로젝트에 2400만 유로를 후원했다.[37] 페이스북도 언론사들과 제휴하는 저널리즘 프로젝트를 띄웠다. 뉴스 제작 환경을 개선하고, 지역 뉴스를 후원하며, 새로운 비즈니스 모델을 세우고자 했다.[38] 삐딱하게 보면 인터넷의 거물 기업들이 정부의 규제 강화나 뉴스 매체 지원을 위한 과세를 피하려고 자발적으로 문제 해결에 나섰다고 풀이할 수도 있다. 그렇지만 두 회사의 중진급 임원들도 자사 사이트가 양질의 콘텐츠에 의존한다는 사실을 잘 아는 만큼, 미디어의 생존은 이들의 이해와 맞닿아 있다. 그렇지만 이 정도 노력으로는 현재의 근본 바탕을 바꾸지 못한다. 문제는 이들이 인터넷에서 값어치 있는 콘텐츠를 생산하지도 않으면서, 콘텐츠를 좌지우지하는 규모와 능력을 지녔다는 점이다.

이렇게 다양한 개소리 비즈니스 모델이 동시에 작동하면, 주류 언론이 부식하고 언론에 대한 신뢰도 떨어진다. 뉴스 조직은 자금 부족에 시달린다. 안 그래도 저조한 광고 수익이 대중의 광고 차단과 모바일로의 전환 추세, 검색과 소셜 미디어 분야를 장악한 거물 기업들 때문에 추가로 압박을 받는다. 결국 편집실의 재정난으로 매체들은 수준 있는 보도로 평가받을 만한 기사와 더불어, 미심쩍은 바이럴 기사와 연출된 영상을 나란히 싣는다. 그리고 이런 기사들 주변에는 광고, 가짜뉴스를 보여주는 스폰서 링크를 건다.

주류 언론은 대중의 신뢰와 비즈니스 모델 둘 다에서 위기 상태다. 두 가지 압박 때문에 다수의 매체가 상반된 방향으로 내몰리고 있다. 개소리 생태계의 다른 영역에서는 노골적인 사기 정보가, 이윤을 내기에는 클릭당 단가가 너무 낮은 디지털 광고나 미심쩍은 제품 및 서비스의 홍보물을 통해 퍼진다. 비주류 사이트 역시 주류 언론이 경계하는 망상으로 갈등을 조장해 목적을 달성한다. 인터넷의 재정 모델을 보면 썩 희망적이지 않지만, 사이트들이 지금처럼 행동하는 이유를 알아야 개소리에 대처하기 위한 첫발을 내디딜 수 있다.

우리가 이번 장에서 정기구독 수익이 충분하거나 다른 비즈니스 모델을 잘 활용하는 사이트에 관해 많이 언급하지 않았다는 사실을 독자들은 눈치챘을 것이다. 다른 방식으로 수익을 충분히 내는 몇 안 되는 사이트의 경우, 대량생산 저비용 뉴스를 만들어내는 모델에서 균형을 잡는 역할을 할 수 있기 때문이다. 지금도 넉넉한 자원을 바탕으로 대중을 장악하고 저비용으로 뉴스를 만들어내는 언론사들이 있다. 그렇지만 이것만으로 개소리에 충분히 맞설 수 있었다면, 애초에 이런 위기가 생겨나지 않았을 것이다. 이제 우리가 다음 장에서 다뤄야 할 문제는 이것이다. 왜 이것만으로는 부족할까?

03

넘쳐나는 개소리를 막지 못하는 이유

지금까지 자금난을 겪는 매체들이 왜 개소리를 퍼뜨리고, 우리는 왜 개소리를 믿으려고 하는지 살폈다. 그러나 재정이 탄탄하고 수준 있는 매체들이 왜 이런 흐름을 막지 못하는지는 충분히 살피지 않았다. 먼저, 이번 장은 한 가지 오해를 낳기 쉽다. 바로 개소리만 떠드는 매체가 따로 있고, 양질의 뉴스만 만드는 매체가 따로 있다는 오해다. 현실에서는 거의 모든 매체가 두 가지 기사 모두를 어느 정도 만들어낸다.

우리는 뉴스 매체들이 나쁜 의도가 없더라도 사람들을 현혹할 수 있는 헤드라인을 싣고, 미심쩍은 주장에 맞서지 못하며, 바이럴 기사를 만들어낸다는 점을 살폈다. 그렇지만 《데일리메일》 같은 매체가 직접 취재나 탐사 보도를 전혀 안 한다고 주장하면 이는 터무니없는 소리일 것이다. 이들 매체가 우리의 정치 성향과 다르더라도 말이다. 《데일리메일》은 1993년에 살해당한 흑인 청소년 스티븐 로런스Stephen Lawrence의 범인을 밝히는 일을 주도했고, 또 10년 넘게 사건의 진실을 촉구하는 캠페인과 보도에 앞장섰다(당시 18세였던 스티븐 로런스가 버스정류장에서 백인 인종주의자들에게 칼에 찔려 사망한 사건. 사건 발생 후 18년 만에 피의자들은 중형을 선고받았다-옮긴이). 당시 경찰의 부실 수사를 추궁한 것도, 공정한 수사를 요구하던 로런스의 가족에게 경찰이 방해 공작한 사실을 밝힌 것도, 결국 유죄판결을 받은 범인들의 재판을 보도한 것도 모두 《데일리메일》이었다.[1] 따라서 '좋은' 매체와 '나쁜' 매체의 사례를 보여주는 것은 이 장의 의도가 아니다.

유료화와 정기 구독은 저널리즘을 구원하지 못한다

일부 매체는 다른 매체에 비해 개소리를 보도하고자 하는 재정적 동기가 약하다. 일례로 BBC는 연간 수신료로 가구당 150파운드 조금 못 되는 돈을 받기 때문에 영국 내에서는 광고를 하지 않는다. 또 소수의 신문사와 잡지사는 디지털 구독료에서 거둔 상당한 수익으로 부족한 광고 매출을 메운다. 이들은 매우 수준 있는 보도를 하지만, 여기서 논하려는 바는 그게 아니다. 핵심 질문은 이것이다. 이런 매체는 각종 압박에 시달리지 않는데도 왜 개소리 확산을 막지 못하느냐는 점이다. 물론 거대하고 힘 있는 매체라 하더라도 극소수의 매체를 향해 다른 미디어 분야에 영향력을 행사하라고 요구하는 것은 지나친 기대다. 그렇지만 이런 매체들 역시 개소리가 퍼지도록 방치하는 콘텐츠를 만든다.

구독형 비즈니스 모델은 매우 단순한 형태로, 종이 신문사들에 친숙한 비즈니스 모델로 돌아가는 것이다. 즉 독자가 돈을 내고 뉴스를 보는 것이다. 이 모델을 온라인에 도입할 때 난점은, 당장 무료로 접할 수 있는 뉴스 매체들이 인터넷에 널린데다, 이들 매체가 어떤 원본 기사든 단 몇 분 만에 재가공할 수 있다는 점에 있다. 구독형 모델을 성공적으로 도입하려면, 뉴스 사이트들은 그 브랜드에 애착을 느끼는 헌신적인 고정 독자를 끌어모아야 한다. 차별성 있고 수준 있는 원천 콘텐츠를 생산하는 사이트에 알맞은 형태다. 기사 교체가 빠르고 미심쩍은 기사를 선호하는 다른 비즈니스 모델에는 바람직한 견제 장치다.

《뉴욕타임스》는 이 모델을 대다수 매체보다 성공적으로 도입했고, 도널드 트럼프가 부상할 동안 큰 주목을 받아 신규 구독이 늘었다. 《뉴욕타임스》의 디지털 구독자는 2020년 기준 500만 명이 넘었다. 트럼프가 줄곧 망해가는 언론사라고 표현했어도, 대다수 온라인 매체보다 실적이 좋다.[2] 《워싱턴포스트》, 《월스트리트저널》, 《파이낸셜타임스》도 모두 이와 비슷한 전략을 취했고, 다들 비교적 성공한 편이다. 구독형 비즈니스 모델은 쉽고 명쾌한 처방처럼 보일지 모르나, 현실은 다소 복잡하다. 세계에서 두 번째로 큰 뉴스 사이트인 《뉴욕타임스》는, 독특한 뉴스 기사를 방대하게 실은 덕분에 디지털 구독자가 크게 늘었다. 그렇지만 구독 모델만으로는 줄어드는 인쇄물 판매 수익을 메우지는 못했다.

2016년에 《뉴욕타임스》의 총 수익은 2퍼센트 줄었다. 초대형 매체들은 구독료 수익으로 줄어드는 인쇄 수익을 만회하고는 있지만, 출판 인쇄 수익은 여전히 감소 추세다. 이들처럼 구독자를 대거 끌어들일 독창적 콘텐츠를 만드는 대형 편집실이 없는 매체들은, 구독료 수익이 전체 자금 중 극히 일부에 불과할 것이다.

《가디언》이 바로 그런 사례다. 역시나 세계적인 온라인 신문사인 《가디언》은 구독제의 대안으로 멤버십 제도를 운용한다. 독자에게 《가디언》을 후원해달라고 요청하는 것이다. "그 어느 때보다 《가디언》을 읽는 분들이 많아졌습니다. 그렇지만 대가를 지불하는 분들은 훨씬 적습니다. 광고 수입도 급감하고 있습니다. 독자들은 저희가 도움을 요청하는 이유를 이해하실 겁니다." 《가디언》은 기사 하단에 이렇게 행동을 촉구하는 글을 실었다. 《가디언》의 미래를 위해 한 달에 최소 5파운드씩 기부하는 회원이 되어달라고 요청했다. 이 정책은 어느 정도 성공했다. 브렉시트와 미 대선으로 탄력을 받아 2016년에 회원이 1만

5000명에서 20만 명으로 늘면서, 멤버십 제도로 거둔 연간 총 수익이 약 1500만 파운드에 달했다. 나쁜 수치는 아니었지만, 2017년 기준 약 4470만 파운드의 적자를 냈다.[3] 회원제가 수익에 도움은 되지만 광고 수익에 비하면 퍽 초라하다.[4]

일부 매체가 비구독자는 기사를 못 읽게 하는 엄격한 유료화 정책을 택할 경우, 양질의 자료로 인터넷에 퍼진 저질 정보에 맞서는 전략에 차질을 빚을 수 있다. 2012년에 매튜 잉그램이 지적했듯이, 최고의 매체들이 유료화 정책으로 자신들의 콘텐츠를 모조리 숨기면, 일반 대중은 그 콘텐츠를 보지 못한다.[5]

잉그램은 이렇게 주장했다. "한 가지 분명한 사실이 있다. 뉴스 종량제, 즉 일정 개수의 기사만 무료로 제공하고 그 이상은 결제를 해야 볼 수 있는 제도를 도입하면, 특정 신문사는 구할 수 있을지 몰라도 저널리즘은 구하지 못한다는 점이다. 저널리즘이라는 것이 많은 사람의 삶에 중요한 소식을 알리는 과정을 뜻한다면 말이다. 유료화는 신문의 도달 범위를 제한한다. 그리고 이는 특정 신문사의 비즈니스 측면과 달리, 저널리즘의 사회적 측면과 관련해 매우 실질적인 함의를 갖는다. 결국 우리가 답해야 할 질문은 이것이다. 저널리즘은 무엇을 위해 존재하는가?"

유료화와 구독 제도는 일부 사이트에 효과적일지 몰라도 저널리즘을 구원하지는 못하며, 신문사들은 대중 담론에 영향을 주고 싶어도 수준 높은 자료들을 숨겨야 한다. 그렇지만 양질의 뉴스 매체가 원하는 영향력을 가로막는 다수의 장벽은 매체의 재정 문제보다는 저널리즘 문화 내부에 있다.

객관성을 강요당하는 매체들

그중 한 가지는 객관성이라는 문화다. 이는 영국 방송(법에 따라 객관적 태도를 보여야 한다)과 대다수 미국 신문들(법에 명시된 의무는 아니다)이 오랫동안 신성시한 덕목이다. 이 규율에 따르면 뉴스 매체와 기자들은 아무 견해가 없는 듯이 보도해야 하고, 논쟁이 벌어지면 모든 입장을 반영하면서 문제를 제기해야 하며, 어느 쪽도 편들어서는 안 된다. 이렇게 해야 모두에게 신뢰받는 매체로 거듭나고, 대중에게 논쟁과 의견 정립에 필요한 사실을 전달할 수 있다고 보기 때문이다.

그렇지만 모두가 이런 가치를 따르지는 않는 세상에서, 이는 무익한 자기 위안으로 보이기 쉽다. 당파적 매체와 정치인이 격정적으로 발언하고 또 명확하고 인간적인 공격을 하는 상황에서, 매체는 이쪽 생각은 이렇고 저쪽 생각은 이렇다는 식으로 형식적 보도를 하라는 소리이기 때문이다. 객관적 태도는 권위 있게 들려도 현실성은 매우 떨어진다. 모든 입장에 공정하게 의문을 제기하는 보도 관행에는 또 다른 위험도 있다. 매체들은 보통 객관성과 균형을 혼동한다. 어떤 정치 캠페인이 사실과 다르거나 특정 층을 겨냥한 주장을 했을 때, 그 주장의 시비를 가르기보다는 상대 캠페인이 그 주장을 문제 삼도록 내버려둔다. 이 경우 매체는 사실을 전하는 게 아니라 논쟁을 보도하게 된다. 또 다른 위험은 마거릿 대처가 오래전에 한 말에 있다. "도로 한가운데에 서 있으면 매우 위험하다. 양쪽에서 오는 차량에 부딪힐 수 있기 때문이다." 이런 상황에서 매체는 당파성을 띤 양쪽 진영이 보기에 신뢰 있는 목소리가 아닌 적이다.

객관적 보도 스타일이 갖는 마지막 중대한 위험은, 대부분 의도하지는 않았겠지만 기존 소식통의 관점을 그대로 전달한다는 점이다. 이런 폐단은 2003년 이라크 전쟁을 앞두고 가장 극심했다. 당시 《뉴욕타임스》는 자신들이 정부 소식통과 이라크 탈주자들에게 지나치게 의존한 나머지, 이라크가 대량 살상 무기를 갖췄고 이를 사용할 채비를 마쳤다는 특정 담론을 퍼뜨렸다며 자신들이 저지른 실수를 용기 있게 고백했다.[6] 한편 BBC는 사방에서 편파적이라는 (때로 부당한) 비난을 끊임없이 듣는데, 만약 이 매체가 편향되어 있다면 기존 세력과 당대의 정부 쪽이라고 볼만한 합리적인 근거가 있긴 하다.[7] 그렇지만 기존 세력과 정부가 정책을 만들고 성명서를 발표하다보니, 이들의 활동이 보도의 상당 부분을 채울 뿐이다.

뉴욕대학교 저널리즘학 교수인 제이 로즌Jay Rosen은 10년 넘게 언론의 객관성 문화에 의문을 제기했다. 로즌은 객관성을 '허공에서 바라보는 것'이라고 표현했다. 기자직이 전문성을 띠고, 최초의 신문기자였던 캠페인 활동가와 팸플릿 작성자들이 밀려나면서, 20세기 들어 객관성이 양질 저널리즘의 문화를 잠식했다고 설명했다. 로즌은 당파적이거나 캠페인 성격을 띤 보도를 '구약성서' 저널리즘으로, 객관적 보도는 '신약성서' 저널리즘이라고 표현했다. 그렇지만 로즌이 2013년 연설에서 주장한 대로, 대중이 공공 기관과 전문가를 신뢰하지 않고 레거시 미디어 비즈니스 모델이 붕괴한 시대에, 신약성서 저널리즘은 적합한 도구가 아닐지도 모른다. 그는 "신약성서 저널리즘은 미디어의 재정 안정을 규범으로 삼는다. 이 규범은 뉴스 전달에 따르는 높은 진입 장벽과 막대한 자본금으로 유지된다"라고 말했다.[8]

> 신약성서 스타일은 위험을 기피한다. 뉴스 전달이라는 특권이 매우 소중하기 때문이다. 이들의 임무는 여론을 움직이는 것이 아니라 신뢰를 유지하는 것, 즉 브랜드를 보호하는 것이다. 구독층은 안정적이다. 정부는 기자들과 관계를 정례화하는 법을 터득한다. 보도와 방송의 전문성이 정치권과 다른 전문 분야의 전문성과 잘 맞물려 돌아간다. 믿을 만한 전문가를 모아놓은 명함 정리기 같다.

이 주장은 선뜻 이해되지 않는다. 다수의 용감한 보도가 객관성 문화를 갖춘 매체에서 나왔고, 또 이 문화를 옹호하는 사람들은 객관적이어야 공정하고 정확한 보도로 신뢰받을 수 있다고 주장하기 때문이다. 그렇지만 그 이면의 모습이 있다. 이 모델에서 기자들은 열정적이고 헌신적인 보도로 해가 갈수록 자기 분야에서 전문성을 띠겠지만, 수년 동안 한낱 기계로 보일 만큼 개인적인 평가나 견해를 삼가야 한다는 점이다. 마지막으로 이런 질문을 던질 수 있다. 인터넷으로 서로 가까워진 시대에, BBC나 《뉴욕타임스》 기자들이 사견이 전혀 없다고 믿는 독자가 있을까? 소셜 미디어와 피드에 올라온 댓글만 봐도 그렇지 않다는 것을 알 수 있다.

독자보다 중요한 동료 기자의 평판

자신을 '양질' 저널리즘으로 내세우는 매체들에는 또 다른 위험 요소가 있다. 집필자가 독자의 견해보다 다른 기자의 견해를 더욱 신경 쓴다는 점이다. 이런 우려는 적어도 1970년대부터 있었다. 당시 한 기자는 익명으로 이렇게 말했다. "기자들은 다른 기자들을 위해 기사를 쓴다. 독자보다는 같이 점심 먹는 사람을 신경 쓴다." 이에 학계의 한 인사는 이렇게 지적했다. "독자의 이미지는 막연하고 중요하지 않다. (…) 기자들이 주로 신경 쓰는 것은 편집자 그리고 동료 기자가 보이는 반응이다."[9]

이런 경향은 미국의 언론인 시상식 문화에서 더 심하다. 미국에서 가장 권위 있는 언론인 상은 장문의 보도를 선호한다. 보통 1만 단어로 구성된 난해하고 종잡을 수 없는 문체의 기사를 선호한다. 보통 필자와 같은 기자들에게 읽는 즐거움을 주는 이런 기사는 여러 달에 걸쳐 완성된다. 이는 그 매체가 만들어 내는 최고의 기사다. 그렇지만 이해하기 어렵고 파급력도 생각만큼 크지 않다. 영국의 저널리즘 문화는 날카로운 제목에, 비교적 짧고 박력 있는 탐사 보도 기사를 선호한다. 미국이 선호하는, 보통 열 개가 넘는 단락으로 구성된 장문의 기사는 일반 독자는 제쳐놓고 헌신적인 독자를 겨냥하는 듯 보인다. 퓰리처상, 폴크상, 스크립스하워드상 같은 언론인 상이 내일 당장 폐지된다면, 언론사의 최고 기사도 그 표현 양식이 달라질까? 쉽게 답하기 어려운 문제다.

때로 주류 매체의 기사는 규제로 표현에 제약을 받는데, 그 취지를 기자들은 이해하지만 독자들은 모를 수 있다. 영국의 언론 환경이 이를 잘 보여 준다. 영국 매체들은 명예훼손법이 개정되면서 공공서비스 탐사 보도가 전보다 더 수월해졌다. 전에는 기사에 나오는 주장 하나하나가 사실임을 입증해야 했다. 이는 제한된 정보와 서로 엇갈리는 정보원 사이에서 기사를 발굴해야 하는 기자에게는 매우 까다로운 조건이었다.

명예훼손법이 바뀌면서 기사는 공정하고 정확하다고 볼 만한 정보에 기초했으며, 관계자에게 기사에 실린 정보와 의혹에 대해 해명할 기회를 주는 경우에 한해 법의 보호를 받았다. 이러한 법 개정으로 훨씬 많은 기사가 대중에게 공개될 수 있었지만, 한 가지 독소조항이 있었다. 기자들은 '허공에서 바라보기'처럼 중립적 시각을 유지해야 하므로 기사에서 의혹을 제기할 수 없고 보도 기간에 보낸 서신이나 메모 역시 편향성이 없어야 한다. 기자가 자신이 다루는 정치인이나 회사를 매우 불신하는 태도를 보이면, 명예훼손법의 보호를 받을 수 없다. 요즘 영국에서 나오는 다수의 탐사 보도도 이런 제약을 받는다. 즉, 되도록 신중한 표현을 쓰고 신문기사와 텔레비전 방송에서 (적어도 뉴스 코너에서는) 폭로한 주장에 의견을 드러내지 않도록 조심한다. 그리고 어떤 의혹에 대한 논평은 정치인이나 다른 매체의 몫으로 남긴다. 또 이런 기사는 보통 당사자의 부인이나 해명을 아주 포괄적으로 싣는다. 이는 공정성 측면에선 바람직하나, 일반 독자에게는 혼란을 주기도 한다.

방송국은 훨씬 더 부담스러운 규제를 받는다. 방송 채널은 영국 방송통신규제기관인 오프콤Ofcom이 정한 보도 원칙에 따라야 하기 때문이다. 이에 따르면 보도 시 '적절한 불편 부당성'을 지켜야 하고, 선거를 앞둔 시기에는 모든 주요 정당에 방송 시간을 공정하게 배분해야 한다.[10] 이 원칙을 엄격히 적용할 필요는 없지만 방송국들은 조심스럽다. 선거나 국민투표를 앞둔 시기에는 모든 주요 정당과 캠페인에 방송 시간을 할애하고 그들의 견해를 반영해야 하기 때문이다. 특히 어떤 후보나 캠페인이 허위 발언을 할 때도 이에 대한 법적 의무를 준수해야 하므로, 정치 성향이 다른 시청자들은 답답함을 느낀다. 일례로 보트리브가 내세운 매주 3억 5000만 파운드를 NHS에 지원하자는 주장 역시, 방송국들은 언급하지 않을 수 없었다. 캠페인 내내 브렉시트 공식 캠프의 핵심 강령이었기 때문이다. 그렇지만 이를 언급할 때마다 부정확한 주장이라고 덧붙이면, 시청자에게 공정하다는 인상을 주지 못할 것이다. 결국 시사 프로처럼 방송 시간이 길다면 논란의 여지가 있다고 언급하겠지만, 이보다 시간이 짧으면서 일반 대중이 많이 보는 방송에서는 미심쩍은 주장을 여과 없이 내보낸다. 방송이 공정성을 유지하면 정치 성향과 무관하게 어느 정도 중도적인 입장으로 의견을 모을 수 있겠지만, 개소리를 여과 없이 퍼뜨릴 위험 또한 있지 않을까?

미디어의 보도 원칙을 상기하면, 매체가 익명의 소식통을 인용해 보도했다고 비난하는 정치인들을 막을 수 있다. 미국 신문사들은 언론계 전반을 아우르는 규제기관에 가입하지 않았지만(그런 기관을 만들지도 않았다), 보도의 공정성과 정확성을 지키도록 감시하는 옴부즈맨이나 여러 안전장치를 두었고, 명예훼손법이나 여러 규제의 적용을 받는다. 이런 장치가 있으면 미디어가 '익명의 소식통'을 인용해 새로운 시각을 퍼뜨린다는 도널드 트럼프의 공격을 떨칠 수 있다. 트럼프 대통령은 뉴스 매체들에게 보도를 전제로 한 자료만 기사에 써달라고 당부했다.[11] 많은 정부 관료들이 명백한 허락 없이는 미디어에서 발언할 수 없으므로, 대중은 보도를 염두에 두지 않은 자료가 허용되는 경우에만 트럼프 행정부의 다른 입장을 접할 수 있다.

트럼프 본인도 익명의 소식통을 인용해, 오바마가 출생 신고서를 위조했고 외국 학생 자격으로 대학에 지원했으며, 힐러리의 해킹된 이메일 때문에 이란에서 미국을 도운 핵 과학자가 처형됐다는 등의 주장을 했다.[12] 익명의 소식통은 정치인과 매체가 뜬금없는 뉴스를 지어내게 할 위험이 있지만, 주류 매체는 그런 경우가 비교적 덜하다. 영국 매체가 익명의 소식통을 인용해 굵직한 기사를 써냈다면, 이는 필요할 경우 익명의 소식통이 법정이나 규제기관에서 자신들의 주장을 입증해주리라는 자신감을 드러낸 것이다. 익명의 소식통을 회의적으로 볼 수도 있겠으나, 대다수 주류 매체들은 중대한 주장에서 내용을 완전히 꾸며내지는 않는다. 물론 전에 타블로이드에서 일했던 기자들이 고소당할 위험이 적을 경우 기사에 조작된 인용문을 써넣었다고 시인한 적은 있다.[13]

그렇다면 기후변화 문제가 불거질 때, 미디어는 어떤 식으로 보도할까. 이는 21세기가 끝날 때까지 수천만 명을 죽음에 이르게 할 수 있는 이슈로, 정부와 기업, 시민들이 결정적 조치를 해야 하는 사안이다.[14] 전문가의 의견을 보면, 공개적으로 글을 발표한 기후변화 전문가 중 97퍼센트 이상이 기후변화가 사실이고 인간의 활동 때문에 생겼다는 사실에 동의한다.[15] 정치권은 그 양상이 매우 다르다. 특히 미국의 경우 종교적 우파, 친기업적 우파, 진보 세력 사이에 큰 논란이 있었다.

미디어는 이슈를 토론과 논쟁 구도로 다루는 것에 익숙하다. 2014년에 이슈 보도 행태를 조사한 영국 의회 보고서가 밝혔듯이, 이는 양질의 뉴스를 전하려는 선의의 방송들도 기후변화를 부정적으로 보도할 수 있다는 뜻이다.[16] 의회 보고서는 기후변화 보도와 관련해, BBC의 최고 의결 기관이자 감독 기관인 BBC 트러스트에 제출한 보고서 작성자 스티브 존스Steve Jones 교수의 말을 인용했다. "최근 〈투데이〉(BBC 라디오4의 시사프로그램-옮긴이) 방송 제작자들이 '기후변화 대응을 위한 정부 간 협의체IPCC'에 제출된 새로운 보고서에 반대 의견을 제시할 사람을 찾으려 했다. 권위 있는 기후변화 과학자를 열 명 넘게 접촉했으나, 결국 전문가를 단 한 명도 찾지 못했다(과학계가 지구온난화에 대해 어느 정도 합의했다는 뜻으로 보인다). 그래서 제작자들은 유명 전문가 한 명과, 이 분야와 무관한 호주의 은퇴한 지질학 교수에게 방송 시간을 똑같이 할애했다. 개인적으로 '잘못된 균형'의 전형적인 예라고 생각한다."

또 다른 쟁점은 뉴스 담당자들이 기후변화처럼 서서히 전개되는 심각한 이슈를 사실상 다루려 하지 않는다는 점이다. 2014년 당시 《가디언》의 환경 담당 기자였던 제임스 랜더슨James Randerson은 영국 하원 과학기술위원회에서 "뉴스 담당 부서들이 놀랍고 새로우며 사회적 약자가 반기는 소식을 선호하는 경향이 있다. 과학 관련 뉴스는 전반적으로 이단적 주장이 필요 이상으로 많이 보도된다는 문제가 있다"라고 보고했다.[17]

과학 전문 기자들은 합리적 근거로 전문가끼리 의견일치를 본 주제를 그릇된 비주류 세력이 도전해오는 경우를, 대다수 정치부 기자보다 오래 다뤄왔다. 미디어는 백신 반대 운동을 열렬히 지지했지만 동시에 과학 사기의 뿌리를 파헤치는 중요한 역할도 했다. 어떤 언론은 기후변화와 관련된 음모론을 열심히 퍼뜨리는가 하면, 또 다른 매체들은 기후변화를 정확하게 다루기 위해 분투하고 이를 둘러싼 정치 공방과 논쟁을 보도한다. 정치 담론에서 새로운 개소리 열풍이 불게 되면, 효과적인 방법을 찾기 위해 과학 전문 기자와 편집자에게 조언을 구하는 것도 좋은 방법일 것이다. 수년째 최전방에서 싸운 이들이기 때문이다.

새로운 전장에서 기존 전술을 고집하는 미디어

다수의 미국 매체들이 트럼프의 득세, 언론보도에 대한 신뢰 하락, 대중 담론의 양극화에 보이는 본능적 대응은 기존의 보도 관행을 그대로 유지하면서 더 열심히 뛰겠다고 다짐하는 것 정도로 보인다. 매체들은 트럼프와 백악관 대변인들이 취임 초기, 평균 하루 네 번 허위 사실을 말했다고 보도했다.[18] 그렇지만 백악관과 기자들이 현장에서 벌이는 싸움은 대개 허위 사실과 반쪽짜리 진실을 전해 듣는 기자 회견실에 자유롭게 접근할 권한을 얻는 것에 초점이 맞춰져 있다. 이런 싸움은 상황이

전과 분명히 다른데도, 여태껏 하던 대로 하면 된다는 환상에서 벗어나지 못한 것이다.[19]

일부 주류 언론은 트럼프가 득세한 상황에서 내 말이 맞지 않았냐고 말하고 싶은 유혹에 시달리며, 일부는 그 유혹에 넘어갔다. 아샤 돈페스트Asha Dornfest는 온라인 매체《미디엄Medium》에 기고한 "우리가 양질 저널리즘을 돈 주고 보지 않을 때 생기는 일"이라는 글에서 이렇게 경고했다. "권위적인 정부가 정보 접근을 가로막고 있다. 양질의 뉴스원을 포기한 우리는 이미 상당수의 정보를 스스로 차단했다."[20] 돈페스트는 독자들에게 뉴스를 페이스북으로 그만 받아 보고, 지역지와 전국지를 구독하며, 공영라디오 방송에 수신료를 내라고 권했다. 이러한 행동 촉구는 도움이 되겠지만, 바로 이것이 주류 매체 기자들이 듣고 싶어 하는 말이다. 대중이 분열하고 개소리를 믿는다면 이는 우리의 기사를 읽지 않은 대중 탓이라고 보는 것이다. 물론 맞는 말이다. 그렇지만 트럼프 지지자 가운데 돈페스트가 올린 글을 읽고 정치적 영향력이 큰 엘리트 미디어에 무릎 꿇을 사람이 몇이나 되겠는가?

주류 언론에 대해 더 큰 의구심을 품은 사람도 있었다.《워싱턴포스트》에 1면 기사를 1000개 이상 쓴 베테랑 기자 댄 발즈Dan Balz는 여론조사에 휩쓸리고 예측 모델링에 끌려다니는 뉴스가 증가한 현상에 대해 CNN 방송에서 이렇게 경고했다. "우리 모두 특별히 정확하지 않은 것으로 밝혀진 데이터에 의존하게 되었다. 여론조사든, 예측 모델링이든 우리가 본 거의 모든 것들이 실패했다. 나는 언론의 보도 방식을 다각도로 재검토할 시점이라고 본다."[21]

이에 대해 더 직설적으로 말한 사람도 있었다. 《뉴욕타임스》에서 퍼블릭 에디터(기사의 오류를 검증하는 내부 옴부즈맨-옮긴이)로 일했고 현재 《워싱턴포스트》에 칼럼을 쓰는 마거릿 설리번은 트럼프 재임 기간이 기자들에게 지옥일 것이고, "트럼프는 미디어를 집요하게 조종하고 제 역할을 다한 기자를 응징하려 드는 최고의 가스라이터(상황을 교묘히 조작해 상대방이 자신을 의심하고 판단력을 잃게 만드는 사람-옮긴이)"일 것이라고 경고했다. 설리번의 결론은 다른 언론인에 비하면 관행에서 벗어나려는 태도를 보였다. "기자들은 악전고투하게 될 것이다. 그리고 자기 역할을 다하기 위해 어느 때보다 탁월해져야 할 것이다. 기자들은 서로 협력하고, 법적 압박에 대비하며, 맹공에 완강히 맞서고, 진실을 밝힐 새로운 방법을 찾아내야 한다."[22]

기자들이 새로운 대통령에 맞서 한데 뭉칠 것이라는 기대는, 대중이 전통적 저널리즘을 다시 신뢰하리라는 기대만큼이나 헛된 바람일지도 모른다. 러시아 기자 알렉세이 코발레프 Alexey Kovalev는 다소 절망적인 글에서, "미국 언론계에 종사하는 불운한 동료들"에게 "사실과 근거는 트럼프에게 타격을 줄 수 없다"라고 충고하면서 일부 매체는 트럼프에게 늘 동조할 테니 어떠한 동지애도 기대하지 말고, 대통령을 향한 동료 기자들의

"엄청난 아침과 무딘 질문을 기대하라"라고 조언했다.[23]

전과 다름없는 태도를 보이는 이들도 있다. 기승을 부리는 개소리를 방관하는 태도도 도움이 되진 않겠지만, 우리는 "힘 있고 단호하게 우리의 책임을 다하자"라는 식의 메시지 역시 기자들에게 안전지대에 머물라는 말과 다르지 않고 이 방법의 효과를 믿을 근거 또한 없다는 점을 인정해야 한다. 지금까지 주류 언론이 개소리에 대응하는 주요 무기는 사실 검증팀을 띄운 것이었다. 이제 마지막 4부에서 지금까지 우리가 어떤 성과를 이뤘는지 짚어보고, 탈진실 시대를 헤쳐나가는 데 도움이 될 또 다른 방법은 무엇인지 살펴보겠다.

4부

진실을 수호하는 가장 현명한 대처법

How Bullshit Conquered the World

01

팩트체크를 넘어서

정치인, 언론, 대중이 사실인지 아닌지를 철저하게 확인하지 않는 풍토가 우려될 때, 우리는 손쉬운 해결책으로 사실 검증을 활성화할 수 있다. 허위 정보에 대한 해결책으로 정치인이나 미디어의 주장을 뒷받침하는 근거를 찾아내 주장의 진위를 가려주는 균형 있고 공정한 정보만 한 게 어디 있겠는가? 그렇다면 널리 퍼진 엉터리 정보에도 동일한 해결책을 쓰는데 그릇된 정보들은 왜 서둘러 교정되지 않는 걸까?

현실은 훨씬 더 복잡하지만, "진실이 신발을 신을 때, 거짓말은 이미 지구 반 바퀴를 돌았다"라는 오랜 격언은 어느 정도 현실을 반영한다. 지금까지 살핀 내용을 보면, 우리는 사실 검증팀이 정보를 꼼꼼히 모으고 제대로 된 글을 써서 신속히 공개해도 개소리를 쉽게 억제하기 어려운 이유를 짐작할 수 있을 테다. 개소리는 우리를 사로잡고, 우리의 신념을 강화하며, 남들과 공유하고 싶은 충동을 자극한다. 우리는 자신의 신념을 확증해주는 정보를 믿는 편이고, 사실에 근거한 기사보다 자극적인 기사에 더 솔깃한다. 우리는 사실 검증을 하더라도, 전부터 의심한 사실 정도만 확인하는 편이다.

그러다 보니 항상 의심하고 습관처럼 사실을 확인해보는 사람은 드물다. 테러 공격이나 자연재해가 터지고 나서야 우리는 허겁지겁 사태를 파악하려 든다. 그렇다면 다음 중 어떤 뉴스 매체가 더 나은 걸까? 아는 정보가 거의 없으니 공식 채널에서 정확한 정보가 나올 때까지 기다린다고 솔직히 밝히는 매체일까, 아니면 인터넷에 떠도는 검증 안 된 정보를 토대로 추측성 기사부터 쏟아내는 매체일까? 이런 문제의식은 사실 검증 전문가를 공격하려는 게 아니라 한 가지 유의점을 말하려는 것이다. 즉 사실 검증은 허위 정보 생태계를 바로잡기 위한 여러 해결책 중 극히 일부라는 점이다.

기울어진 운동장에서 뛰는 사실 검증팀

사실 검증이 우리를 구원해주리라고 기대하는 사람들이 있다면, 세계에서 사실 검증 군단이 가장 활발히 활동하는 지역이 어디인지 확인해보길 바란다. 바로 미국이다. 정치 보도 분야가 특히 활발하다. 《워싱턴포스트》의 《팩트체커》, 미국 공영방송의 《팩트체크》, 애넌버그공공정책센터가 운영하는 《팩트체크닷오알지》, 템파베이타임스가 운영하는 퓰리처상 수상 사이트 《폴리티팩트》 등이 미국 대중에게 정보를 제공한다. 이 사이트들은 비당파적이고 주요 정당 두 곳에서 내는 모든 주장을 검토한다고 밝힌다.

트럼프가 한창 부상할 때 이들은 잠시도 쉴 틈이 없었다. 《폴리티팩트》는 이 책의 원고를 쓸 당시 370건이 넘는 트럼프의 주장을 검증하고, 여기에 '진실'과 '거짓' 그리고 특별등급인 '새빨간 거짓말'로 나누었다. '새빨간 거짓말'은 '황당한 주장'에 주는 등급이다.[1] 《폴리티팩트》는 트럼프의 주장을 확인한 결과, 373건 중 15건, 즉 약 4퍼센트만 '진실'로 볼 수 있는 반면, 123건은 '거짓'에 해당하고, 63건은 '새빨간 거짓말'에 속한다고 판단했다. 이 새빨간 거짓말에 해당하는 주장은 "부정투표가 있었다" "힐러리 측근이 투표를 조작했다" "힐러리가 국무장관 시절 60억 달러를 분실하거나 횡령했다"라는 의혹 등이었다. 또 대선 토론 때 힐러리가 언급한 주장, 즉 트럼프 자신이 어떤 여성의 '섹스 테이프'를 보라며 사람들에게 권한 적이 없다고 부인한 것도 여기에 해당했다. 사실 트럼프는 문자 그대로 "그 섹스 테이프를 한번 보라"라고 트위터에 올렸는데, 해당 여성은 그런 테이프를 만든 적이 없었다.[2] 반면 《폴리티팩트》는 힐러리의 주장 293건을 검토한 결과 72건을 '사실'로, 29건을 '거짓'으로, 단 7건만 '새빨간 거짓말'로 분류했다.

《워싱턴포스트》의 《팩트체커》 블로그는 피노키오 지수로 등급을 매긴다. 아주 드물지만 0점은 기본적으로 매우 정확한 주장이라는 뜻이고, 4점은 그 정치인의 주장이 전혀 근거가 없다는 뜻이다. 이 블로그는 2016년 11월 대선을 며칠 앞두고 대선 후보들의 주장을 종합해 보여주었다. 트럼프의 주장은 92건을 검토했는데 피노키오 지수로 0점이 3건, 4점이 59건이었다. 반면 힐러리의 주장은 49건을 검토한바 0점이 7건, 4점이 마찬가지로 7건이었다.[3] 사실 검증 사이트의 개소리 기준에 따르면 트럼프는 낙제점으로 과거 주요 정당 후보들보다 훨씬 점수가 낮고 매주 노골적인 허위 사실을 말하지는 않더라도 사실을 함부로 대하는 것으로 나타났다. 그런 그가 선거에 이기고 미국의 대통령이 되었다.

적어도 일화적 증거로 보면, 다수의 트럼프 지지자들은 트럼프가 대선 후보 시절에 한 발언 중 상당수가 사실이 아니란 것을 알면서도 이를 신경 쓰지 않았다.[4] 이들 중에는 단지 현재와 다른 변화를 원하는 사람도 있고, 힐러리에게 절대 투표할 의사가 없는 사회적 보수 세력도 있으며, 세금 우대 조치와 규제 완화를 바라는 사람도 있었다.[5] 평균적으로 트럼프 지지자가 힐러리 지지자보다 부유하다. 때로 사람들은 정치인의 주요 공약을 보여주는 개소리를 세부 내용보다 중요하게 본다. 장벽을 세우고 멕시코에 비용을 부담시키겠다는 주장은 세부 내용은 빠졌더라도 이주 문제에서 사람들이 하고 싶었던 말을 속 시원히 내뱉었다고 보기 때문이다.

그렇지만 앞서 살핀 50대 가짜뉴스에서 명백히 드러난, 우리가 주목해야 할 수치가 있다. 2016년 미국 정치와 관련해 가장 화제였던 기사들 중 절반이, 그리고 50대 가짜뉴스에서 1위에 오른 기사 하나가 페이스북에서 좋아요, 공유, 댓글 등으로 200만 건이 넘는 반응을 얻었다. 50대 가짜뉴스에서 49위 기사는 페이스북에서 19만 8000건이 넘는 반응을 얻었다. 유념할 사실은 이 순위에는 극당파적이거나 편향된 글이 빠졌다는 점이다. 즉 노골적인 가짜뉴스만 갖고 매긴 순위다.[6] 주요 매체의 개입 없이 가짜뉴스 사이트에 올라온 노골적인 가짜 기사가 온라인에서 얻은 폭발적인 반응에 비하면 사실 검증 사이트가 얻은 반응은 초라했다. 《워싱턴포스트》의 《팩트체커》에서 가장 많이 공유된 기사(오바마케어를 폐지하자는 폴 라이언 하원의장의 주장)는 페이스북에서 16만 2400건의 반응을 얻은 반면,[7] 《폴리티팩트》에서 가장 많이 공유된 개별 기사(미국 대중은 자신의 납세 내역에 신경 안 쓴다는 트럼프의 주장)는 7만 5800건에 그쳤다.[8] 두 사이트 모두 가장 많이 본 기사가, 50대 가짜뉴스 기사보다도 반응이 훨씬 적었다. 트럼프의 주장이나 그에 관한 주장을 읽고 믿는 사람들 중에서 사실 검증 블로그를 읽는 경우는 많지 않다. 엄연한 사실이 있어도 공유되지 않는 것이다.

테러 공격이나 폭동, 자연재해가 터진 직후 매체가 소셜 미디어에 떠도는 잘못된 정보에 대처하려 할 때도 종종 이런 현상이 나타난다. 영국에서 소셜 미디어를 통해 맨 처음 보도된 사건 중 하나는 2011년에 터진 런던폭동이었다. 런던 토트넘에서 흑인 청년 마크 더건Mark Duggan이 경찰의 총격에 맞아 숨지면서 촉발된 폭동은 며칠 동안 시위와 약탈이 이어지면서 런던을 무법천지로 만들었다. 트위터와 페이스북으로 폭동이 조직된다는 괴소문이 떠도는 등 사태가 심각해지자 경찰은 정부에 비상사태 동안만이라도 SNS를 차단해달라고 요구하기까지 했다.[9] 《가디언》 취재팀이 쓴 심층 취재 기사 "런던폭동 진실 찾기"에 따르면, 소셜 미디어를 통해 폭동이 조직된 것은 아니지만, 트위터를 통해 허위 정보가 퍼진 것은 사실이었다.

2011년 8월 9일 화요일 자정이 조금 넘은 시각, 한 트위터 이용자가 회전 관람차 런던아이가 불타오르는 사진을 올렸다. 이 뻔한 거짓말은 금방 탄로 났는데도 트위터에서 계속 퍼졌다. 또 런던 뱅크역에 탱크가 집결했다며 이집트에서 찍은 사진을 증거로 올리거나, 런던동물원에서 호랑이들이 탈출했다고 주장한 트윗도 있었다.[10] 타블로이드 신문 《메일온선데이Mail on Sunday》는 아무 증거도 없이 폭도들이 맥도널드에 침입해 음식을 조리해 먹었다며 명백한 허위 보도를 했다. 이 기사는 지금까지도 정정되지 않았다.[11]

런던폭동 사건을 겪은 후 언론사들은 소셜 미디어를 정보원으로 삼아 보도하는 일과 이런 식의 속보 기사를 낼 때 소셜 미디어와 정보원으로서 경쟁해야 한다는 사실에 익숙해졌다. 그렇지만 크레이그 실버먼이 설립한 토디지털저널리즘연구소가 2015년 내놓은 보고서에 따르면, 출처가 의심스럽거나 이미 정정된 허위 정보들은 보통 몇 년이 지난 후에도 계속 퍼진다고 한다.

보고서는 주류 매체가 조작된 주장을 리트윗할 경우, 의도치 않게 그 주장이 맞는 것처럼 포장하게 되고 나아가 믿을 만한 정보원에게 검증받은 주장처럼 보이게 할 수 있다고 지적했다. 한 가지 예로, 2012년에 허리케인 샌디가 미국 동부를 강타했을 때 한 익명의 계정이 뉴욕 증권거래소가 90센티미터 정도 물에 잠겼다고 트위터에 올렸다. 미국의 날씨 전문방송 웨더 채널이 이 허위 주장을 따옴표를 써서 리트윗하는 바람에(별다른 언급은 전혀 없었다), 이 주장은 NBC와 CNN을 포함한 다른 매체에 신뢰할 만한 정보처럼 보였다.[12]

실버먼은 2013년 보스턴 마라톤 폭탄 테러 이후 퍼진 허위 정보를 바로잡기 위한 노력도 살폈다. 당시 트위터에서 전혀 무고한 사람이 용의자로 지목됐고, 8살짜리 여아가 사망했다거나 미국 정부가 폭탄 테러에 개입했다는 거짓 주장이 떠돌았다. 연구 결과 거짓 트윗이 수정된 정보를 담은 트윗보다 44배로 월등히 많았고, 정확한 정보가 나온 후에도 여전히 허위 정보가 압도적으로 많이 퍼졌다. 실버먼은 연구 보고서에서 이런 결론을 내렸다.[13] "허위 정보는 정정된 정보보다 파급력이 강하고 공유도 훨씬 많이 되는 편이다. 허위 정보가 대중의 정서적 욕구를 채우고, 신념을 강화하며, 세상을 이해하려는 내재적 욕망을 자극하기 때문이다."

사실 검증 사이트와 폭로 사이트 둘 다 불리한 싸움에 뛰어들었다는 점에서 같은 난제를 안고 있다. 매우 구체적이고 완전 개소리인 주장, 이를테면 "현재 미국에서 활동하는 ISIS요원이 1650명이라는 믿을 만한 정보를 입수했다"라는 주장을 만드는 것은 단 몇 초면 가능하다. 내가 가짜뉴스 사이트나 극단적인 뉴스 사이트를 운영한다면, 나는 이 주장을 온라인에 순식간에 퍼뜨려 대중에게 주목받을 자신이 있다. 국경 통제 강화를 지지하는 사람들이나 오바마가 과격한 이슬람 테러 집단에 미온적이라고 느끼는 사람들의 입맛에 딱 맞는 어젠다이기 때문이다. 반면 이 주장이 조작됐다고 밝히기는 훨씬 더 어렵다.

사실 검증 담당자들이 내가 방금 지어낸 주장을 확인한다면, 제일 먼저 나에게 이를 입증할 증거가 있는지 물을 것이다. 그러면 나는 밝힐 수 없는 비밀 취재원에게 얻었다고 주장할 수 있다. 그러면 그들은 내 주장을 '사실무근' '증거 없는' 주장이라고 표현하지(특히 내가 그런 주장을 한 이력이 있다면) '거짓'이라고 표현하지는 않는다. 내 주장이 거짓임을 보이려면 FBI나 여타 기관에 연락해 이 수치에 대해 할 말이 있는지 묻는 등 방대한 노력이 필요하다. 결국 이 주장이 사실일 가능성이 불가능에 가까워도, ISIS 요원이 그렇게 많지 않다고 아무도 단정적으로 말하지 못한다. 이처럼 개소리는 만들긴 쉬워도 그에 맞서긴 어렵다. 《가디언》의 미디어 편집자 재스퍼 잭슨Jasper Jackson은 "이 싸움은 비대칭 전쟁이라고 부를 만하다"라고 말했다.[14]

> 언론 조직은 정보 유통에 절대적 지배력이 있는 만큼, 전쟁 포로의 인권을 규정한 국제협정인 제네바협약에 상응하는 보도 원칙에 제약을 받는다. 그렇지만 가짜뉴스를 퍼뜨리는 자들은 그런 제약이 없으므로 보도 절차에 따라야 한다는 부담이 전혀 없이 언론사들의 약점을 파고든다.

정보 하나하나에 담긴 개소리에 대처하는 것은 정보 전쟁에서 참호전을 벌이는 것과 같다. 참호전이라는 수렁에 빠지면 이 싸움은 승산이 없다. 또 사실 검증을 했더라도 훨씬 적은 대중에게 퍼지기 때문에 거짓 주장의 확산을 막기에 역부족이다. 애초에 주류 언론이 노릴 수 있는 영역이 아닌 것이다.

사실 검증 활동을 기자들로 구성된 전담팀에 맡기거나 사이트의 특정 코너가 도맡는 것도 위험하다. 사실 검증 작업이 대부분의 보도 기사와 분리되기 때문이다. 뉴스 데스크는 보통 본능적으로 자신이 맡은 다양한 기사가 최대한 안 겹치도록 조율하는데, 종이 신문인 경우 특히 더 신경 쓴다. 예를 들어 600 단어짜리 사실 검증 기사가 실리면 그날의 주요 정치 기사에는 그 내용이 언급되지 않는다. 캠페인 연설에 관한 정치 기사는 신문 1면이나 사이트 상단에 실릴 가능성이 높다. 반면 사실 검증 기사는 신문 안쪽에 실리거나 온라인에서 작은 링크로 표시될 것이다. 결국 사람들은 주요 기사만 볼 것이고, 이 주요 기사는 미심쩍은 주장에 최소한의 위협만 가할 뿐이다. 코미디언 존 스튜어트는 이 딜레마를 아주 명쾌하게 표현했다. "언제부터 사실 검증이 저널리즘과 분리되었나?"[15]

점점 과감해지는 팩트체크 기사

해결할 수 없는 문제는 아니다. 다른 장에서 이야기한 대로, 미국 신문사들이 주요 기사 제목과 주요 뉴스에 엉터리 주장이라거나 근거 없는 주장이라는 표현을 쓰는 등 예전보다 과감해졌기 때문이다. 폭로와 보도 활동을 더욱 긴밀하게 엮는 방법도 있다. 2015년과 2016년에 파리, 브뤼셀, 니스 등에서 테러 사건이 터졌을 때《버즈피드뉴스》가 보여준 한 가지 획기적인 방법은, 소문의 실체를 폭로하는 활동을 보도 활동과 결합한 것이었다.《버즈피드뉴스》는 타격받은 도시에 기자를 파견했을 뿐 아니라 소셜 미디어에서 확실한 목격자의 계정과 정보, 주장을 찾아내 공유했다. 그리고 이 내용들이 확실하면 보도에 반영했다. 허위 사실로 밝혀진 경우에는 그냥 무시하거나 일단 저장해두기보다 '거짓'이라고 표시해 소셜 미디어에 공유했고, 거짓 주장을 한데 모아 따로 포스트도 올렸다. 보도 활동과 폭로 활동을 통합하고 기자들의 방대한 전문지식(현지 상황, 안보, 허위 정보 감별 등)을 발 빠르게 활용하면서 《버즈피드뉴스》는 보도 활동과 허위 정보 단속이라는 두 마리 토끼를 잡고자 했다.

앞서 말한 대로 사실 검증 활동에 우려점이 있지만 이 활동은 앞으로 몇 년간 더욱 필수일 것으로 보인다. 2017년 1월, BBC 방송은 매우 야심 찬 몇 가지 목표를 공개하면서 상설 사실 검증팀을 만들겠다고 발표했다. BBC 보도국장 제임스 하딩James Harding은 그 시작을 알리는 자리에서 "BBC가 인터넷을 편집할 수는 없지만, 물러서지도 않겠다"라고 단언했다.[16]

> 우리는 소셜 미디어에서 매우 인기를 끄는 특이한 주장들을 검토할 것이다. 우리는 특히 페이스북과 힘을 합쳐 가장 효과적인 해결책을 찾아낼 것이다. 뉴스로 위장하여 사람들을 현혹하는 기사를 발견하면, 우리는 리얼리티 체크 코너에서 그대로 공개할 것이다. 우리는 이 코너가 공익적 성격을 넘어, 큰 인기를 누리길 희망한다. 우리는 온라인, 텔레비전, 라디오의 스타일과 포맷에도 신경을 써서 사실 검증 콘텐츠가 허위 정보보다 더 흥미롭고 주목받게 할 것이다.

이는 칭찬할 만한 목표지만, 가짜뉴스를 가장 믿기 쉬운 사람들이 보통 BBC를 신뢰하지 않는다는 것도 고려해야 한다. 그렇지만 이러한 방식을 앞장서서 도입한 것은 BBC만이 아니다. 가짜뉴스와 관련해 온갖 곳에서 비난을 받고 동시에 행동 촉구를 요청받아온 페이스북도 사실 검증 결과를 뉴스 기사에 표시할 계획이라고 밝혔다.

페이스북은 AP통신, 〈ABC뉴스〉, 《팩트체크닷오알지》, 《폴리티팩트》, 《스놉스Snopes》와 협력해 페이스북에서 인기몰이를 하는 기사가 신고로 들어오면, 이를 기사에 표시하고 확인할 계획이라고 했다. 페이스북의 뉴스 피드 부사장은 페이스북은 이용자들이 의심스러운 기사를 신고할 수 있는 장치를 추가할 예정이고 신고가 일정 수에 달하면 이를 여러 사실 검증 사이트에 알릴 계획이라고 밝혔다. "우리는 페이스북에 들어온 신고 접수와 여러 징후를 바탕으로 이들 검증 기관에 기사를 보낼 것이다. 사실 검증 기관들이 가짜라고 판정하면, 그 기사에는 논란 있는 기사라는 표시가 뜰 것이고 그 이유를 설명한 글이 링크에 달릴 것이다."[17]

페이스북의 조치는 단순히 진위를 제공하는 차원을 넘어선다. 논란이 있다고 표시된 기사는 이용자들의 피드에 뜰 확률이 줄고, 광고도 끊기기 때문이다. 사람들은 여전히 가짜 기사를 열람하고 퍼 나를 수 있겠지만, 그 전에 그 기사가 '제삼자인 사실 검증 기관에서 논란이 있다고 판정한 기사'라는 경고를 보게 될 것이다. 이런 조치는 주류 매체 구독자와 일반 대중 사이에 가짜 기사가 퍼지는 속도를 눈에 띄게 낮출 수 있다. 그렇지만 주류 언론과 거대 기술 기업을 예전부터 불신해온 대중에게는 역효과를 낳을 수 있다. 게다가 편향됐다거나 '실제 벌어지는 사건'을 고의로 감춘다는 의혹을 더 키울 수도 있다.

《가디언》의 보조편집자 재스퍼 잭슨은 "소셜 미디어에 떠도는 가짜뉴스에 표시를 하는 것은 그런 표시를 하는 기관의 '권위'를 믿는 사람에게 효과적일 것이고, 대중을 현혹하는 매체와 기성 매체를 분간하지 못하는 사람에게 분명 유용할 것이다"라고 지적했다.[18]

> 그러나 이는 그런 권위를 불신하고 가짜 기사를 믿으려는 사람에게는 크게 영향을 주지 못할 것이다. (…) 현재 논의 중인 가짜뉴스 해결책들은 근본적인 문제는 다루지 않기 때문에, 가짜뉴스를 퍼뜨리는 악의적 행위자들이 이 해결책을 넘어서거나 그냥 무시할 수 있을 것이다. 사실 폭로나 사실 검증 작업은, 일반적으로 사실을 다루기보다 포괄적 맥락에서 의문을 제기하며 비판을 피해 가는 대항 담론으로 위기를 맞을지도 모른다.

사실 검증 조직들의 활약이 두드러지면서, 특히 이들에게 페이스북 뉴스 피드에 뜨는 정보의 우선순위를 조정하는 권한이 생기면서, 사실 검증 조직 또한 감시의 대상이 될 수 있다. 사실 검증 조직의 평판과 뉴스 피드에 대한 접근 권한은 이들이 얼마나 행동 지침을 준수하고 정치적 중립성을 띠느냐에 달려 있다. 일반적으로 대부분의 사실 검증 조직은 이러한 잣대를 받아들였다. 그렇지만 이들이 더 큰 압력도 감당해야 할지 모른다는 조짐이 벌써 나타났다.

팩트체커에게 쏟아지는 공격

인터넷에 널리 알려진 폭로 사이트이자 페이스북과도 협력하는 사실 검증 사이트인《스놉스》는 20년 넘게 활동했다. 앞서 언급한 다수의 사이트와 달리《스놉스》는 소규모의 독자적 팀이 운영하며, 주요 뉴스 조직이나 대학으로부터 후원을 받지 않는다. 가짜 페이스북 포스트, 가짜뉴스 등의 실체를 20년간 밝혀온《스놉스》는 페이스북의 가짜뉴스 단속 계획에 동참한 후로 돌연 더 모진 감시를 받았다.

이 흐름을 주도한 매체는《메일온라인》으로, 특유의 자극적인 헤드라인을 실었다.[19] "'가짜뉴스'를 솎아내는 역할을 할, 페이스북의 '사실 검증 사이트' 운영자가 회삿돈을 횡령해 성매매에 쓴 혐의로 고소당했다. 그리고 이 사이트는 에스코트 escort(돈을 받고 사교모임에 동반해주는 여성-옮긴이) 겸 포르노 배우와, 필명이 '바이스 빅슨Vice Vixen'인 돔domme(성관계 시 지배 성향이 강한 사람-옮긴이)을 직원으로 뒀다."

이 기사는 사이트 설립자 두 명의 이혼 소송을 바탕으로 《스놉스》 직원들의 사생활과 재정 상태를 언급한 게 대부분이었다. 게다가 "정치색이 없는 사이트라고 했으면서" 운영자가 자유당 소속으로 출마한 경력이 있고 《스놉스》에서 "사실 검증을 하는 주요 직원"이라는 사람이 "마약을 하면서 스놉스 닷컴에 글을 올렸다"라고 언급하면서 《스놉스》의 진정성을 의심케 했다. 온라인이든 오프라인이든 정치 영역은 갈수록 악의적인 색채를 띤다. 사실 검증 사이트들은 대체로 그런 정치 공방과 어느 정도 거리를 둘 수 있었지만, 이제 그 역할이 커지면서 무대 중앙으로 끌려 나오다 보니 그런 거리를 유지하기가 힘들어 보인다. 이들이 앞으로 닥칠 맹공을 겪고도 '중립적'이라는 평판을 유지할 수 있을지는 지켜볼 일이다.

시류에 잘 편승하는 온라인 개소리꾼의 능력도 사실 검증 사이트의 평판을 흐리는 요소다. 그 동기가 무엇이든, 사기성 정보를 퍼뜨리는 자들은 대중을 효과적으로 끌어모으는 행동을 할 것이다. 최근 등장한 '가짜' 사실 검증 사이트에서 바로 이런 낌새가 엿보였다.

이 현상은 요즘 인터넷에서 유행인, 일확천금을 벌 수 있다는 바이너리 옵션 사이트에서 볼 수 있다. 이런 사이트는 가짜뉴스와 여러 수법을 이용해 트래픽을 끌어올린다. 일부 사이트는 더 나아가 의심스러운 '리뷰' 사이트와 '신용 사기 예방' 사이트를 이용하기도 한다. 이런 가짜뉴스 사이트는 자신들이 리뷰한 사이트가 안전하고 믿을 수 있으며 업계 최고라고 호언장담한다. 링크로 연결된 사이트에 사람들이 회원가입을 하면 리뷰 사이트는 고정 수수료나 일정 몫을 챙긴다.

구글에서 몇몇 바이너리 옵션 업체를 검색하면 연관검색어로 '신용 사기'라는 단어가 맨 먼저 뜬다. 한편 신용 사기로 검색하면 리뷰 사이트가 자그마치 세 곳이나 나오는데 유료 광고 덕분에 셋 다 검색 결과 상위에 뜬다. 하나같이 방문자에게 자신들이 리뷰한 사이트는 안전하다고 안심시킨다. 이런 식의 가짜 리뷰 사이트 생태계가 생기면 잠재 고객들은 '검증된' 사이트라는 말만 믿고 초고위험 사이트로 접근할 뿐 아니라, 이런 브로커를 조심하라는 독자적 기관의 진짜 경고는 설 자리를 잃는다.[20]

평판 있는 사실 검증 사이트나 리뷰 사이트를 모방하는 수법은 정치 영역에도 발을 들여놓기 시작했다. 2016년 후반, 스웨덴 대중을 겨냥한, 얼핏 새로운 사실 검증 사이트처럼 보이는 《메디콜렌Mediekollen》이 페이스북에 등장했다. 그렇지만 이 사이트는 주장을 공정하게 살피는 일보다는 특정한 정치 어젠다를 공론화하는 데 주력하는 듯 보였다. 또 《버즈피드뉴스》에서 공개한 트럼프 문건의 출처와 관련해 온라인에 떠도는 의심스러운 가설들을 퍼뜨렸고, 스웨덴의 한 작가가 체코 방송에 나와 "스웨덴에는 경찰도 들어가기를 꺼리는 접근금지구역이 있다"라고 한 주장을 옹호했다. 이 주장이 사실이 아니라는 증거가 나오자 해당 작가가 문제 발언을 취소했는데도 말이다.[21] 《메디콜렌》은 누가 사이트를 만들었고 누가 자금을 지원하는지 밝히지 않았다. 《가디언》은 "《메디콜렌》이 사실 검증에 쓰는 정보는 상당 부분 실제 사실에 근거한다"라고 했다. 그렇지만 "어떤 수치나 진술을 골라 이를 입증하거나 폭로하는 기존의 사실 검증 사이트와 달리 《메디콜렌》은 어떤 진술이나 기사를 지지하거나 뒤엎는 논거 및 의견을 이용해 다른 담론을 만들어낸다. 즉 사실을 검증하는 척하면서 사람들을 현혹하는 주장을 퍼뜨린다"라고 지적했다.

《메디콜렌》은 스웨덴에 초점을 맞춘 다른 사실 검증 사이트의 기사도 공격했는데, 바이럴기사 검증 사이트인 《비랄그란스카렌Viralgranskaren》의 편집자는 스웨덴의 영어 매체 《더로컬thelocal.se》에서 이렇게 말했다. "우리가 사이트에 기사를 올리자 《메디콜렌》이 그 기사가 거짓이라는 기사를 올렸습니다. 그래서 제가 그 반박 기사에 댓글을 달았더니, 5분 후에 그 기사를 내렸습니다."[22]

《메디콜렌》은 이 논란 이후 페이스북에서도 사라졌다. 그렇지만 이 사건은 앞으로 발생할 영역 다툼, 밥그릇 싸움을 예고했다. 《메디콜렌》은 기존 스웨덴 사실 검증 사이트의 디자인과 문체를 모방해 페이스북에서 구독자를 확보했다. 이와 달리 더욱 미묘하게 어젠다를 공론화하거나, 페이스북에서 활동하지 않는 다른 가짜뉴스 사이트들은 적발해 없애기가 그리 쉽지 않을 것이다. 인터넷의 허위 정보와 싸우는 일은, 하나같이 빠르게 움직이는 여러 개의 과녁에 총을 겨누는 것과 같다.

전부 거짓은 아니기에 더 위험한 나쁜 뉴스

정치 및 공공정책과 관련해 대부분의 발언은 사실도 진실도 아닌 그 중간쯤에 있다는 점을 기억해두자. 즉 사실에 가깝지만 어느 정도 과장된 말, 거짓에 가깝지만 진실이 조금 섞인 발언이 대다수다. 이 둘을 구분하는 것은 사실을 따지는 문제라기보다, 판단이나 의견이 개입하는 일이다. 우리가 개소리에 대처하는 일을 노골적인 거짓에만 대처하는 일로 치부해버린다면, 우리는 다수의 개소리를 완전히 방치하게 될 것이다.

이는 사실 검증 활동 최전선에 선 일부 전문가들도 잘 알고 있고 늘 말하는 문제다. 《스놉스》를 만든 두 설립자 중 한 명인 데이비드 미컬슨David Mikkelson은 2016 미국 대선 결과가 나온 후 일주일 정도 지나 "우리에게는 가짜뉴스가 아니라 나쁜 뉴스가 문제다"라는 논평을 올려 이 문제를 언급했다.[23] "온라인 세상에는 나쁜 뉴스가 참 많지만 그 모두가 가짜는 아니다"라면서, 《스놉스》가 대적하는 당황스러운 허위 정보를 열거했다.

진짜뉴스를 가져다가 왜곡이 심한 낚시 기사로 둔갑시키는 당

> 파적인 정치 사이트가 있다. 예전에 나온 뉴스를 마치 지금 떠도는 정보처럼 포장하는 사이트도 있다. 출처가 모호하고 의심스러운 기사들을 모아놓는 사이트도 있다. 주로 건강과 과학 분야에서 말이다. 자기 딴에는 타당한 정보를 제공한다고 하나, 정보를 모으고 보도하는 과정에서 정확성이 매우 떨어지는 사이트도 있다. 이런 형태의 뉴스는 어떻게 보든 하나같이 나쁜 뉴스지만, 모든 정보를 가짜뉴스라고 한데 묶어버리면 가뜩이나 혼란스러운 이슈를 더 애매하게 만들어버린다.

미컬슨은 이어 폭스뉴스나 MSNBC 방송의 보도에 대중을 현혹하는 당파적 시각이라는 이유로 '가짜뉴스'라는 딱지를 붙이면 엉뚱한 길로 빠질 수 있다고 경고했다. 이러한 당파적 보도는 그의 분류에 따르면 '나쁜' 뉴스에 속하고 당파성과 무관하게 다뤄야 하는 이슈라고 말했다.

이는 옳은 지적일지도 모른다. 그렇지만 우리는 한발 물러나 사태를 현실적으로 바라볼 필요가 있다. 현재 정보 시스템이 특정 정파에 유리하게 굴러간다면, 이를 바로잡으려는 사람들은 어떤 동기로 움직일까? 트럼프가 허위 정보와 개소리의 진원지라는 것이 기본전제라고 할 때, 이에 맞서는 일을 사실상 비당파적이라고 할 수 있을까? 가짜뉴스와 여론 조작, 허위 정보가 정치색을 막론하고 어디에나 있다는 말은 정치 성향을 막론하고 누구나 문제 해결에 나서야 한다는 말처럼, 말하기 쉽고 논쟁의 여지가 없는 말이다. 하지만 문제는 어떤 정보가 정말 사실인지, 또 특정 정치인과 캠페인을 일방적으로 무장해제하고 정치적으로 가장 효과적인 무기 하나를 버리게 하는 것은 아닌지를 따져야 한다는 점이다. 현재 한쪽 세력만 개소리를 맘껏 이용하는 상황이라면, 이에 맞서는 것이 (단기적으로라도) 진정 당파성과 무관한 일일까? 만약 무관하지 않다면 당파성은 이 문제를 해결하는 것과 어떤 관련이 있을까?

평판 있는 사실 검증팀과 매체에서 일하는 전문가는 허위정보 생태계가 사실과 거짓이라는 단순한 구도 이상으로 복잡하다는 것 그리고 사실 검증 매체는 문제 해결의 일부일 뿐이라는 사실을 잘 안다. 《퍼스트드래프트뉴스》의 연구 및 전략 책임자 클레어 워들은 가짜뉴스는 이를 포함한 더 큰 범주에서 가장 두드러진 영역일 뿐이라며 노골적 거짓말보다는 기만에 가까운 사실들, 잘못된 상관관계 등 사실 검증이라는 틀로는 판단하기가 훨씬 힘든 여러 사안을 블로그에 열거했다.

> 우리 모두는 이 생태계에서 중요한 역할을 한다. 우리가 검토 없이 정보를 수동적으로 받아들이거나 검증하지도 않고 글이나 사진, 영상을 공유할 때마다 이 생태계에 잡음을 키우고 혼란을 부추긴다. 이 생태계가 너무 혼탁해진 만큼 우리는 온라인에서 접하는 정보를 독자적으로 확인해야 할 책임이 있다. (…) 이는 사람들이 자신의 본능적 반응과 거리를 두도록 가르치는

것이다. 자신이 어떤 콘텐츠를 보고 불같이 화를 내거나 내 관점이 옳았음을 다시 한번 확인했다며 우쭐거린다면, 다른 관점을 취해볼 필요가 있다.[24]

영국의 독립적인 사실 검증 사이트 《풀팩트FullFact》의 관리자 윌 모이Will Moy도 기존의 사실 검증 활동을 넘어서야 한다고 지적했다. 왕립통계학회가 주최한 패널토론에서 윌 모이는 믿을 만한 정보는 더 접하기 쉽고 믿지 못할 정보는 더 접하기 어렵게 해야 하며, 기자와 전문가를 위한 연수 프로그램도 마련해야 한다고 주장했다. 《풀팩트》는 개소리를 찾아내고 대처할 때 드는 노력의 비대칭성을 해결하고자 자동화한 사실 검증 도구도 제작하고 있다고 밝혔다.[25] 모이는 구글 검색이나 페이스북이 개소리 정보를 표시하도록 하는 이상적인 목표도 추구한다고 말했다. 모이는 지금까지 탈진실 시대에 얻은 것이라고는 정치꾼밖에 없다면서, 결국 우리의 발목을 잡는 것은 진실이라고 주장했다.

우리가 탈진실을 문제 삼을 때, 진실을 말하는 것을 대수롭지 않게 여기는 대중과 권력자가 부쩍 늘었다는 지적이 나온다. 이는 우리 모두와 관련한 문제다. 공직자윤리위원회가 공직자에게 가장 중요한 자질을 무엇이라고 생각하는지 대중에게 물은 적이 있다. 응답자들이 하원의원에게 기대하는 가장 중요한 덕목은 진실을 말하는 것이었다. 진실을 등한시하는 태도는 문제다. 나라를 통치하고자 한다면 진실을 어느 정도 파악하고 있어야 한다. 탈진실 방식으로 캠페인 활동은 가능했더라도 언제까지나 탈진실 방식으로 통치할 수는 없는 노릇이다.[26]

결국 생각해보면 개소리와 사실 왜곡이 이들보다 더 큰 현상의 일부라는 사실을 깨닫게 된다. 그 현상이란 반세계화주의, 반엘리트주의, 반진보적 사회질서로 이들은 지난 수십 년 동안 문화 전쟁에서 우위를 점한 듯하다. 이 책 다른 장에서 다룬 내용을 떠올려보자. 매체들이 트럼프와 여타 탈진실 주장을 다루는 이유는 재정적 · 경제적 동기 때문이다. 대선 후보 경선으로 대선의 막이 오른 초반부터 트럼프에게 지면을 많이 내준 매체들은 그렇지 않은 매체보다 재정 상태가 좋았다.

매튜 잉그램은 《포춘》에서 이렇게 말했다. "CNN 같은 매체들이 트럼프 보도로 꽉꽉 채우면서 수십억 달러를 긁어모으고 있는데 당신 매체는 광고 수익이 뚝뚝 떨어져 현상 유지도 벅차다면 보도 원칙을 존중하는 것과 이를 실천하는 것은 별개의 문제가 된다."[27] 결국 트럼프는 2016년 3월부터 대선 광고 비용으로 20억 달러를 들여 미디어의 지면을 사들였다. 힐러리의 약 세 배, 공화당 경선 경쟁자였던 테드 크루즈의 여섯 배에 달하는 액수였다.[28] 이렇게 미디어를 도배한 광고가 수익에 미치는 영향은 너무나 강력해서 개선하기가 힘들다. 사실 검증 활동으로는, 장차 있을 캠페인들이 트럼프 선거 진영이나 브렉시트 캠페인처럼 활동하지 못하게 막을 수 없는 이유가 또 있다. 2016년의 충격적인 선거전의 배후에는 폭넓은 문화적 요인이 작동했고 개소리와 정보 조작은 문제의 일부였기 때문이었다.

미 대선 초반에 미디어 이론가 클레이 셔키는 트럼프와 관련된 문화적 요인을 지적했다. 공화당 전당대회에서 트럼프가 대선 후보 수락 연설을 한 다음 날, 셔키는 트위터에 장문의 글을 올렸다.[29] "나의 진보적인 백인 친구들에게 하고 싶은 말이 있다. 트럼프는 지난밤 숱한 개소리를 쏟아냈지만, 딱 하나, '나는 여러분의 목소리다!'라는 말만큼은 거짓이 아니었다."

> 트럼프는 화난 백인층의 목소리다. 그는 독특한 견해를 내세울 때는 무대에 오르지 못했다. 그는 흔한 생각을 시끄럽게 외치면서 무대에 오르게 되었다. 그는 스페인어를 구사하는 이웃들을 추방하고 싶고, 히잡을 보면 경기를 일으키는 백인들의 목소리다. 그는 보수적인 백인 개신교도의 법적 · 문화적 특권이 바로잡아야 할 편향이 아닌 신의 계획이라고 믿는 사람들의 목소리다. 그는 '근면함'을 '백인'과 동의어로 여기는 사람들의 목소리다. 그는 흑인 목숨에 별 관심 없는 사람들의 목소리다. 그는 수백만 명을 대변한다. 그가 수락 연설을 하는 동안, 내 타임라인에 뜨는 많은 백인 진보 세력은 믿기지 않는 현실이라는 반응을 보였다. (…) 우리는 문화 전쟁에 사실 검증 전문가를 끌어들

였다. 진지한 고민이 필요한 때다.

미디어 그리고 탈진실에 한해서는 서로 다른 담론이 맞선다. 우리는 사람들의 기존 신념을 자극하는 감정적 담론이 소셜 미디어에서 인기가 높고, 가장 많은 대중에게 전달되며, 대중의 믿음을 얻는 데 매우 효과적이라는 사실을 앞서 짚었다. 이는 사실 검증 문화와 거의 대조적이다. 사실 검증은 공명정대하고 신중한 자세를 보이려 하고, 논쟁에서도 당파적 입장에 빠지지 않으려고 애쓴다. 그리고 우리는 가장 주목받은 사실 검증 기사조차, 이들이 대적하려는 가짜뉴스나 개소리보다 도달률이 훨씬 떨어진다는 사실도 알았다.

이런 사실에 대해 《가디언》에서 소셜 네트워크 및 뉴미디어 전략을 담당하는 마틴 벨람Martin Belam은 명쾌하게 설명했다. 그는 "사실 검증 사이트는 이야기를 전달하는 솜씨가 매우 형편없는 반면, 신나치주의자인 대안우파 운동은 담론을 만들고 유지하는 능력이 아주 뛰어나다"라고 지적했다.[30] 벨람은 현재의 정치 풍토에서 사실 검증 활동은 무익할 수 있는데 기만적인 정보를 이용해 퍼뜨리는 폭넓은 담론에 상대가 안 되기 때문이라고 설명했다. 대신 그는 미디어가 진실에 토대한 자체적인 담론 생산에 치중해야 한다고 제안했다. 또한 그는 "백악관이 언론더러 정보를 은폐하는 '아주, 아주 부도덕한' 자들이라고 칭하는 시대에서 살아남으려면 기자인 우리는 이런 담론에 대처하는 법을 고민해야 할 것"이라고 덧붙였다.

> 《인포워스》, 《브레이트바트》, 브리튼 퍼스트(극우세력의 반 무슬림, 음모론적 이데올로기를 퍼뜨리는 사이트와 조직들)는 더 끈질기게 자신들의 메시지를 퍼뜨릴 것이다. 이들의 거짓된 주장을 검증하는 것도 방법이겠지만, 이것으로 어떤 성과를 거둘 수 있을까? 이런 허튼소리를 실제로 막으려면, 우리는 진실을 퍼뜨릴 수 있는 더욱 효과적인 방법을 고민해야 할 것이다.

사실 검증 조직들은 탈진실 싸움에서 그 나름의 좋은 의도로 활동하며 상당한 역할을 한다. 어떤 주장이 사실이고 어떤 주장이 노골적인 거짓말인지 알고 싶은 사람들에게 믿음직한 첫 관문이 필요하고, 인터넷에는 대다수 사실 검증 사이트보다 훨씬 수준이 떨어지는 블로그들이 있기 때문이다. 그렇지만 관념이 계속 바뀌고 문제의 규모가 만만치 않은 점을 고려할 때 사실 검증 사이트에 너무 큰 부담을 주면 안 된다. 사실 검증은 해결책 중 하나다. 여기에 모든 것을 맡긴다면 또 하나의 현실도피식 처방이 되고 말 것이다.

우리가 지금까지 해온 일에 조금씩 더 보태서 해나간다면, 문제는 서서히 해결될 것이다. 해결책을 찾는 일은 다소 어렵겠지만, 단 하나만 있는 것은 아니다. 지금부터 효과적인 아이디어 몇 가지를 살펴보도록 하자.

02

개소리에 맞서는 가장 현명한 방법

우리는 앞에서 개소리를 효과적으로 만드는 요인이 무엇이고 왜 인터넷이 개소리의 온상지가 되었는지, 또 개소리가 어떻게 정치 영역에 침투했으며 배후에 거대한 비즈니스 모델이 존재하는 이유가 무엇인지를 살폈다. 또 손쉬운 해결책은 찾기 힘들다는 사실도 알았다. 즉 사실 검증 하나로는 가짜뉴스와 개소리로부터 우리를 지키지 못하며, 개소리 생태계를 교정할 뾰족한 대책도 존재하지 않는다. 그렇지만 어떤 효과적인 대처 방안 없이 문제만 제시하는 것은 그냥 포기하라는 말과 다를 게 없고, 지금까지의 논의를 허무하게 만든다. 이제부터는 그런 암담함을 좀 덜어주는 이야기를 해보겠다.

마지막 장에는 정치인과 정책 담당자, 언론 매체와 기자,

시민이자 뉴스 소비자인 우리를 위한 조언을 담아봤다. 독창적인 생각도 아니고 일관성도 없다. 앞서 논의한 모든 내용에서 도출한 생각과 결론을 모아놓은 것으로 다양한 압력에 다양한 방법으로 맞서자는 조언이다. 사람들은 각자 다양한 동기로 다양한 행동을 한다. 개소리를 퍼뜨리는 상대 후보에 대한 정치인의 적절한 대응은 언론 매체의 대응과는 다를 것이다. 언론은 독자가 개소리를 퍼뜨리는 쪽보다는 이에 맞서는 쪽에 서 있다고 가정한다. 이는 반드시 옳은 가정은 아니다. 개소리가 정치나 상업 전략 못지않게 영향력이 있는 만큼, 이를 이용하려는 사람들이 분명히 있다.

첫 번째 조언들은 정치 후보와 캠페인에 해당하는 내용이다. 개소리 전술을 구사하는 상대방에게 어떻게 처신해야 하는지, 법과 관행, 심지어 교육과정까지 바꿀 수 있는 현 정책 담당자들이 무엇을 할 수 있는지에 관한 조언을 담았다.

정치인

설명하지 마라 '설명하면 진다'는 정치권의 오랜 격언이 있다. 브렉시트 잔류캠프는 이런 격언을 무시한 채 보트리브의 주장을 자세히 파고들었고 영국이 EU로부터 받는 환급액이 얼마인지 설명했으며 경제성장이 국가 재정에 미치는 영향을 알리려고 했다. 결과적으로 다수의 유권자 눈에 더 자주 띈 것은 보트리브의 핵심 메시지였다. 더 자주 드러났고, 더 널리 퍼져 나갔다. 트럼프의 주장도 이런 경우가 많았다. 예를 들어 언론이 무수한 테러 공격을 무시한다는 그의 주장을 세세히 따진 것은, 대중에게 전 세계적으로 테러 공격이 많다는 사실을 환기했고 결국 트럼프의 포괄적인 담론 확산에 기여했다. 언제 개입하고 언제 미끼를 물지 말아야 하는지, 또 언제 공격 대신 대항 담론을 제시해야 하는지 간파하면, 정치인은 핵심적인 정치 기술을 얻게 될 것이다. 세부 사항이 틀렸다고 밝히면 타격을 받는 정치인이 있는가 하면, 끄떡없는 정치인도 있다. 트럼프는 후자로, 그에게 진실성은 절대 아킬레스건이 아닐 것이다.

불평하지 마라 미디어에 대한 불평은 특정 정파나 국가에 국한되지 않는다. 전 영국 노동당 당수 제러미 코빈 측은 커뮤니케이션 전략의 일환으로 예전부터 주류 언론이 편파적이라고 공격했다. 이는 일정 부분 영국 신문 시장의 완전한 우파 성향 때문에 시작됐지만, 나중에는 BBC와 중도좌파 인쇄 매체까지 공격 대상에 넣었다. 트럼프 대통령의 미디어 공격은 여기서 더 언급할 필요가 없을 것이다. 이런 공격은 반기성체제라는 정치 전술의 하나로 자리 잡았지만, 이것을 전술로 삼으면 안 되는 이유가 있다. 미디어를 공격하는 정치인은 대부분 그저 나약하다는 인상을 줄 뿐이다. 이 책 다른 장에서 이야기한 대로 여러 민주국가에서 실시한 여론조사를 보면 국민들은 대개 강력한 지도자를 원한다. 미디어에 대해 불평하는 정치인은 그런 지도자상과 거리가 멀지만, 그런 불평은 그의 핵심 지지층을 중도 성향에서 벗어나게 하고, 공공 기관에 대한 신뢰도를 낮추는 데 분명 기여한다. 미디어만 공격한다고 선거에서 이기는 것은 아니다. 이는 민주주의의 장기적 건전성이라는 점에서 볼 때도 바람직하지 못하다. 트럼프처럼 다수에게 강한 인상을 주는 정치 지도자는, 이런 부정적 영향보다는 긍정적 영향이 더 두드러져 보인다. 미디어를 공격하면 지지자들을 자극하고 기부가 활성화되며, 지지층을 그 정치인에게 우호적인 매체로 끌어들일 수 있기 때문이다. 그렇지만 이러한 전술에 기댈 이유가 없는 정치인이야말로 진정한 정치인이다. 정파를 막론하고 자신감이 넘치는 정치인에게는 이런 전술이 필요 없다.

가짜뉴스에만 주목하지 마라 탈진실에 관한 토론에서 미디어들은 가짜뉴스 단속에 초점을 맞추며, 다수의 정치인도 이를 그대로 따라 한다. 이 현상은 특히 영국에서 두드러졌는데 영국 하원위원회는 영국이 가짜뉴스 문제에 시달린다는 증거가 거의 없었는데도, 가짜뉴스 사이트에 실린 조작된 기사에 한해서만 공식적인 실태조사를 했다. 이런 행동은 수면 위로 드러난 빙산의 일각만 없애면 앞으로 항해가 순탄하리라는 가정에서 나온다. 개소리 생태계에서 기술적 처방에 영향을 받는 영역이 있다면 그것은 바로 가짜뉴스다. 광고 네트워크와 소셜 미디어는 더 포괄적인 문제에서는 쓸 수 없던 조치를 가짜뉴스에 적용할 수 있을 것이다. 물론 이 방법도 그 효과가 의심스럽긴 하다. 가짜뉴스 사이트들이 다양한 수법으로 돈을 벌고 계속 변하는 온라인 환경에 발 빠르게 대처하기 때문이다.

개소리 중에서 가짜뉴스에만 초점을 맞추면, 기술적 대책이 손쓸 수 없는 더 크고 어려운 문제는 피해 가게 된다. 즉 왜곡된 뉴스, 인기몰이를 하는 허위 정보, 극당파적인 밈, 정치 캠페인이 쏟아내는 개소리 등 가짜뉴스에 속하지 않지만 해결책이 필요한 여러 문제를 놓친다. 가짜뉴스는 갖가지 개소리 중 극히 일부일 뿐이다. 따라서 가짜뉴스는 한 가지 작은 영역으로 대해야 한다.

학교에서 미디어 문해력을 길러주자 대다수 학교에는 성교육이나 정부 구조에 대한 기초 지식, 국가의 가치, 건강과 영양 지도 등 공중 보건이나 시민 의식을 가르치는 수업이 있다. 여기에 미디어 문해력에 대한 기초 교육을 추가할 수 있을 것이다. 학생들에게 정보 출처를 검토하는 법, 경험과 상식, 때로 실용 통계를 이용해 주장을 판단하는 법을 가르치면 충동적으로 믿고 싶은 내용을 받아들이기보다 실제 사실에 부합하는지를 따져보게 될 것이다. 이런 수업은 당파성을 띠거나 어떤 정치인이나 미디어 집단의 발언과 결부할 필요가 없으며 수업 시간을 많이 할애할 필요도 없다. 그리고 현재 이러한 사회 교과목에 다른 온라인 이슈 등도 포함하는 추세임을 고려할 때, 이는 세상의 개소리 문제를 해결하기 위한 비교적 쉬운 첫걸음이자 이후 장기 처방으로 가는 징검다리가 될 것이다.

내가 속한 체계를 무너뜨리지 말자 보통 정치인은 필승 전략으로 자신이 시스템을 바꿀 '개혁적' 후보라고 내세우는데, 이는 그 자체로는 해로운 전술이 아니다. 그렇지만 이 주장이 기성 정치권 모두가 부패했다거나 사리사욕을 채운다는 식으로 확대되는 순간 그 선거 캠페인은 주류 제도에 대한 믿음을 흔들고 충족시킬 수 없는 기대감을 불어넣게 된다. 동시에 정치 제도와 언론 제도에 대한 믿음도 흔들리게 된다. 4년마다 모든 후보들이 자신을 개혁적이라고 내세우지만 결국 전임자와 다르지 않을 때, 정치권에 대한 믿음은 계속 사라질 것이다.

이런 실망감이 계속 쌓이면 다음 선거가 와도 대중은 그 어떤 후보에게도 기대를 걸지 않는다. 그렇다고 정치권의 부패나 잘못된 관행에 침묵하라는 소리가 아니다. 정치권의 자금 문제, 로비스트와의 결탁, 자기 호주머니를 채우는 일부 정치인의 비리 등은 분명 우리를 분노케 한다. 우리는 이를 비판할 수 있고 비판해야 한다. 정치권에 있거나 정치 기사를 보도하는 사람들은 대개 이런 모습이 일반적이지 않다고 생각한다. 그렇지만 정치인의 융단폭격으로 대중의 귀에 주로 이런 이야기만 들리면,

대중은 이것이 일반적이라고 믿는다. 바로 경제학에서 말하는 '공유지의 비극'이다. 즉 개별 정치인은 정치 시스템을 공격해 이득을 얻지만, 모두가 그런 공격을 하면 결국 정치인 전체가 피해를 보는 것이다.

표적 광고를 대중의 감시 아래 두자 표적 광고의 효과는 과장됐을지 몰라도 페이스북의 표적 광고는 분명 선거 활동에 상당한 해를 끼쳤다. 캠페인들이 특정 유권자에게 미디어나 일반 유권자는 자세히 볼 수 없는 메시지를 보낼 수 있게 되면서 엄청난 악영향을 주었다. 투표 날짜를 엉터리로 알려주는 것과 같은 아주 노골적인 거짓말이든, 경쟁 후보를 음해하는 좀 더 교묘한 메시지든, 표적 광고 덕분에 상대 후보 지지자가 투표소에 가는 걸 막는 메시지 발송이 가능해졌다. 또 공공연한 인종주의, 성차별주의, 동성애 혐오 메시지가 다른 집단 귀에 들어가서 정치적 반발을 살 위험 없이 이를 특정 집단에만 몰래 전달할 수 있게 되면서 개호각 정치dog-whistle politics(특정 집단이 유독 반응하는 메시지로 지지층을 다지는 전술을, 개는 듣지만 인간은 못 듣는 고주파 음을 내는 개호각에 빗댄 용어-옮긴이) 시대가 열렸다.

그리고 표적 광고 덕분에 개소리 캠페인도 가능해졌다. 이런 전술을 당장 금지하고 싶어도 실효성이 없다. 특히 미국은 정치자금을 제한하거나 특정 형태의 광고를 제한하는 대부분의 조치를 법원이 받아들이지 않는 나라다. 수정헌법 제1조에 위

배된다는 이유에서다. 이보다 훨씬 가능성 있는 방법은 공인된 캠페인이나 정치활동위원회, 이와 유사한 기관들이 대중과 소통할 때 그 내용을 공식 기관에 등록하게 하고, 공식 기관은 그 내용을 바로 공개해 누구나 접근할 수 있게 하는 것이다. 이는 어떤 정보를 퍼뜨리는 주체가 누구인지 밝히게 한 현행 규정을 조금 연장한 것에 불과하지만, 캠페인들이 대중에게 책임감 있는 모습을 보이게 할 만큼 큰 변화가 생길 것이다.

굳이 기성 권력의 일부처럼 보일 필요는 없다 백만장자의 아들인 트럼프는 억만장자였고, 큰 인기를 끈 리얼리티 방송 프로그램의 제작자이자 진행자였다. 나이절 패라지는 사립학교를 나와 금융가인 런던시티에서 트레이더로 일했고, 유럽의회 의원으로 18년간 재직했다. 옥스퍼드대학교를 나온 《타임스》의 칼럼니스트 마이클 고브는 캐머런 내각에서 장관을 지냈고, 브렉시트 캠페인에 돌입하기 전까지 캐머런 총리와 절친한 사이였다. 그렇지만 이 세 사람 모두 자신을 기성 권력 바깥에 놓인 개혁적 인물로, 기존 엘리트와는 다른 인물로 포장했다.

누가 정치 엘리트인가라는 문제는 실제 사실과는 상관없는 마음가짐의 문제처럼 보인다. 현재 정치 풍토는 기성 권력에 반대하는 분위기다. 한때는 기성 권력의 일원인 것이 유권자의 관심을 끄는 하나의 자산이었지만, 이제는 아닌 듯싶다. 이런 상황에서 돌파구를 찾는 후보라면 어디에 위치하든 기성 권력층

외부에 있는 것처럼 보이는 것이 현실적이면서도 유익한 방법이다. 2017년 초반부터 프랑스 대선 주자로 나서 대통령에 당선된 에마뉘엘 마크롱Emmanuel Macron이 했던 것처럼 말이다.[1]

미디어

제목에 유의하자 사람들은 읽지도 않은 기사를 공유하고, 댓글을 달며, 심지어 믿는다. 적어도 기사 제목에 적힌 말을 믿는다. 일부는 페이스북, 구글, 트위터에 뜨는 기사 제목만, 가끔은 본문을 한두 문장 정도로 줄인 요약문 정도만 읽는다는 확실한 근거가 있는 만큼, 언론사들은 기사 제목에 신경 써야 한다. 이 전략에는 많은 제약이 있다. 기사 첫 줄에 반전을 노리는 표현을 쓰거나 농담을 쓰면 안 되기 때문이다. 그렇지만 이는 쉽고 구체적인 행동 지침이다. 의심스럽거나 전혀 사실이 아닌 주장을 보도할 경우, 기사 제목에 이를 그대로 언급해야 한다. 근거가 없는 정치적 발언이 나오면, 글머리에 그렇다고 써야 한다. 이런 직설적인 글쓰기는 폭로 대목이 나올 때까지 사람들을 집중시키는 효과는 노리지 못하겠지만, 허위 정보의 매개체를 하나 줄여준다.

복잡함은 미덕이 아니다 미디어 종사자 중에는 단어가 많거나 긴 단어를 쓸수록 좋은 기사로 여기는 사람들이 있다. 짧고 단순한 허위 주장에 맞서고자 한다면 명료해지는 게 좋다. 어떤 주장의 진위를 따지는 기사라면(우리가 여전히 사실 검증을 하고자 한다면), 기사 첫머리에 결론을 짧게 쓰고, 관심 있는 독자를 위해 논거나 유의 사항을 하나씩 제시하는 것은 어떨까?

폭로할 내용이 담긴 기사라면, 가장 중요한 사실을 기사 첫머리에 두는 영국식 보도 관행에 따를 경우 미국 신문의 우아한 탐사 보도식 문체와는 멀어질 것이다. 그래도 더 많은 독자에게 정확한 사실이 전달될 것이다. 현실에서 마주치는 모든 문제에는 복잡하고 다양한 요인이 얽혀 있음을 우리는 안다. 그렇기 때문에 너무 단순하게 쓸 필요는 없지만 어떤 기사나 담론에서 적절한 내용을 추리고 꼭 필요한 정보에 집중해야 한다. 개소리 담론을 유포하는 자들은 대개 글을 아주 명료하게 쓴다. 기자들도 명료성을 지향해야 한다.

'허공의 관점'을 다시 고민해보자 미국 저널리즘이 공정한 보도와 논평 기사를 구분하는 정교분리를 내세운 이유는 독자의 신뢰를 얻기 위해서였다. 객관적이고 균형 잡힌 시각으로 보도를 하면, 매체의 권위가 살고 독자의 신뢰를 얻는다는 게 그 이유였다. 요즘 일각에서 이러한 관점에 반대하는 이유를 앞서 자세히 다뤘지만, 정작 언론사들이 이런 관점을 수정할 생각이 있는지 짚어볼 필요가 있다. 트럼프를 지지하는 일반 유권자가 현재 《뉴욕타임스》나 CNN이 뉴스를 공정하게 보도한다고 생각할까? 마찬가지로 힐러리를 지지하는 사람이 《월스트리트저널》이나 폭스뉴스가 공정하다고 생각할까? '객관적' 뉴스 보도는 사람들이 보도기관의 권위를 인정하고 매체의 브랜드를 존중하던 시절의 유산이다. 이제 우리는 새로운 모델을, 정론지 독자에게 친숙한 모델을 고민해봄 직하다. 정보원을 명확히 밝히고 정확성과 공정성을 유지하려고 노력하면서도, 기자와 보도기관 자체의 편향성을 솔직히 인정하는 모델이다. 정치 성향이 없는 기자를 내세우는 것보다는 이런 모델이 요즘 독자에게 더 설득력 있지 않을까?

기자들의 내부 사정을 설명하자 2016년 《워싱턴포스트》는 미 국가안전보장국의 내부 고발자 에드워드 스노든을 배신하고 '자신의 취재원을 기소하라고 요청한 최초의 신문사'라는 비난을 받았다.[2] 《워싱턴포스트》는 스노든에게 건네받은 유출 문서를 보도해 《가디언》과 함께 2014년에 미국 언론계에서 가장 큰 영예인 공공보도부문 퓰리처상을 수상했다. 하지만 2년 후 《워싱턴포스트》는 스노든을 기소해야 하며, 그의 기밀문서 유출은 공익을 위한 게 아니었다고 사설에서 주장했다. 언뜻 보기에 이는 명백한 배신이었다. 그렇지만 진실은 달랐다. 스노든이 건넨 자료로 기사를 작성한 보도팀은 논설팀과 별개로 굴러간다. 미국 신문사에서 논설실과 뉴스 편집실은 인력 구성이 전혀 다르다. 따라서 당시 기자들은 자기 조직에서 자신들의 취재원이 공격당하는 것을 지켜봐야만 했다. 많은 기자가 이런 상황을 납득하기 어려워한다. 대다수 일반 독자도 전혀 이해하지 못할 것이다. 이는 독자가 잘 모르는 뉴스 편집실의 여러 관행 중 가장 극단적인 경우다. 기자는 모든 기사에 그 기사가 비판하는 인물의 발언을 실어야 하는 이유를 잘 안다. 특정표현이나 인조크in-jokes(특정 집단에서만 통하는 농담-옮긴이)의 뜻도 안다. 법률과 규제기관이 정한 선도 잘 알고 있다. 이런 제약은 기사를 보도하는 방식과 뉴스 조직의 행동에 영향을 준다. 따라서 기자는 필요하면 간단하게나마 이런 사정을 독자에게 설명해야 한다.

독자가 필터 버블에서 빠져나오도록 돕자 기자도 사람이므로 나름의 필터 버블이 있다. 그래서 자신과 문화적 성향이 정반대인 집단의 동향을 놓치고, 그들의 이슈를 잘못 보도하기 쉽다. 이와 관련해 사고실험을 한번 해보자. 영국에서 브렉시트 투표 때 잔류진영과 탈퇴진영을 지지한 기자들이 50:50인 뉴스 편집실이 몇 군데나 됐을지, 또는 미국에서 트럼프를 찬성하거나 반대한 기자들이 50:50에 가까운 뉴스 편집실이 몇 군데나 됐을지 상상해보자. 언론 조직에 이처럼 다양한 의견이 없다면, 기자들은 다양한 흐름을 보도하기 위해 부단히 애써야 할 것이다. 언론 조직은 독자가 필터 버블에서 빠져나오도록 도울 수 있다. 이와 관련해 《버즈피드뉴스》는 한 가지 실험을 진행 중이다. 정치 기사 말미에 특정 주제나 관심사에 따라 다양한 관점의 페이스북 포스트를 배치해 독자가 그들만의 필터 버블에서 빠져나오도록 자극하는 것이다.[3] 이는 많은 방법 중 하나에 불과하지만, 의미 있는 시도다.

사실 검증에 대해 다시 생각해보자 때로 사실 검증은 역효과를 낳는다. 수십 종의 뉴스 매체가 백악관 대변인 숀 스파이서가 언론에서 축소 보도했다고 주장한 78개의 테러 사건을 실제로 그렇게 보도했는지 꼼꼼히 따졌다. 이는 과격한 이슬람 테러 공격을 더욱 부각한 반면, 결정적으로 스파이서의 주장이 잘못됐다는 점은 폭로하지 못했다.[4] 즉 매체들은 테러 공격을 전부는 아니어도 대부분 다뤘다는 사실은 밝힐 수 있었지만, 이를 '충분히' 다뤘다는 점은 증명하기 어려웠다.

바로 이것이 사실 검증의 역효과다. 이 때문에 사실 검증은 최소한의 사실 판단 정도로만 의미가 있다. 사실 검증이 효과적이라면 대중이 이 기사를 보게 할 방법은 무엇일까? 사실 검증 코너가 따로 있어도 주요 보도의 주장 검증에도 소홀하지 않았음을 어떻게 보여줄 수 있을까? 가장 근본적인 조치로 독립 감사를 받는 비당파적 매체들이 사실 검증 작업 일부를 전담하게 할 방법이 있을까? 이런 해결책이면 기자 수십 명이 10초 만에 만든 주장을 검증하느라 한 명당 수백 시간씩 소모하는 일이 사라질 것이다. 그리고 이런 해결책은 페이스북과 구글이 기술적 처방에 반영하기도 쉬울 것이다. 그렇지만 달 탐사선 발사만큼이나 혁신적인 제안일 수 있다.

신뢰받고 싶다면 신뢰를 주는 매체가 되자 주류 매체는 자신들의 보도를 대중이 믿지 않는다고 한탄하고 왜 가짜뉴스를 믿는지 모르겠다고 의아해한다. 그렇지만 매체들은 이렇게 말하면서도 확인 안 된 바이럴 정보를 싣고, 허위 정보를 진짜처럼 위장하며 이런 기사들이 거짓이거나 문제가 있다는 점을 발견해도 아무런 조치를 안 하거나 실수를 정정했다는 공지도 없이 기사 제목을 슬쩍 고친다. 이런 관행은 대중의 신뢰를 얻는 데 도움이 되지 않는다.

뉴스 편집실이 보기에 이런 허위 기사들은 직접 취재한 기사나 수준 있는 기사와 전혀 다르겠지만, 독자가 보기에는 별 차이가 없다. 이 기사들은 동일한 매체가 동일한 지면에 일반 뉴스와 똑같이 실은 기사일 뿐이다. 독자의 신뢰를 얻는 방법은 그냥 이런 기사를 그만 싣는 것이다. 그렇지만 이 기사들이 트래픽을 높여 어느 부서든 뉴스 편집실의 자금사정에 보탬이 된다면, 이 방법을 쓰기가 쉽지 않다. 매체들이 검증 작업이나 정정 보도 없이 바이럴 기사를 계속 싣겠다면, 그런 기사를 구분해주거나 표시하는 새로운 방법을 고민해볼 수 있다. 신문사의 편집 방침과 맞거나 맞지 않는 기사를 색상이나 시각적 기호를 써서 표시하면, 기사끼리 확연히 구분될 것이다.

오보만큼 정정 기사를 널리 알릴 방법을 찾자 오류이거나 허위 사실, 혹은 심각한 실수가 있는 기사를 그냥 지워버리면 대중에게 이를 널리 알리지 못한다. 그 기사를 이미 읽었거나 공유한 사람이 하루 지나서 기사가 삭제된 사실을 알 방법이 없기 때문이다. 널리 공유된 포스트일수록 알리기가 훨씬 힘들다. 그 매체가 페이스북에 정정된 기사를 올려도 처음에 쓴 기사만큼 공유되지 않고, 조회 수도 훨씬 떨어질 가능성이 높다. 이는 페이스북과 미디어 매체가 협력하면 풀 수 있는 문제다. 페이스북은 신뢰받는 소수의 매체에 포스트가 수정되거나 삭제된 경우 그 글을 봤던 사람들에게 이 사실을 알릴 수 있는 권한을 주거나, 제3의 독립적 중재기관에 소속된 자원봉사자를 물색해 이런 사실을 통보하도록 할 수 있을 것이다. 또 플랫폼에서 정정 기사가 눈에 잘 띄도록 표시한 매체에 혜택을 줄 수도 있을 것이다. 이는 작은 처방이어도 정확한 정보를 전달할 수 있는 하나의 조치일 것이다.

내가 얻은 콘텐츠의 출처를 떠올려보자 3부에서 독자 눈에 보이지 않는 대행사라는 존재를 살폈다. 이들은 바이럴 영상을 찾아내 재포장한 다음 뉴스 편집실에 판매한다. 매체들이 이런 대행사를 정보원으로 취급해 그들이 준 콘텐츠를 검토하지 않은 채 내보낸다면, 대행사에도 전통적인 뉴스나 사진 발행처와 똑같은 기준을 적용해야 한다. 현재 콘텐츠를 직접 확인하지 않는 바이럴 콘텐츠 대행사는 주류 언론에 개소리나 가짜뉴스를 흘리려는 자들에게 무방비로 노출된다. 만약 사기꾼이나 게릴라 마케팅 캠페인이 대행사에 의도적으로 접근하면, 이런 정보는 뉴스 편집실에 그대로 흘러들어가 버린다. 따라서 매체는 이런 일이 벌어지지 않도록 대비책을 마련해야 한다.

가짜뉴스 매체에 자금을 대지 말자 3부에서 소개한 아웃브레인, 타불라 같은 광고대행사는 수입이 괜찮은 콘텐츠를 제공한다. 그러나 대다수 뉴스페이지의 일반 링크와 별 차이 없는 이 추천 사이트들은 주요 매체의 평판을 떨어뜨리고, 가짜뉴스 사이트로 사람들을 안내한다. 주류 미디어가 여기에 이도 저도 아닌 입장을 보이면 가짜뉴스와의 전쟁에서 이길 수 없다.

과학 전문 기자에게 조언을 얻자 많은 탈진실 이슈에서 베테랑이 필요하다면, 오랫동안 과학이나 보건 분야에서 일한 기자를 찾아가자. 과학부 데스크는 목소리만 크고 증거는 빈약한 비주류 세력이 도전해온, 사실을 바탕으로 합의된 이슈를 지난 몇십 년간 다뤘다. 그리고 기자로서 어떻게 처신해야 할지 조언이 필요하다면, 널리 퍼진 백신 반대 운동과 기후변화를 반박했던 주류 언론의 사례를 참고하면 좋을 것이다. 당시 기자와 편집자들이 얻은 많은 교훈이 큰 참고가 될 것이다.

새로운 공공매체를 만들자 이는 토디지털저널리즘연구소 소장 에밀리 벨이 《컬럼비아저널리즘리뷰》에서 낸 아이디어다.[5] 소셜 네트워크는 검색엔진과 마찬가지로 양질의 콘텐츠가 필요하다. 현재 이들 모두 가짜뉴스와 과격한 콘텐츠, 허위 정보 때문에 평판 문제와 규제 방안을 고민한다. 이에 벨은 "뉴스 관련 정책을 백지화하는 대신, 주도적 기술 기업 네다섯 곳이 10억 달러씩 기부하면 독립적 저널리즘을 위한 새로운 유형의 엔진을 만들 수 있다"라고 주장했다. 벨은 이 정도 기부금이면 새로운 공영 저널리즘 매체를 만들 수 있는데, 이는 낡은 비즈니스 모델 및 구조가 남긴 유물에서 벗어난 21세기판 BBC나 NPR이라고 주장했다. 벨의 결론은 이렇다.

> 미국 저널리즘의 망가진 모델을 복구할 수 있는 흔치 않은 기회가 열렸다. 그 책임은 획기적인 계획을 좋아하고, 진정한 저널리즘은 이윤이 되지 않는다는 사실을 금방 눈치챈 기술 기업에 있다. 저널리즘은 장문의 기사를 좋아하지만, 지금 당장 필요한 것은 돈이다.

일부 독자가 떠나는 이유를 살펴보자 전 세계적으로 대중은 기성 권력에 반대하는 분위기이고, 주류 언론은 그런 분위기를 포착하려고 애쓴다. 기자이자 좌파 활동가인 엘리 마에 오 헤이건Ellie Mae O'Hagan은 "지난 8, 9년에 걸쳐 적어도 영국에서는, 거의 모든 주요 기관마다 스캔들이 터졌다. 금융권, 언론, 경찰, 영국 의회 등 사방에서 터졌다"라고 말하며 어떻게 해서 극단적 매체가 경쟁 관계인 전통적인 매체보다 이런 분위기를 더 잘 잡아내는지 설명했다.[6]

> 스캔들이 쌓이면서 기성 체제에 대한 신뢰가 뚝 떨어졌다. 현재 대중의 눈에는 광범위한 엘리트 계층이 사리사욕만 따지고, 무능하며, 교활하고, 자질이 없는 자들로 비친다. 카나리 사이트는 이를 의식하고는 자신들이 사건의 내막을 들여다보고 실제 일이 어떻게 흘러가고 있는지 전할 수 있는 매체라고 독자에게 선전한다. 카나리의 기사 제목을 보면 일부 기성 권력층이 국민을 외면한 채 권모술수를 쓰거나 부패했다고 주장하는 내용이 대부분이다. 카나리는 이런 사실을 폭로할 만큼 용감하다. (…) 이들이 독자의 분노를 정확히 전달할 수 있는 건 자신들도 그 분노에 공감하기 때문이다. 한편 레거시 미디어에 몸담은 사람들은 기성 권력층 출신인 경우가 많고, 대중의 생각을 언제나 대중 담론을 통해 접하며(자신들이 그 담론을 직접 만드는 것도 주요 원인이다), 정치에서 버림받거나 외면당했다고 느끼는 사람들과 거의 접촉하지 않는다. 그러다 보니 전통매체는 지난 몇 년간 정치권에서 매우 곤란한 처지에 놓였다. 레거시 미디어 종사자들은 왜 자신들에게 편한 제도를 대중이 거부하는지 이해하지 못한다. 그리고 이에 방어적이고 업신여기는 태도를 보이

거나 이 모든 사태를 흥미로운 인류학적 실험인 양 바라본다.

독자의 이런 태도가 레거시 미디어 입장에서는 부당해 보일지 모른다. 언론 재벌의 전화 도청 사건, 의회 지출경비 스캔들 등을 폭로한 것은 주류 미디어이기 때문이다. 어쨌거나 이들은 이런 사실을 알리고 정보를 제공했더라도, 누적된 스캔들이 불러온 대중의 분노는 잡아내지 못했다. 이런 폭로 기사를 내고 대중을 위한 기사를 쓰는데도 많은 대중이 주류 미디어를 믿지 못하는 이유를 알아야 비주류 매체가 득세한 현상을 제대로 설명할 수 있다. 대중이 우리가 쓴 기사를 읽지 않는다고 불평만 하는 것은 문제 해결에 도움이 되지 않는다.

독자와 유권자

나의 필터 버블을 터뜨리자 이 장에서 제시한 다른 조언들처럼, 개소리의 위험성을 다룬 이 책을 여기까지 읽은 독자라면 개소리 저지에 관심이 많을 것이라는 가정에서 하는 조언이다. 이는 당신과 내가 자발적으로 할 수 있는 일로, 개소리를 전혀 문제로 못 느끼는 사람에게 갑자기 그런 관심이 생기게 해주는 조언은 아니다. 우리 대다수가 온라인에서 필터 버블에 갇혀 있고, 이 때문에 우리의 정치적 견해가 주류에서 벗어난다면 스스로 자신의 필터 버블을 깨려고 노력해야만 문제 해결에 도움이 된다. 그렇다고 너무 극단적인 필요는 없다. 우선 페이스북이나 트위터에서 관심 가는 이슈와 관련해 나와 의견이 다른 신중한 사람을 몇 명 팔로우해보자. 나와 정치 성향이 다른 매체가 만든 방송이나 기사를 보는 것도 도움이 된다. 우리와 의견이 다른 사람들이 실제 무슨 말을 하고 어떤 생각을 하는지 알면 상상으로 상대를 허수아비로 만드는 일 없이 서로의 간극을 좁힐 수 있고 나와 정치적 견해가 다른 사람을 쉽게 악마로 만들지 않는다.

시스템 2를 가동시키자 우리는 3부에서 본능적 반응인 시스템 1과 신중한 반응인 시스템 2를 논의했다. 시스템 1은 노력이 필요 없고, 마음 내키는 대로 하는 행동이기 때문에 보통 만족감이 크다. 우리는 시스템 1 상태로 검색을 할 때, 내 세계관을 재확인해주는 터무니없거나 감정적인 정보를 쉽게 클릭하고 공유한다. 바로 이런 습관 때문에 보통은 개소리인 자료들이 인터넷에서 활개를 친다. 이제 이런 자료를 공유하고 싶지 않다면, 5초에서 10초라도 잠시 생각하는 시간, 즉 시스템 2를 가동하는 시간을 갖자. 그러면 허튼소리를 공유할 확률이 훨씬 줄어든다. 그 몇 초 사이에 우리는 재빨리 여러 가지 판단을 내리게 된다. 주요 뉴스 매체인지, 이름 있는 정치인인지, 익명의 계정은 아닌지 등 정보의 출처를 따져보고, 입증 가능한 주장인지 살펴보자. 어떤 자료를 공유하기 전이라면 믿을 만한 자료인지, 관계자가 실제로 그렇게 말했는지를 확인해보자. 뭔가 의문이 들면 쉽고 빠른 인터넷 검색으로 진위를 확인해볼 수 있다. 단 몇 초라도 생각하는 시간을 갖자. 개소리를 공유할 확률이 훨씬 낮아진다.

통계를 어느 정도 알아두자 이 처방이 썩 흥미롭지 않는다는 것은 나도 잘 안다. 그렇지만 아주 기초적인 통계 개념이라도 알아야 쉽게 속지 않는다. 이는 수십 개의 경제 지표를 암기하라는 게 아니라 수치가 타당한지 지나치게 큰지 재빨리 판단하는 능력을 기르자는 것이다. 한 해에 부정 수급된 복지 비용이 13억 파운드라는 말을 들었을 때 이 수치만으로는 알 수 있는 게 많지 않다. 그저 엄청난 거액이고 우리가 실제 상상할 수 있는 범위를 넘어선다고 느낄 뿐이다.[7] 만약 영국 정부가 근로연령수당으로 지출하는 대강의 액수나 영국 정부의 한 해 총 지출액을 알면(약 7800억 파운드다), 우리는 부정 수급액을 큰 틀에서 파악할 수 있다. 기본적으로 평균과 퍼센티지를 도출하는 법, 수치를 전체적인 맥락에서 파악하는 법을 익히면, 자료를 읽고 독자적으로 판단하는 힘이 생긴다. 여기에는 복잡한 수치 계산도 필요 없다. 만약 통계의 기본 개념에 흥미가 생긴다면, 대럴 허프Darrell Huff가 1954년에 쓴 『새빨간 거짓말, 통계』부터 읽어보자. 훌륭하고도 쉽게 읽을 수 있는 책이다.

내가 믿는 담론을 믿지 않는 담론만큼 의심해보자 우리는 자신의 정치적 신념과 어긋나는 담론은 사실인지 확인해보거나 의심스럽게 본다. 진보적인 사람이라면 힐러리의 이메일 스캔들을 대수롭지 않게 여기거나 미 의회의 벵가지 청문회를 회의적으로 본다. 반대로 트럼프 지지자라면 트럼프가 러시아와 공모했다는 의혹을 그다지 믿지 않는다. 우리는 이런 편향에서 빠져나와 의심해야 한다. 우리가 지지하는 운동 조직이나 후보가 받는 비판도 믿어보려고 해야 한다. 다른 정치인이나 세력의 입장에서 기사를 읽어보고, 내 입장에 변화가 있는지 살피는 것도 도움이 될 것이다. 이런 시도는 쉽지 않다. 내 정치적 입장을 제쳐놓고 어떤 스캔들을 들여다보는 것은 매우 힘든 일이다. 그렇지만 이를 어떻게든 해내면 사실과 증거를 제대로 판단하는 능력이 향상된다. 그리고 나와 생각이 다른 사람들이 왜 우리가 흘려듣는 스캔들에 흥분하는지, 반대로 상대방이 무시하는 스캔들에 왜 우리는 열띤 반응을 보이는지 알게 된다.

음모론에 굴복하지 말자 브렉시트 투표를 앞두고 탈퇴 지지자들은 온라인에서 정보기관이 EU에 잔류하는 쪽으로 투표 결과를 조작할지도 모르니 투표소에서 연필 대신 펜을 꼭 사용하라고 서로 당부했다. 좌파세력은 테리사 메이가 남편이 주주로 있는 보안업체 G4S에 정부 조달 계약을 맡겼다는 이야기를 공유했다(메이의 남편은 G4S의 주식을 보유하고 있지 않았다). 미국 대선을 앞두고 트럼프 지지자들은 부정 등록한 유권자가 수백만 명이고, 노골적인 부정행위가 있으며, 트럼프 지지자들에 대한 투표 방해 공작이 있다는 주장을 퍼뜨리면서 투표 조작 의혹을 제기했다. 선거가 끝난 후에는 정교하고 세세한(그러나 증거는 없는) 트럼프 반대 음모론인 "자 이제 게임이론으로 따져보자(한 전략 분석가가 트위터에 올린, 러시아의 미국 대선 개입 의혹을 제기한 음모론-옮긴이)"가 계속 퍼졌다.

음모론은 진실을 고립시키고 상관없는 사실을 엮어 억측하며 정교한 담론을 만들어 정적을 중상모략한다. 실제로 정치 스캔들이 음모론이 만들어낸 허구의 시나리오와 들어맞은 경우는 거의 없었다. 결국 음모론은 악영향만 끼칠 뿐이다. 음모론은 부정한 행동을 정상 상태로 만들고 정치 제도에 대한 신뢰를 떨어뜨리며 음모론을 믿는 자들을 정치적 비주류로 이끈다. 탈진실 시대에는 음모론이 기승을 부린다. 그렇지만 이러한 음모론에 저항할수록 우리 모두에게 이익이 돌아온다. 우리는 정치인과 미디어에 책임 있는 모습을 요구하며 싸워야 하지만, 그 싸움은 확실한 증거와 철저한 조사로 뒷받침되어야 한다. 이는 음모론적 역사만큼 흥미롭진 않아도 더욱 생산적인 일인 것만은 분명하다.

개소리의 기승은 단 하나의 해결책만 있지 않으며 정보 생태계의 주체 모두가 다양한 방식으로 대응해야 하는 문제다. 우리는 정치권과 미디어가 처한 현실에서 출발해야 한다. 미디어에 새로운 비즈니스 모델을 만들라고 요구하거나 뉴스를 유료로 보지 않는 수백만 명에게 자발적으로 구독하라고 권하는 것은 실패하기 딱 좋은 방법이다.

나는 이 장에서 우리가 속한 새로운 세상과 현실적으로 맞서기 위한 전략을 몇 가지 제시했다. 물론 이 문제를 해결할 방법은 수십 가지일 것이다. 그렇지만 중요한 건, 어떤 방법으로든 우리는 개소리에 맞서야 한다는 사실이다. 현실 감각을 유지하고 음모론에 맞서면서 서로 기본적 합의를 도출하는 일은 건전한 민주주의를 만드는 데 필수적이다. 진실이 무의미해진 세상은 그 누구에게도 이롭지 않다.

현실은 음모론보다 복잡하다

명확성은 민주주의의 토대다. 혼란은 독재자의 도구다. 저질 정보, 망상, 허위 정보는 민주주의를 손상시키고 정보 스모그를 만들어서 무엇이 사실이고 사실이 아닌지 합의하려는 시도를 소모적으로 만든다.

사회 전반에 이런 불확실성이 커지면 독재자와 전제군주, 선동꾼이 힘을 얻는다. 구소련 전문가들은 러시아의 정보 전략 목적이 정치 선전을 믿게 하는 게 아니라, 분열과 불확실성을 낳아 푸틴이나 그의 어젠다에 대항하는 효과적인 담론이 나오지 못하게 차단하는 것이었다고 입을 모아 말한다. 러시아가 크림반도 합병 때 동우크라이나에서 펼친 군사작전은 당시 러시아의 정보전 전술을 서구 대중의 뇌리에 선명하게 각인시켰다. 국제미디어서포트IMS 의장 앤드루 푸데팟Andrew Puddephatt은 IMS 사이트에서 이렇게 설명했다.[1]

> 러시아가 우크라이나 분쟁 때 보여준, 그리고 과거 소비에트공화국의 여러 정부가 택한 정보전 전략을 일컬어 '정보의 무기화'라고 불렀다. 이 전략의 핵심은 구소련 정부의 관점이 옳다고 사람들에게 설득하는 것이 아니다. 구소련 정부가 발행한 정치 선전물 중에는 너무 우스꽝스러운 것도 있어서 설득이 힘들었을 것이다(그 예로 말레이시아 항공 MH17기 격추 사건에 대한 모순된 주장들을 들 수 있다). 이 전략의 목적은 객관적 진실은 없고 믿을 만한 미디어가 없으며, 서구의 뉴스 미디어를 포함해 모든 뉴스가 단지 정치 선전에 불과하다고 믿게 하는 것이었다.

이탈리아의 나토국방대학교에서 나온 2016년 보고서 「러시아 정보전 교본」도 같은 지적을 했다.[2] "전복 작전의 핵심은 '정부 기구의 활동에 대한 허위 정보를 대중에게 퍼뜨리고, 정부의 권위를 무너뜨리며, 행정 구조를 불신하게 하는 것'이다." 또 보고서는 "나토의 전 언론담당자 벤 님모Ben Nimmo는 러시아 허위 정보전의 특징을 '묵살하고, 왜곡하고, 혼란스럽고, 당황케 하는 것'이라고 짧게 요약했는데, 전복 작전은 바로 이 '당황케 하는 것'을 노린 전술이다. 타격 대상 사회의 취약점, 그중에서도 표현의 자유와 민주주의 원칙을 악용하면 사람들을 당황하게 할 수 있다"라고 덧붙였다.

탈진실 사회의 접근법은 독재자의 접근법이다. 소모적인 캠페인 때문에 정부와 사법기관, 미디어 등 각종 기관에 대한 신뢰가 떨어지고, 대중 사이에는 서로 충돌하는 담론이 떠돌 뿐이다. 이 싸움에서 승자는 감정을 자극하고 이목을 끄는 과감한 주장을 내세우는 쪽이다. 보통 그런 주장은 역사가 보여주듯 소수집단들을 악마로 몰아간다.

이런 접근법을 러시아만 쓴 것은 아니다. 조직적이고 악랄한 체제의 결정판인 나치독일의 핵심 전략도 혼돈과 혼란이었다. 포퓰리즘적 선동 정치로 집권한 나치 정권은 (민주적 수단인 연정을 통해 이루긴 했지만) 집권 초반인 1933년부터 미디어를 통제하고 언론의 자유를 침해했다. 그렇지만 이 체제의 혼돈과 혼란이라는 전술은 단순히 부정적인 책략이 아니었다. 이는 히틀러 체제의 운영 원리로, 총통의 게으름과 그의 혼란스러운 통치 방식이 낳은 산물이었다.

히틀러의 개인 부관이었던 프리츠 비데만Fritz Wiedemann은 이렇게 진술했다.[3] "보통 히틀러는 점심 직전에 나타나, 제3제국의 공보 담당인 오토 디트리히Otto Dietrich와 함께 스크랩한 신문을 읽은 후 점심을 먹으러 갔다. 히틀러가 여름 별장에 머물 때는 더 늦어졌다. 그는 오후 2시까지 절대 방 밖으로 나오지 않았다. 2시가 넘어서야 점심을 먹으러 갔다. 그는 오후 시간을 대부분 산책하며 보냈다. 저녁에는 식사를 한 후 바로 영화 감상을 했다."

행정은 엉망이었다. 공보비서관 오토 디트리히는 이렇게 증언했다. "히틀러가 독일을 통치한 12년 동안, 독일 정부는 엄청난 혼란을 겪어야 했다. 나는 때로 그에게 정책 결정 권한을, 심지어 중대 사안에 관한 것도 넘겨받았는데 그는 관련 자료를 참고하라는 말도 없이 나에게 떠넘겼다."

이렇게 내린 결정으로 독일 국민은 끔찍하고 파국적인 결과를 맞이해야 했다. 일설에 따르면 한 아버지가 장애가 있는 자기 아들을 죽여달라고 나치 정권에 탄원서를 냈고 히틀러는 이를 수용했는데, 히틀러의 승낙 한마디로 나치의 장애 아동 살해 정책이 추진되었다고 한다. 아마 히틀러가 그 어떤 추가 지시나 계획도 전달하지 않은 상태에서 승낙 한마디가 국가 정책으로 확대됐을 것이다. 이 정책에서 무엇보다 끔찍한 점은 장애아가 집에서 자연사한 것처럼 위장했다는 점이다. 실제 어떤 일이 자행됐고 누가 어떤 지시를 내렸는지 밝히는 것은 거의 불가능하다. 히틀러는 사회적 약자를 희생양으로 삼는 탈진실 담론에 기대, 독일에 닥친 매우 현실적인 문제들이 취약 집단 탓이라고 잔혹하게 몰아붙이면서 대중의 지지를 얻었다. 이 혼란스러운 정보의 확산은 한편으로는 의도적이었고 다른 한편으로는 전체주의 통치에 필수였다.

나치독일은 독재 체제 중에서도 가장 극단적인 경우로, 탈진실 담론을 퍼뜨린 것은 물론 탈진실 체제가 어디까지 갈 수 있는지를 보여주었다. 담론도 중요하지만 제도 역시 중요하다. 그런데 의도적이든 아니든 요즘 정치인과 캠페인은 위험한 탈진실 담론을 부채질하는 모습을 보인다.

미국 언론인보호위원회 사무총장 조엘 시몬Joel Simon은 트럼프 그리고 더욱 최근에 등장한 포퓰리스트들(많은 경우 독재자라고도 부른다) 사이의 유사점을 발견했다. 후자에 속하는 이들은 2013년 사망할 때까지 14년간 베네수엘라 대통령이었던 우고 차베스Hugo Chávez 그리고 차베스의 통치 방식을 표본으로 삼은 라틴아메리카의 여러 지도자다. 시몬은 《컬럼비아저널리즘리뷰》에서 다음과 같이 지적했다.

> 2006년 9월 볼리비아 정부가 자국에서 가장 적대적인 미디어 명단을 발표한 다음 날, 대통령 에보 모랄레스Evo Morales는 이렇게 말했다. "에보 모랄레스의 제1의 적은 대다수 미디어다." 에콰도르 대통령 라파엘 코레아Rafael Correa는 언론사의 비평가들을 "무지하다" "쓸데없는 말만 한다" "비윤리적" "펜대나 굴리는 난폭한 자들" "혁명적 정부에 반대하는 정치 행위자"라고 표현했다. 니카라과 대통령 다니엘 오르테가Daniel Ortega는 기자들을 나치 선전장관 괴벨스 추종자이며 니카라과 국민의 적이라고 불렀다. 우고 차베스는 미디어를 반정부 쿠데타 모의자이고 파시스트라고 불렀다. (…) 많이 듣던 말들 아닌가?[4]

시몬은 이렇게 경고하며 글을 맺었다.

> 트럼프의 의도는 명확하다. 끊임없는 공격으로 비판적 미디어를 주변부로 밀어내고, 진실을 알 수 없게 만들려는 것이다. 라틴아메리카(러시아와 달리, 민주적 전통과 탄탄한 시민사회, 전통 있는 독립 미디어가 있는 곳)의 역사를 보면 이러한 전략이 효과가 있음을 알 수 있다.

트럼프는 지지층을 자극하기 위해 저질스러운 음모론을 이용하겠다는 의사를 직접 내비쳤다. 대선 주자로 주목받기 훨씬 전인 2012년, 트럼프는 오바마의 출생지 의혹을 제기한 '버서 Birther' 논란에 기름을 부으면서 음모론을 확고한 전술로 받아들였다. 버서 운동은 대통령 오바마가 케냐에서 태어났다는 그릇된 믿음을 중심으로 극단적이고 근거 없는 주장을 퍼뜨리는 캠페인이었다. 그렇지만 트럼프는 대통령이 된 후에도 허위 정보 캠페인을 단념하지 않았다. 2017년 2월의 한 인터뷰에서 트럼프는 오바마가 반정부 시위대를 조직한다는 견해에 동의하는 듯한 발언을 하면서 오바마가 트럼프에 반대하는 불법적 저항 세력을 키운다는《인포워스》의 음모론에 불을 지폈다. 물론《인포워스》만큼 막 나가는 주장은 아니었다. 트럼프는 폭스뉴스의 폭스앤프렌즈와 진행한 인터뷰에서 이렇게 말했다.[5]

나는 오바마 대통령이 반정부 세력의 배후에 있다고 본다. 왜냐하면 오바마 쪽 사람들이 그 세력의 배후인 게 확실하기 때문이다. 기밀정보도 일부 그 집단에서 유출했을 가능성이 있다. 잘 알겠지만 유출된 정보는 매우 심각한 내용이다. 국가 안보에 치명타이기 때문이다. 나는 동시에 이것이 정치적 책략이라고 본다. 그가 배후에 있다는 점에서 정치적이다. 이는 아마 앞으로도 계속될 것이다.

트럼프의 미디어 전략은 정치적 간극을 좁히는 것이 아니라, 핵심 지지층을 자극하고 정치를 양극화하는 데 기여한다. 여론조사를 보면 미디어를 또 하나의 당파적 집단으로 몰아가는 그의 노력이 적어도 그의 지지층 내에서는 통했다는 점을 알 수 있다. 여론조사 기관 PPP의 설문 조사에 따르면, 트럼프를 지지한 유권자 중 69퍼센트는 뉴미디어가 미국 국민에게 적이라고 답했다.[6] 이들은 언론의 감시 기능을 저항으로, 그것도 불법적인 저항으로 여겼다.

브렉시트 논쟁의 여파로 영국도 비슷한 상황이다. 영국의 EU 탈퇴 이행에 이의를 제기하는 사람들 또는 여전히 영국이 EU에 잔류하는 게 낫다고 말하는 사람들은 민주주의의 적이고 영국 국민의 의지를 가로막으며, "투표 결과에 불만을 제기한다"라는 비난을 받는다. 이는 터무니없는 주장이다. 총선이 끝나면 집권당에 투표하지 않은 사람도 다음 선거 때까지 집권당의 정책을 지지해야 한다는 뜻이기 때문이다. 물론 현실에서 그런 일은 없다. 그런데도 테리사 메이 전 총리를 비롯한 영국 정치인들은 서로를, 그리고 미디어를 '가짜뉴스'와 '대안적 사실'을 퍼뜨린다고 비난하기 시작했다.[7] 중심은 무너지지 않았지만 금이 가기 시작했다.

존 메이저John Major 전 영국 총리는 2017년 2월 연설에서 탈퇴 캠페인이, 그리고 투표 후 여러 달 동안 일부 브렉시트 지지자들이 불어넣은 지나친 기대감의 위험성과 그런 기대가 꺾였을 때 몰고 올 파장에 대해 설명하면서 논쟁 무력화가 왜 위험한지 경고했다.[8]

> 나는 영국 국민이 지나치게 낙관적인 미래를 기대하는 모습을 보며 우려스러웠다. 앞으로 닥칠 난관은 대수롭지 않게 여기면서, 앞으로의 기회에 대한 기대감은 합리적인 수준을 넘어섰다. 수십 년간 벌인 캠페인 끝에, 반유럽주의자들은 영국을 유럽에서 빼내는 싸움에서 승리했다. 그렇지만 승리에 도취한 브렉시트 지지자들은, 우리의 미래가 EU에 있을 때 더 안전하다고 믿는 48퍼센트에게 경멸에 가까운 무시를 보인다. (…) 이미 결정난 사안이라고 해서 48퍼센트가 그저 침묵하고 묵묵히 따라야 하는 것은 아니다. 투표에서 큰 격차로 이겼다고 해서, 이것에 반대할 권리나 이의를 제기할 권한을 박탈하지는 못한다. 표현의 자유는 영국에서 절대적인 권리다. 브렉시트 투표 후 영국의

미래에 대해 우려를 드러내는 것은 '거만'한 것도, '뻔뻔'한 것도, '엘리트주의'도, 사람들을 현혹하는 것도 아니다. 그런 의사 표현을 해도 이 집단이 영국 국민의 의지를 훼손하는 것은 아니며, 이들 역시 영국 국민이다. 이들의 적법한 발언을 차단하는 것은 관용이라는 영국의 오랜 전통에 어긋난다.

이 현상은 한 나라나 특정 정파에만 국한되지 않으며 우리의 정치 지도자들도 이를 부추긴다. 우리는 나와 생각이 다른 상대에게 말을 건네기보다 나와 생각이 맞는 사람과 그들에 관해 이야기하며(혹은 호들갑을 떨며), 나와 생각이 다른 사람들에 관한 최악의 사실만 믿고, 그들을 악의적으로 표현한 정보를 주저 없이 받아들이고 공유한다.

그 결과 쉽게 가라앉지 않는 열풍이 분다. 몇 년 전까지만 해도 정보기관이 전 세계 미디어와 온라인 거대 기업 그리고 정보의 배후에 있다고 주장하면 비주류 음모론자들과 더불어 정치적 극단 세력으로 취급받았다. 지금도 세계에서 가장 유능한 인재를 보유하고 가장 풍부한 자금을 지원받는 CIA와 미국의 정보기관들이 그런 배후 세력이라고 주장하면 제도권에서는 받아들이지 않을 것이다. 그런데 러시아가 그런 배후 세력이라는 주장만큼은 주류 제도권의 음모론이 되었다. 러시아는 온갖 가짜뉴스의 배후다. 러시아는 사방팔방에서 정치 선전을 퍼뜨리고, 선거 결과를 조작하며, 심지어 미국 대선 캠페인에도 직접 개입한 존재다.

현재 많은 사람이 이렇게 믿는다. 그렇지만 이 글을 쓰는 지금, 각종 증거가 보여주는 사실은 이와 다르다. 현실은 더 복잡하다. 가짜뉴스를 만드는 동기는 무수히 많고, 그 주요 동기는 이윤이다. 물론 러시아에는 때로 특정 주제에 대한 어젠다를 퍼뜨리는 봇bot(특정 작업을 반복 수행하는 프로그램-옮긴이) 군단이 있다. 그렇지만 다른 많은 사람도 단순히 재미나 돈을 목적으로 봇넷botnets(악성코드에 감염되어 해커에게 통제당하는 좀비PC의 집합-옮긴이) 공격을 한다. 이들이 봇넷 공격으로 친트럼프 콘텐츠를 퍼뜨리는 이유는 이런 콘텐츠가 대중 장악력이 높기 때문이다.[9] 트럼프 캠페인 관계자들은 실제로 러시아 연방보안국FSB 관계자들과 접촉했을지도 모른다.[10] 그렇지만 러시아 연락책인 외교정책 전문가라면 누구나 같은 행동을 했을 것이다. 계획적으로 협조했다는 증거가 없는 한 이는 (아직은) 결정적 증거, 스모킹 건이 아니다. 러시아가 미 대선에 실제로 개입해 영향력을 행사했을지도, 또 다른 나라들의 선거에 개입하려 했는지도 모른다.[11] 그렇지만 미국(과 다른 나라들) 역시 동유럽과 남아메리카에서 동일한 행동을 주기적으로 했다.[12]

언제나 그렇듯 현실은 음모론보다 더 혼란스럽고 복잡하며, 확실한 증거가 나오려면 훨씬 오래 기다려야 한다. 탈진실 시대를 만화책에 나오는 악당이나 우리가 쉽게 무찌를 수 있는 적으로 취급하는 것은 이를 무수한 원인이 얽힌 복잡한 문제,

모두가 개입된 문제로 보는 쪽보다 훨씬 마음이 편할 것이다. 그렇지만 사실을 있는 그대로 인정해야 문제 해결에 나설 수 있다. 나와 생각이 다른 사람들을 냉소적으로 대하거나 안 좋게 바라보려는 충동, 사실이었으면 하는 정보만 믿으려는 충동을 억눌러야 한다. 그리고 개소리보다 진짜 정보를 다뤘을 때 정치인과 미디어가 더 유익한 결실을 얻을 방법을 고민해야 한다.

결코 쉽지 않은 작업이지만 반가운 소식이 하나 있다. 우리 모두가 이 문제의 일부라면, 우리 모두가 해결책의 일부일 수 있고 또 언제든 문제 해결에 나설 수도 있다는 점이다. 그렇다면 지금 당장 우리가 할 수 있는 일부터 하나씩 시작해보는 것은 어떨까?

| 들어가며 | 거짓말보다 강력한 개소리

1 https://www.bostonglobe.com/news/politics/2016/11/05/west-virginia-citizens-paint-dystopian-picture-under-clinton-presidency/jDCbxZ0Dkz8Xd5B-2MUdp3O/story.html

2 https://twitter.com/duncanrobinson/status/796630733024595968

3 https://twitter.com/oneunderscore__/status/798269541344276481

4 https://twitter.com/evanchill/status/798212965573029888

5 http://www.boeing.com/company/about-bca/everett-production-facility.page

6 https://www.buzzfeed.com/jamesball/are-eu-telling-porkies?utm_term=.uydrmq3p#. yh4yoQYe

7 https://www.nytimes.com/2015/11/27/us/politics/donald-trump-says-his-mocking-of-new-york-times-reporter-was-misread.html?_r=0

8 http://www.bbc.co.uk/news/world-us-canada-38137630

9 https://www.buzzfeed.com/jamesball/heres-who-voted-for-brexit-and-whodidnt? utm_term=.mvj4y2zM#.uw4ynG1E

10 http://www.bbc.co.uk/news/uk-38655760

11 http://www.huffingtonpost.co.uk/entry/daily-mail-correction-were-from-europe-eu-referendum_uk_5763cfe6e4b01fb6586374d8
12 http://www.express.co.uk/news/weird/731823/Chemtrails-will-wipe-outhumans-causing-biblical-style-floods
13 http://www.politico.com/magazine/story/2017/01/tabloid-newspapers-trumpmedia-propaganda-214627
14 https://twitter.com/tomwills/status/801807511548522497
15 http://edition.cnn.com/2016/11/10/politics/trump-quote-facebook-trnd/

|1부| 누가 어떻게 우리를 조종하는가

01 가짜 미디어

1 http://nymag.com/selectall/2016/11/fake-facebook-news-sites-to-avoid.html
2 https://docs.google.com/spreadsheets/d/1sTkRkHLvZp9XlJOynYMXG-slKY9fuB_e-2mrxqgLwvZY/edit#gid=652144590
3 http://baltimoregazette.com/
4 https://www.buzzfeed.com/craigsilverman/how-macedonia-became-a-globalhub-for-pro-trump-misinfo?utm_term=.uv7ealor#.bgvYNl92
5 http://www.dailymail.co.uk/news/article-3972662/The-16-year-old-Macedoniajust-one-faces-spread-fake-news-social-media.html
6 http://www.bbc.co.uk/news/magazine-38168281
7 https://www.theguardian.com/uk/2012/nov/25/sham-directors-woman-companies-caribbean
8 https://www.buzzfeed.com/jamesball/fake-news-site-uses-professor-stephenhawking-to-sell-get-ri?utm_term=.eg98grWP#.rw6OQB6N
9 이 정보는 댄 뉼링Dan Newling에게서 얻었다.
10 http://web.archive.org/web/20141030135629/http://www.nytimes.com/2000/12/14/technology/14DOGG.html
11 https://www.washingtonpost.com/news/the-intersect/wp/2016/11/17/

facebookfake-news-writer-i-think-donald-trump-is-in-the-white-house-because-ofme/?utm_term=.253ff68d7bc6

12 https://www.buzzfeed.com/albertonardelli/italys-most-popular-political-party-is-leading-europe-in-fak?utm_term=.trAq15OW#.jx5zVAm0

13 저자가 직접 분석한 결과다.

14 https://www.theguardian.com/world/2015/apr/02/putin-kremlin-insiderussian-troll-house

15 http://europe.newsweek.com/german-suspect-russia-behind-fake-news-propaganda-540501?rm=eu

16 https://www.buzzfeed.com/craigsilverman/viral-fake-election-news-outperformed-real-news-on-facebook?utm_term=.xeJ89x2w#.iw1rPv5Y

17 http://www.cjr.org/analysis/fake-news-facebook-audience-drudge-breitbartstudy.php

18 http://www.poynter.org/2017/did-fake-news-help-elect-trump-not-likely-according-to-new-research/445724/

19 저자와 진행한 인터뷰

20 https://twitter.com/jeffjarvis/status/797062174959161345

21 저자와 진행한 인터뷰

22 https://www.buzzfeed.com/jimwaterson/fake-news-sites-cant-compete-withbritains-partisan-newspape?utm_term=.qo0mXabZ#.lvXrnlYj

23 https://www.buzzfeed.com/jamesball/how-550-facebook-users-spreadbritain-first-content-to-hundr

24 https://www.buzzfeed.com/jimwaterson/campaigners-keep-flooding-the-fakenews-inquiry-with-complai?utm_term=.ovymY7WO#.dg7G-2NP1

02 소셜 미디어

1 http://www.telegraph.co.uk/news/bbc/12126571/BBCs-News-at-Ten-extendsratings-lead-over-ITV-after-launching-assault-on-its-rival.html

2 http://www.adweek.com/tvnewser/evening-news-ratings-week-of-february-6-2/320609

3 http://www.pressgazette.co.uk/category/media_metrics/

4 http://newsroom.fb.com/company-info/

5 https://www.wsj.com/articles/SB10001424127887324653004578650390383666794

6 https://order-order.com/2016/09/05/telegraph-digital-chief-admitstrashing-brand/

7 http://fortune.com/2015/08/18/facebook-google/

8 http://www.cjr.org/analysis/fake-news-facebook-audience-drudge-breitbartstudy.php

9 https://www.ft.com/content/28cfe2a6-28eb-11e6-8b18-91555f2f4fde

10 http://fortune.com/2016/08/16/facebook-traffic-media/

11 http://newsroom.fb.com/news/2016/06/building-a-better-news-feed-for-you/

12 https://www.buzzfeed.com/charliewarzel/facebooks-unsettling-referendum-on-news?utm_term=.pneYy1wX#.sgmOoMJp

13 http://fortune.com/2016/04/07/facebook-sharing-decline/

14 http://www.recode.net/2016/11/2/13497376/google-facebook-advertisingshrinking-iab-dcn

15 http://gizmodo.com/want-to-know-what-facebook-really-thinks-of-journalists-1773916117

16 http://gizmodo.com/former-facebook-workers-we-routinely-suppressed-conser-1775461006

17 http://newsroom.fb.com/news/2016/08/search-fyi-an-update-to-trending/

18 https://www.theguardian.com/technology/2016/aug/29/facebook-firestrending-topics-team-algorithm

19 https://inews.co.uk/essentials/news/technology/facebook-trying-combatfake-news-winding-back-time-biggest-decisions-year/

20 http://www.theverge.com/2016/11/16/13653026/filter-bubble-facebookelection-eli-pariser-interview

21 https://www.facebook.com/JeremyCorbyn4PM/posts/1663622113931861

22 https://www.facebook.com/OfficialBritainFirst/photos/a.346633882148546.1073741826.300455573433044/1263684787110113/?-type=3

23 https://www.ons.gov.uk/economy/inflationandpriceindices/bulletins/consumerpriceinflation/jan2017

24 https://www.facebook.com/leaveeuofficial/posts/1185653294866243

25 https://www.bloomberg.com/news/articles/2016-10-27/inside-the-trumpbunker-with-12-days-to-go; https://medium.com/startup-grind/how-the-trumpcampaign-built-an-identity-database-and-used-facebook-ads-to-win-the-election-4ff7d24269ac#.vqrxp6udl

26 http://www.thetimes.co.uk/edition/thetimesmagazine/the-truth-sort-of-aboutfake-news-j6n2lnvgx?CMP=Sprkr-_-3-_-TimesMagazine-_-Magazine-_-Unspecified-_-Unspecified-_-Unspecified-_-TWITTER&linkId=34853813

27 https://www.buzzfeed.com/susancheng/love-for-leslie-jones?utm_term=.hgvqGRYN#. aoNdMWmK

28 http://www.newyorker.com/magazine/2017/03/06/trump-putin-and-thenew-cold-war

29 https://www.theguardian.com/media/2017/feb/06/liberal-fake-news-shifttrump-standing-rock

30 http://www.journalism.org/2016/05/26/news-use-across-social-mediaplatforms-2016/

31 https://www.demos.co.uk/blog/infosmog-and-the-us-election/

32 http://fortune.com/2016/11/11/facebook-election-fake-news-mark-zuckerberg/

33 https://www.theguardian.com/technology/ng-interactive/2017/feb/17/mark-zuckerberg-facebook-letter-annotated-what-he-said-what-he-didnt?CMP=twt_a-technology_b-gdntech

34 http://blogs.lse.ac.uk/polis/2017/02/17/that-facebook-vision-thing-a-platform-still-grappling-with-political-realities/

35 https://www.theatlantic.com/technology/archive/2017/02/the-mark-zuckerberg-manifesto-is-a-blueprint-for-destroying-journalism/517113/

03 뉴미디어

1 https://www.newswhip.com/2013/12/article-length/#KjAXS7qUUCVLYcaG.99

2 https://www.thecanary.co/values/

3 https://www.buzzfeed.com/marieleconte/the-rise-of-the-canary?utm_

term=. kqPR3VZl#.rdyvXD5M

4 https://app.buzzsumo.com/research/most-shared?type=articles&result_
type=-total&num_days=365&general_article&infographic&video&guest_
post&giveaway&interview&q=thecanary.co&page=1

5 http://www.thecanary.co/2016/11/04/major-media-outlet-just-revealed-
won-us-election-week-advance/

6 http://www.huffingtonpost.co.uk/entry/portman-communications-jer-
emy-corbyn-death-threat-the-canary-plot_uk_577c0fc3e4b0f7b-
5579618cd

7 http://www.breitbart.com/london/2016/10/05/breitbarts-raheem-kas-
samrun-ukip-leader/

8 https://www.bloomberg.com/politics/graphics/2015-steve-bannon/

9 http://www.thedailybeast.com/articles/2016/08/22/steve-bannon-trump-
s-topguy-told-me-he-was-a-leninist.html

10 http://time.com/4657665/steve-bannon-donald-trump/

11 https://yiannopoulos.net/

12 https://www.theguardian.com/books/2017/jan/03/milo-yiannopoulos-
250000-book-deal-fury-leslie-jones-simon-schuster-breitbart-alt-right

13 https://www.theguardian.com/books/2017/jan/25/roxane-gay-si-
mon-schustermilo-yiannopoulos

14 https://idledillettante.com/2015/10/12/milo-yiannopoulos-in-his-own-
words/

15 https://web-beta.archive.org/web/20060814212842/http://www.milowag-
ner.com:80/

16 https://www.waterstones.com/author/milo-andreas-wagner/312874

17 http://www.houstonpress.com/music/gamergate-journalist-milo-yian-
nopouloss-self-published-poetry-book-contains-unattributed-to-
ri-amos-lyrics-6497169

18 https://web-beta.archive.org/web/20080306202815/http://counterknowl-
edge.com:80/?cat=13

19 https://en.wikipedia.org/wiki/User:Milo_Andreas_Wagner

20 https://www.worldfuturecouncil.org/bianca-jagger-chair-world-fu-
ture-council-urges-world-leaders-wealthiest-industrialised-na-
tions-stop-playing-russian-roulette-future/

21 https://www.theguardian.com/media/2011/may/17/telegraph-won-

ga-startupaward

22 저자와 진행한 인터뷰; https://maxdunbar.wordpress.com/2013/01/09/mi-loyiannopoulous-and-the-kernel/

23 http://www.dailymail.co.uk/news/article-3696975/Ghostbusters-star-Les-lie-Jones-forced-quit-Twitter-sad-heart-receiving-vile-racist-insults.html

24 https://www.theguardian.com/media/2013/mar/05/ker-nel-close-debts-unpaidsentinel-media

25 http://kernelmag.dailydot.com/comment/column/5344/am-i-too-oldfor-video-games/

26 https://www.reddit.com/r/ShitRedditSays/comments/3qip6z/brd-cast_milo_yiannopoulos_cant_name_3_video_games/?st=iz9eg3m-k&sh=f18954e0

27 http://www.breitbart.com/london/2014/12/15/i-m-writing-a-book-about-gamergate/

28 https://www.theguardian.com/books/2017/feb/14/milo-yiannopoulos-delaysmemoir-to-add-details-of-protests-against-it

29 http://www.politico.com/story/2017/02/trump-cpac-milo-yiannopoulo-stape-235204

30 http://www.usatoday.com/story/life/books/2017/02/20/could-miloyian-nopoulos-now-lose-his-lucrative-book-deal/98156040/

04 레거시 미디어

1 http://www.express.co.uk/news/weird/731823/Chemtrails-will-wipe-outhumans-causing-biblical-style-floods

2 http://www.express.co.uk/news/weird/766792/Illumina-ti-card-game-Donald-Trump-assassination

3 http://www.express.co.uk/news/weird/762353/NASA-UFO-JPL-Califor-nia

4 https://www.thesun.co.uk/news/2690331/google-earth-satellite-pic-tures-showmoment-brit-was-punched-in-the-face-by-a-grey-alien-before-he-was-abducted/

5 https://www.thesun.co.uk/news/2878041/millions-of-humans-doomed-

to-become-cannibals-as-drought-and-famine-sweep-the-world-expert-warns/
6 https://twitter.com/DailyMail/status/824278005379952642
7 저자와 진행한 인터뷰
8 http://www.dailymail.co.uk/news/article-4155480/Was-Trump-s-bodyguardwearing-prosthetic-hands.html?ito=social-twitter_dailymailus
9 https://twitter.com/JamesLiamCook/status/801449014411620352
10 https://twitter.com/josephdrennan/status/801813867953352704
11 http://www.independent.co.uk/news/world/middle-east/20-million-muslimsmarch-against-isis-arbaeen-pilgrimage-iraq-karbala-a7436561.html
12 https://twitter.com/JamesLiamCook/status/813383666881667072
13 http://www.mirror.co.uk/3am/celebrity-news/britney-spears-dead-accordingsony-9515808
14 https://www.buzzfeed.com/aishagani/muslim-leaders-do-not-want-to-ban-peppa-pig?utm_term=.krb37V8R#.hm0lg03d
15 https://www.theguardian.com/world/2017/jan/19/press-publishing-consistentstream-of-inaccurate-stories-about-muslims
16 https://twitter.com/miqdaad/status/826483372750946304
17 https://twitter.com/miqdaad/status/814366513000017920
18 http://www.dailymail.co.uk/news/article-3903436/Enemies-people-Fury-touch-judges-defied-17-4m-Brexit-voters-trigger-constitutional-crisis.html
19 https://fullfact.org/law/daily-mail-headine-comparison-to-nazis/
20 http://www.adweek.com/tvnewser/fox-news-conservative-audience-is-moreloyal-than-msnbcs-liberal-audience/229494
21 http://www.endersanalysis.com/content/publication/news-brands-rise-membership-advertising-stalls
22 https://www.theguardian.com/media/2016/apr/26/uk-ad-market-booms-butnewspapers-lose-155m-in-print-advertising
23 2006년 발행부수는 다음을 참고하라: https://www.theguardian.com/media/presspublishing/table/0,,1991715,00.html; 2016년 발행부수는 다음을 참고하라: http://www.pressgazette.co.uk/print-abcsseven-uk-national-newspapers-losing-print-sales-at-more-than-10-per-centyear-on-year/
24 https://www.theguardian.com/tv-and-radio/2016/apr/17/tv-news-audi-

encedecline-fast-as-newspaper-circulation-fall
25 http://asne.org/content.asp?pl=140&sl=129&contentid=129
26 http://www.gallup.com/poll/195542/americans-trust-mass-media-sinks-newlow.aspx
27 https://www.ipsos-mori.com/Assets/Docs/Polls/ipsos-mori-veracity-index-2016-charts.pdf
28 https://twitter.com/brianstelter/status/823864939517513728
29 https://twitter.com/ktumulty/status/823608598496481281
30 http://www.newyorker.com/news/news-desk/sean-spicers-abnormal-press-conference
31 https://www.nytimes.com/2017/01/25/business/media/donald-trump-lie-media.html
32 http://www.independent.co.uk/voices/don-t-call-donald-trump-a-liar-newyork-times-hillary-clinton-tony-blair-a7563001.html
33 https://www.nytimes.com/interactive/2016/01/28/upshot/donald-trump-twitter-insults.html
34 https://www.nytimes.com/2016/10/15/us/politics/trump-media-attacks.html?_r=0
35 http://abcnews.go.com/Politics/history-donald-trump-megyn-kelly-feud/story?id=36526503
36 http://www.politico.com/story/2017/01/trump-presser-slams-buzzfeed-233483
37 https://www.buzzfeed.com/tomnamako/donald-trump-presser-media?utm_term=.cy3NrKM1#.kt6MQv3Y
38 https://www.washingtonpost.com/lifestyle/style/the-traditional-way-ofreporting-on-a-president-is-dead-and-trumps-press-secretary-killedit/2017/01/22/75403a00-e0bf-11e6-a453-19ec4b3d09ba_story.html
39 https://www.washingtonpost.com/blogs/plum-line/wp/2017/01/23/dear-mediathe-trump-white-house-has-total-contempt-for-you-time-to-react-accordingly/?utm_term=.76089f3454fd
40 http://pressthink.org/2017/01/send-the-interns/
41 http://www.politico.com/story/2017/02/trump-tv-ad-rates-morning-joeoreilly-234647
42 https://www.nytimes.com/2017/02/02/business/media/new-york-times-q4-earnings.html

43 http://www.cnbc.com/2016/11/29/new-york-times-subscriptions-soar-tenfoldafter-donald-trump-wins-presidency.html
44 이 부분에 대한 통찰은 카딤 셔버Kadhim Shubber로부터 얻었다: https://twitter.com/kadhimshubber/status/798575111947374593

05 정치인

1 https://www.ipsos-mori.com/researchpublications/researcharchive/15/Trust-in-Professions.aspx
2 http://www.people-press.org/2015/11/23/1-trust-in-government-1958-2015/
3 https://www.buzzfeed.com/andrewkaczynski/how-trump-tricked-the-press-into-reporting-the-royals-were-j?utm_term=.qo0mXabZ#.ifrY6nz2
4 http://tyndallreport.com/comment/20/5778/
5 https://www.nytimes.com/2016/11/11/opinion/what-i-got-wrong-about-the-election.html?_r=0
6 Would They Lie to You? How to Spin Friends and Manipulate People, RobertHutton, p. x
7 https://twitter.com/realDonaldTrump/status/232572505238433794
8 https://twitter.com/realDonaldTrump/status/232923697009278976
9 https://twitter.com/realDonaldTrump/status/232573681736503298
10 이는 온라인 잡지 《슬레이트》에서 코너 프리더스도프Conor Friedersdorf가 발견한 비교를 참고했다: https://www.theatlantic.com/politics/archive/2016/12/all-the-president-electspseudo-events/509630/
11 http://www.columbia.edu/itc/journalism/j6075/edit/boor.html
12 http://www.politico.com/magazine/story/2016/04/donald-trump-roy-cohnmentor-joseph-mccarthy-213799
13 http://www.weeklystandard.com/article/15381
14 http://miami.cbslocal.com/2016/10/12/trump-ally-roger-stone-admits-back-channel-tie-to-wikileaks/
15 http://www.mediaite.com/online/roger-stone-confirms-rafael-cruz-was-tied-tojfk-in-the-most-roger-stone-way-imaginable/
16 http://www.independent.co.uk/news/media/my-greatest-mistake-boris-johnson-mp-for-henley-and-editor-of-the-spectator-189322.html

17 https://blogs.ec.europa.eu/ECintheUK/category/euromyths/page/45/
18 http://www.telegraph.co.uk/news/uknews/1441470/Europe-my-part-in-itsdownfall.html
19 http://metro.co.uk/2016/07/14/11-things-boris-has-said-that-make-him-the-perfect-foreign-secretary-6005960/
20 Tim Shipman, All Out War, p. 164
21 http://www.standard.co.uk/news/politics/boris-johnsons-article-backing-britains-future-in-the-eu-a3370296.html
22 http://blogs.spectator.co.uk/2016/04/has-boris-finally-realised-why-turkeyshouldnt-join-the-eu/
23 https://yougov.co.uk/news/2016/05/09/eu-referendum-trust-boris-slides/
24 http://www.politico.eu/article/boris-johnson-free-movement-as-a-fundamental-freedom-bollocks-brexit-trump/
25 https://www.politicshome.com/news/europe/eu-policy-agenda/brexit/news/80530/german-foreign-minister-%E2%80%98not-amused%E2%80%99-boris-johnson
26 http://www.bbc.co.uk/news/uk-36798992
27 http://nltimes.nl/2016/11/16/dutch-finance-min-boris-johnson-misleads-britishbrexit
28 https://www.thesun.co.uk/news/2113892/theresa-may-threatens-to-exterminateboris-johnson-in-brutal-public-slap-down/

06 그리고… 당신

1 http://www.people-press.org/2007/08/02/public-blames-media-for-toomuch-celebrity-coverage/
2 https://www.theguardian.com/media/2016/mar/06/new-day-editor-alisonphillps-normal-women
3 https://www.theguardian.com/media/2016/may/04/new-day-newspaper-shuttwo-months-launch-trinity-mirror
4 https://www.theguardian.com/media/2010/nov/15/mailonline-daily-mail-website
5 https://d25d2506sfb94s.cloudfront.net/cumulus_uploads/document/3jom-

lllc6m/YG%20Trackers%20-%20Top%20Issues.pdf

6 이 단락에 나오는 모든 사례는 여론조사 기관 입소스모리가 발표한 〈지각의 위험Perils of Perception〉 연구 보고서를 참고했다: //www.ipsos-mori.com/researchpublications/researcharchive/3188/Perceptions-are-not-reality-the-top-10-we-get-wrong.aspx

7 Jefferson Cowie, The Great Exception: The New Deal and the Limits of AmericanPolitics: http://press.princeton.edu/titles/10583.html

8 https://www.vice.com/en_uk/article/bad-politics-maps-memes-local-elections-2016

9 http://voxpoliticalonline.com/wp-content/uploads/2016/07/160721-This-is-Owen-Smith.jpg

10 https://keithpp.files.wordpress.com/2016/07/owen-smith.jpg?w=450

11 https://pbs.twimg.com/media/CUVdb0tWsAAckCz.jpg

12 http://voxpoliticalonline.com/2015/11/26/g4s-categorically-states-theresa-mays-husband-is-not-an-officer-director-or-shareholder/; https://www.vice.com/en_uk/article/g4s-theresa-mays-husband-shares

13 https://fabiusmaximus.com/2015/05/03/fake-quootes-by-conservatives-83837/

14 http://www.politifact.com/truth-o-meter/article/2016/mar/23/hillary-clintonquotes-Internet-complete/

15 http://us4palin.com/fake-sarah-palin-quotes-hannity-interviews/

16 http://www.snopes.com/trump-back-to-africa/

17 https://www.buzzfeed.com/craigsilverman/fever-swamp-election?utm_term=.isRgEY1N#.ruNJR4b5

18 https://www.buzzfeed.com/johnstanton/pizza-gate-arrest?utm_term=.va4391zN#.leJjebzG

19 http://www.cjr.org/tow_center/memes-trump-articles-on-breitbarts-facebookpage.php

20 http://datascience.columbia.edu/new-study-highlights-power-crowd-transmitnews-twitter

21 https://www.washingtonian.com/2017/01/18/journalists-dont-know-how-tocover-a-president-who-denies-basic-reality-donald-trump-lies/

22 https://www.washingtonpost.com/blogs/plum-line/wp/2016/12/29/memo-to-themedia-stop-giving-trump-the-headlines-he-wants/?utm_

term=.6afbc68427be
23 https://blogs.chapman.edu/wilkinson/2016/10/11/what-arent-they-telling-us/
24 http://www.publicpolicypolling.com/main/2013/04/conspiracy-theory-poll-results-.html
25 https://yougov.co.uk/news/2016/05/27/conspiracies/
26 http://www.slate.com/articles/news_and_politics/politics/2016/12/what_the_hell_is_wrong_with_america_s_establishment_liberals.html
27 http://www.politico.com/magazine/story/2016/11/the-cure-for-fake-news-is-worse-than-the-disease-214477
28 https://twitter.com/brianstelter/status/798182485351952384

| 2부 | 탈진실의 시대, 개소리가 진실을 압도한다

01 트럼프는 어떻게 미국을 장악했는가

1 http://www.forbes.com/sites/rickungar/2012/08/20/the-dirtiest-presidentialcampaign-ever-not-even-close/#769d30b3fea2
2 http://edition.cnn.com/2016/09/23/politics/election-2016-personal-attacks/
3 http://www.salon.com/2015/10/23/obamacare_is_the_worst_thing_since_slavery_and_hitlers_gun_control_caused_the_holocaust_the_bizarro_world_of_iowa_republicans_propelling_ben_carsons_surge/
4 https://www.theguardian.com/world/2015/jul/26/huckabee-iran-nucleardeal-obama-marching-israelis-to-door-of-the-oven
5 http://www.factcheck.org/2015/05/huckabee-repeats-discredited-claims/
6 https://www.washingtonpost.com/news/fact-checker/wp/2015/08/21/trumpsabsurd-claim-the-real-unemployment-rate-is-42-percent/?utm_term=.c773343b5063
7 https://www.washingtonpost.com/news/fact-checker/wp/2016/02/18/

trumpstruly-absurd-claim-he-would-save-300-billion-a-year-on-prescriptiondrugs/?utm_term=.b3443d76c56f
8 https://www.washingtonpost.com/news/fact-checker/wp/2015/11/18/repeat-after-me-obama-is-not-admitting-100000-200000-or-250000-syrian-refugees
9 http://www.taxpolicycenter.org/publications/analysis-donald-trumps-tax-plan/full
10 http://www.pewhispanic.org/2015/11/19/more-mexicans-leaving-than-comingto-the-u-s/
11 http://www.newstalk.com/Trump-claims-border-wall-cost-will-come-way-down
12 http://www.politifact.com/truth-o-meter/statements/2015/nov/22/don-ald-}trump/fact-checking-trumps-claim-thousands-new-jersey-ch/
13 http://www.factcheck.org/2016/08/trumps-revised-911-claim/
14 https://www.theguardian.com/us-news/video/2015/nov/26/don-ald-trumpappears-to-mock-disabled-reporter-video
15 https://www.washingtonpost.com/news/fact-checker/wp/2016/08/02/donald-trumps-revisionist-history-of-mocking-a-disabled-reporter/?utm_term=.670c4a2468d4
16 http://www.huffingtonpost.com/entry/donald-trump-reporter-disability_us_58738c2fe4b043ad97e473f2
17 http://www.ibtimes.co.uk/white-house-adviser-kellyanne-conway-says-president-trump-wont-release-his-tax-returns-1602470
18 https://www.thisamericanlife.org/radio-archives/episode/601/master-of-her-domain-name
19 http://www.politico.com/story/2016/10/2016-presidential-debate-transcript-229519
20 https://www.fbi.gov/news/pressrel/press-releases/statement-by-fbi-directorjames-b-comey-on-the-investigation-of-secretary-hillary-clinton2019s-use-ofa-personal-e-mail-system
21 https://motherboard.vice.com/en_us/article/how-hackers-broke-into-john-podesta-and-colin-powells-gmail-accounts
22 http://www.vox.com/2016/7/27/12297304/donald-trump-russia-hackhillary-clinton-email-dnc
23 https://www.donaldjtrump.com/press-releases/crooked-hillary-ques-

tionof-the-day17
24 https://www.nytimes.com/interactive/2016/10/28/us/politics/fbi-letter.html?_r=0
25 http://www.huffingtonpost.com/entry/edward-snowden-hillary-clintonemails_us_581fe27de4b0aac62485334d
26 http://apps.washingtonpost.com/g/page/politics/washington-post-abc-newstracking-poll-october-25-28/2115/
27 https://www.nytimes.com/2016/10/02/us/politics/donald-trump-taxes.html
28 http://www.slate.com/blogs/the_slatest/2016/10/07/donald_trump_2005_tape_i_grab_women_by_the_pussy.html
29 https://qz.com/804528/the-republican-leaders-who-no-longer-endorse-trump/
30 http://www.pewresearch.org/fact-tank/2016/11/09/why-2016-election-pollsmissed-their-mark/
31 http://www.politico.com/story/2016/10/full-transcript-third-2016-presidentialdebate-230063
32 https://www.theguardian.com/us-news/2016/oct/20/donald-trump-us-electionresult
33 http://www.cbsnews.com/news/googles-top-search-result-for-final-electionnumbers-leads-to-fake-news-site/
34 http://www.npr.org/2016/12/11/505182622/fact-check-trump-claims-a-massivelandslide-victory-but-history-differs
35 https://www.theatlantic.com/politics/archive/2017/01/gregg-phillips-trumpvoter-fraud/515046/
36 http://www.nydailynews.com/news/politics/alex-jones-doubles-completelyfake-sandy-hook-claims-article-1.2878305
37 https://www.youtube.com/watch?v=pDZR-t0Vr7E
38 http://www.cnbc.com/2017/01/30/trumps-voter-fraud-expert-registered-in-3-states.html
39 https://www.nytimes.com/2017/01/27/us/politics/trump-cabinet-family-voter-registration.html
40 https://www.dhs.gov/news/2016/10/07/joint-statement-departmenthomeland-security-and-office-director-national
41 https://www.theguardian.com/us-news/2016/dec/10/cia-concludes-rus-

siainterfered-to-help-trump-win-election-report
42 http://www.nbcnews.com/politics/first-read/trump-has-been-strikingly-consistent-denying-russian-hacking-role-n703866
43 https://today.yougov.com/news/2016/12/27/belief-conspiracies-largely-dependspolitical-iden/
44 http://ew.com/article/2016/12/16/barack-obama-russia-campaign-hack/
45 https://www.buzzfeed.com/craigsilverman/viral-fake-election-news-outperformed-real-news-on-facebook?utm_term=.ouo59aZV#.rtDY-AKw8
46 http://www.snopes.com/mike-pence-allowing-rape-victims-to-have-abortionswill-lead-to-women-trying-to-get-raped/
47 https://www.buzzfeed.com/ishmaeldaro/trump-fake-quote-people-magazine
48 https://twitter.com/duncanrobinson/status/796630733024595968
49 https://www.buzzfeed.com/claudiakoerner/people-noticed-that-crowds-were-alot-smaller-for-trumps-ina?utm_term=.xs70OgwJ#.gq5ln-VDW
50 https://www.theatlantic.com/politics/archive/2017/01/the-pointless-needlesslies-of-the-trump-administration/514061/
51 http://www.independent.co.uk/news/world/americas/donald-trump-us-president-false-claims-inauguration-white-house-sean-spicer-kellyanen-conwaypress-a7541171.html
52 https://www.theatlantic.com/politics/archive/2017/01/inauguration-crowdsize/514058/
53 https://www.whitehouse.gov/the-press-office/2017/01/21/statement-presssecretary-sean-spicer
54 https://twitter.com/revjjackson/status/822566447692005377
55 http://www.npr.org/sections/thetwo-way/2017/01/27/511983884/trump-reportedly-called-national-park-service-over-inauguration-crowd-photos
56 https://www.theatlantic.com/science/archive/2017/01/how-curiosity-bursts-ourpolitical-bubbles/514451/
57 http://www.politico.com/story/2017/01/full-text-trump-pence-remarks-cia-headquarters-233978

58 https://twitter.com/realdonaldtrump/status/819164172781060096
59 https://twitter.com/realDonaldTrump/status/832708293516632065

02 통제권을 되찾기 위한 영국의 결정

1 https://yougov.co.uk/news/2016/06/23/yougov-day-poll/
2 http://uk.businessinsider.com/nigel-farage-remain-will-edge-it-2016-6?r=US&IR=T
3 https://ig.ft.com/sites/brexit-polling/
4 https://www.ipsos-mori.com/researchpublications/researcharchive/3566/EconomistIpsos-MORI-April-2015-Issues-Index.aspx
5 Craig Oliver, Unleashing Demons, p. 42
6 Tim Shipman, All Out War, pp. 55–6
7 http://blogs.ec.europa.eu/ECintheUK/euromyths-a-z-index/
8 http://www.staffordshirenewsletter.co.uk/boris-johnson-visits-hixon-burns-350m-cheque/story-29284015-detail/story.html
9 http://www.itv.com/news/update/2016-04-15/gove-350m-sent-to-brusselsis-better-spent-on-nhs/
10 http://www.telegraph.co.uk/news/2016/04/02/furious-row-over-future-ofthe-nhs-as-health-becomes-latest-eu-b/
11 https://fullfact.org/europe/our-eu-membership-fee-55-million/
12 https://www.statisticsauthority.gov.uk/wp-content/uploads/2016/04/Letterfrom-Sir-Andrew-Dilnot-to-Norman-Lamb-MP-210416.pdf
13 https://www.youtube.com/watch?v=5EdKJfNRqsI
14 https://dominiccummings.wordpress.com/2017/01/09/on-the-referendum-21-branching-histories-of-the-2016-referendum-and-the-frogs-before-thestorm-2/
15 https://www.buzzfeed.com/jamesball/are-eu-telling-porkies?utm_term=.ejy5v-JVD#.knnGAad1
16 https://www.ons.gov.uk/peoplepopulationandcommunity/populationandmigration/internationalmigration/bulletins/migrationstatisticsquarterlyreport/dec2016
17 https://twitter.com/BBCDanielS/status/743207295883055104?ref_src=twsrc%5Etfw

18 http://blogs.spectator.co.uk/2011/02/why-av-will-cost-250-million/
19 https://www.buzzfeed.com/jimwaterson/fake-news-sites-cant-compete-withbritains-partisan-newspape?utm_term=.lfQMQzKw#.hx101DQ6
20 http://www.bbc.co.uk/news/uk-politics-eu-referendum-36534192
21 Chapter 21
22 https://www.ipsos-mori.com/Assets/Docs/Polls/pm-16-june-2016-tables.pdf
23 https://www.buzzfeed.com/jamesball/heres-who-voted-for-brexit-and-whodidnt?utm_term=.kjynxPlN#.pooxGQeY
24 pp. 285-6
25 Philip Cowley and Robert Ford (eds), More Sex, Lies and the Ballot Box, Chapter 28
26 http://www.wired.co.uk/article/developer-rebuilds-wiped-vote-leave-website
27 http://www.independent.co.uk/news/uk/politics/eu-referendum-result-nigelfarage-nhs-pledge-disowns-350-million-pounds-a7099906.html
28 http://edition.cnn.com/2016/12/19/europe/cnn-brexit-poll/
29 https://www.buzzfeed.com/jamesball/3-million-brexit-tweets-reveal-leave-voters-talked-about-imm?utm_term=.itedPGBQ#.fr5OlMzb

| 3부 | 우리는 왜 개소리의 유혹에 넘어가는가

01 유혹에 취약한 인간의 심리 구조

1 Stuart Sutherland, Irrationality, pp. 121-3
2 https://web.archive.org/web/20120324141249/http://psychsystems.net/lab/06_Westen_fmri.pdf
3 Stuart Sutherland, Irrationality, p. 127
4 http://www.dartmouth.edu/~nyhan/nyhan-reifler.pdf
5 https://www.poynter.org/2016/fact-checking-doesnt-backfire-new-study-suggests/436983/

6 https://youarenotsosmart.com/2011/06/10/the-backfire-effect/#more-1218
7 http://www.nhs.uk/Conditions/vaccinations/Pages/mmr-vaccine-when-needed.aspx
8 https://www.statnews.com/2017/01/21/andrew-wakefield-trump-inaugural-ball/
9 http://www.chicagotribune.com/news/opinion/commentary/ct-donald-trumpanti-vaxxer-20170116-story.html
10 http://www.independent.co.uk/life-style/health-and-families/health-news/processed-meat-and-cancer-link-just-two-rashers-of-bacon-per-day-increasesrisk-of-bowel-cancer-says-a6709811.html
11 Michael Blastland and David Spiegelhalter, The Norm Chronicles, p. 37
12 http://dragonsofthinair.com/2014/04/how-many-people-are-afraid-to-fly/
13 https://www.theguardian.com/commentisfree/2014/jul/24/avoid-air-travelmh17-math-risk-guide
14 https://www.theguardian.com/world/2011/sep/05/september-11-road-deaths
15 Margaret Heffernan, Wilful Blindness, p. 163
16 Ibid., pp. 262-3
17 http://www.spectator.co.uk/2015/10/i-invented-virtue-signalling-now-its-taking-over-the-world/
18 http://www.newstatesman.com/helen-lewis/2015/07/echo-chamber-socialmedia-luring-left-cosy-delusion-and-dangerous-insularity
19 집단 양극화에 대한 모든 정보는 하스티Hastie와 선스타인Sunstein이 쓴 뛰어난 연구 보고서를 참고했다: http://review.chicagobooth.edu/magazine/spring-2015/one-reason-groups-fail-polarization
20 http://psychclassics.yorku.ca/Sherif/chap4.htm
21 http://psychclassics.yorku.ca/Sherif/chap5.htm
22 https://www.demos.co.uk/files/Truth_-_web.pdf
23 https://www.publications.parliament.uk/pa/cm201617/cmselect/cmhaff/135/135.pdf
24 https://www.bloomberg.com/news/articles/2016-08-24/google-twitter-facebook-failing-on-extremism-u-k-panel-says
25 https://www.demos.co.uk/blog/theres-no-silver-bullet-to-prevent-radi-

calisation/

26 대니얼 카너먼이 쓴 책 『생각에 관한 생각』 19쪽을 참고했다.

27 자아 고갈에 대한 더 폭넓은 논의는 『생각에 관한 생각』 41~43쪽을 참고하라.

02 개소리가 돈이 되는 이유

1 http://www.journalism.org/2016/06/15/newspapers-fact-sheet/

2 http://www.comscore.com/Insights/Press-Releases/2010/6/The-New-York-Times-Ranks-as-Top-Online-Newspaper-According-to-May-2010-U.S.-com-Score-Media-Metrix-Data?cs_edgescape_cc=GB

3 https://www.theguardian.com/technology/2016/nov/02/mobile-web-browsingdesktop-smartphones-tablets

4 http://www.economist.com/news/international/21565931-doom-beckons-online-ads-clicked

5 http://www.cnbc.com/2016/05/31/ad-blockers-posing-serious-threat-as-1-in-5-smartphone-users-using-tech-study.html

6 https://reutersinstitute.politics.ox.ac.uk/sites/default/files/Digital-News-Report-2016.pdf

7 https://www.theguardian.com/lifeandstyle/2017/feb/22/why-a-viral-videoof-a-cyclists-revenge-on-catcallers-may-not-be-all-it-seems

8 http://www.bbc.co.uk/news/uk-39051213

9 http://www.standard.co.uk/news/london/revealed-the-truth-behind-cheatersspray-painted-range-rover-left-outside-harrods-a3248406.html

10 http://www.huffingtonpost.com.au/2016/07/11/your-favourite-viralvideo-was-probably-faked-by-the-woolshed-co/

11 http://www.badscience.net/2009/01/part-432-in-which-i-get-a-bit-overinterested-and-look-up-waaay-too-many-references/

12 http://www.badscience.net/2011/01/tell-me-now-how-do-i-feel/

13 https://www.buzzfeed.com/josephbernstein/youtube-has-become-the-content-engine-of-the-internets-dark

14 https://www.cnet.com/uk/news/larry-page-google-probably-needs-a-new-mission-statement/

15 https://www.splcenter.org/fighting-hate/extremist-files/individual/alex-jones

16 http://www.independent.co.uk/news/world/americas/donald-trump-alex-jones-callsphone-advice-infowars-conspiracy-theorist-far-right-sandy-hook-a7595136.html

17 http://www.infowars.com/watch-alex-jones-show/

18 https://www.infowarsstore.com/super-male-vitality.html

19 https://www.infowarsstore.com/survival-shield-x-2-nascent-iodine.html?ims=ybieu&utm_campaign=Survival+Shield+X-2+&utm_source=Infowars+Widget&utm_medium=Infowars.com

20 https://www.infowarsstore.com/infowars-life-select-3-month.html

21 http://www.infowars.com/watch-alex-jones-show/ – 23 February 2017

22 두 가지 사례 모두 2017년 2월 18일에 캡쳐했다.

23 http://onlinewealthnews.com/uk2/quantum.php?city=Sheepland&-did=202335&cid=29783&adid=1778947&sxid=r1607m9142dy

24 https://www.thebureauinvestigates.com/projects/binary-options

25 〈애드스파이더AdSpider.io〉에 따르면, 본문에서 예로 든 "영국에서 일하지 않고 매일 387파운드씩 버는 법"이라는 기사 제목은 최소 277개의 뉴스 사이트에서 볼 수 있다고 한다: https://adspider.io/details/ads/7620013/how-to-get-paid-387-every-day-without-a-job-in-the-uk

26 http://www.iflmylife.com/health/weight-transformations/72/

27 https://www.washingtonpost.com/politics/2016/live-updates/general-election/real-time-updates-on-the-2016-election-voting-and-race-results/clinteastwood-trump-trump-trump/?utm_term=.7f38f3860976

28 http://www.niemanlab.org/2016/09/recommended-content-widgets-still-havemajor-disclosure-and-clickbait-problems-says-a-new-report/?relatedstory

29 http://www.niemanlab.org/2016/10/slate-and-the-new-yorker-dump-outbrainand-taboola-links-but-way-more-publishers-still-use-them/

30 http://fortune.com/2016/11/01/outbrain-taboola/

31 https://adexchanger.com/ad-exchange-news/facebook-instant-articlesa-trojan-horse-for-audience-network/

32 http://www.theverge.com/2016/12/6/13850230/fake-news-sites-google-search-facebook-instant-articles

33 https://www.buzzfeed.com/krishrach/stolen-disability-photos-catfish-facebook

34 https://twitter.com/pashulman/status/834577016464760832

35 https://www.theguardian.com/media/greens lade/2016/sep/22/publishers-government-google-facebook-newspaper
36 https://www.theguardian.com/media/2016/dec/15/google-facebook-ukonline-ad-revenue
37 https://www.digitalnewsinitiative.com/
38 https://media.fb.com/2017/01/11/facebook-journalism-project/

03 넘쳐나는 개소리를 막지 못하는 이유

1 http://www.bbc.co.uk/news/uk-26465916
2 https://www.nytimes.com/2017/02/02/business/media/new-york-times-q4-earnings.html
3 https://uploads.guim.co.uk/2016/07/27/GMG_Group_&_Company_Accounts_2016.pdf
4 http://digiday.com/uk/guardian-draws-200000-paying-members/
5 https://gigaom.com/2012/08/22/no-metered-content-walls-wont-save-journalism/
6 https://www.theguardian.com/world/2004/may/27/media.iraq
7 http://www.newstatesman.com/broadcast/2013/08/hard-evidence-how-biased-bbc
8 http://pressthink.org/2013/11/old-testament-and-new-testament-journalism/
9 Carol Weiss and Eleanor Singer, Reporting of Social Science in the National Media,pp. 61 – 2
10 https://www.ofcom.org.uk/__data/assets/pdf_file/0024/49308/Ofcom-broadcast-code-May-2016.pdf
11 http://fortune.com/2017/02/25/trump-anonymous-media-sources/
12 https://twitter.com/jamesrbuk/status/835150515843526656
13 https://www.ft.com/content/a462ee8c-2a7f-11e1-8f04-00144feabdc0
14 http://www.who.int/mediacentre/factsheets/fs266/en/
15 https://climate.nasa.gov/scientific-consensus/
16 https://www.publications.parliament.uk/pa/cm201314/cmselect/cmsctech/254/254.pdf
17 Ibid.

18 https://www.washingtonpost.com/graphics/politics/trump-claims/
19 2017년 2월 24일에 백악관출입기자단WHCA이 발표한 성명: http://www.whca.net/
20 https://medium.com/ashadornfest/this-is-what-happens-when-we-stop-paying-for-quality-journalism-9be9c8d49dea#.d39m7i5ot
21 https://twitter.com/brianstelter/status/797800015569698816
22 https://www.washingtonpost.com/lifestyle/style/a-hellscape-of-lies-and-distorted-reality-awaits-journalists-covering-president-trump/2017/01/15/3656a17ed90f-11e6-b8b2-cb5164beba6b_story.html
23 http://www.huffingtonpost.com/alexey-kovalev/a-message-to-my-doomed-colleagues-in_b_14138842.html?1484264929

|4부| 진실을 수호하는 가장 현명한 대처법

01 팩트체크를 넘어서

1 2020년 현재 자세한 수치는 여기를 참고하라: http://www.politifact.com/personalities/donald-trump/
2 http://www.politifact.com/personalities/donald-trump/statements/byruling/pants-fire/
3 https://www.washingtonpost.com/graphics/politics/2016-election/fact-checker/
4 http://money.cnn.com/2016/10/17/technology/donald-trump-deception/
5 https://www.theguardian.com/us-news/2016/nov/09/white-voters-victorydonald-trump-exit-polls
6 https://docs.google.com/spreadsheets/d/1sTkRkHLvZp9XlJOynYMXG-slKY9fuB_e-2mrxqgLwvZY/edit#gid=652144590
7 https://app.buzzsumo.com/research/most-shared?type=articles&result_type=total&num_days=365&general_article&infographic&video&guest_post&giveaway&interview&q=www.washingtonpost.com%2Fnews%2F-

fact-checker%2F&page=1
8 https://app.buzzsumo.com/research/most-shared?type=articles&result_type=-total&num_days=365&general_article&infographic&video&guest_post&giveaway&interview&q=politifact.com&page=1
9 https://www.theguardian.com/uk/2011/dec/07/twitter-riots-how-news-spread
10 https://www.theguardian.com/uk/2011/dec/07/how-twitter-spreadrumours-riots
11 http://www.dailymail.co.uk/news/article-2023254/Tottenham-riot-Mark-Duggan-shooting-sparked-police-beating-girl.html
12 http://towcenter.org/wp-content/uploads/2015/02/LiesDamnLies_Silverman_TowCenter.pdf, pp. 40–41
13 http://towcenter.org/wp-content/uploads/2015/02/LiesDamnLies_Silverman_TowCenter.pdf, pp. 43–5
14 저자와 진행한 인터뷰
15 https://www.americanpressinstitute.org/publications/reports/survey-research/fact-checking-journalism-changing-politics/
16 https://www.theguardian.com/media/2017/jan/12/bbc-sets-up-teamto-debunk-fake-news
17 https://newsroom.fb.com/news/2016/12/news-feed-fyi-addressing-hoaxesand-fake-news/
18 저자와 진행한 인터뷰
19 http://www.dailymail.co.uk/news/article-4042194/Facebook-fact-checker-arbitrate-fake-news-accused-defrauding-website-pay-prostitutes-staff-includes-escortporn-star-Vice-Vixen-domme.html#ixzz4Zoq2jJnA
20 http://labs.thebureauinvestigates.com/binary-options-real-risks-investigation/
21 https://www.theguardian.com/media/2017/jan/19/in-the-post-truth-eraswedens-far-right-fake-fact-checker-was-inevitable
22 http://www.thelocal.se/20170122/facebook-deleted-swedish-fake-fact-checker-page
23 http://www.snopes.com/2016/11/17/we-have-a-bad-news-problem-not-a-fakenews-problem/
24 https://firstdraftnews.com/fake-news-complicated/
25 https://fullfact.org/automated

26 https://www.statslife.org.uk/features/3202-event-report-post-truth-what-is-itand-what-can-we-do-about-it
27 http://fortune.com/2016/11/07/trump-media-broken/
28 https://www.nytimes.com/2016/03/16/upshot/measuring-donald-trumps-mammoth-advantage-in-free-media.html?_r=0
29 https://twitter.com/cshirky/status/756569741020377088
30 벨람은 후세인 케스바니Hussein Kesvani가 쓴 문장 중 첫 구절을 (동의하는 뜻에서) 인용했다: https://www.theguardian.com/commentisfree/2017/feb/07/fact-checking-farright-media-truth-donald-trump-terrorist

02 개소리에 맞서는 가장 현명한 방법

이 장에서 논의한 내용 중 상당수는 다른 장에서 이미 다뤘다. 따라서 겹치는 자료는 넣지 않았다. 아래에는 이 장에서 처음 언급한 몇 가지 핵심사항만 실었다.

1 http://www.spectator.co.uk/2017/02/lanti-trump-can-emmanuel-macron-liveup-to-his-hype/
2 http://gizmodo.com/washington-post-throws-snowden-under-the-bus-1786775622
3 http://www.adweek.com/digital/buzzfeed-is-exposing-readers-to-opposing-viewpoints-with-outside-your-bubble-initiative/
4 http://www.bbc.co.uk/news/world-us-canada-38890090
5 http://www.cjr.org/tow_center/mark-zuckerberg-facebook-fix-journalism.php
6 저자와 진행한 인터뷰
7 복지비 부정 수급액은 전체 복지비의 0.8%로, 부당청구 복지비가 15%에 달한다는 일반적인 추정치보다 현저히 낮다: https://www.gov.uk/government/uploads/system/uploads/attachment_data/file/473968/fraud-and-error-stats-release-fy-2014-15.pdf

| 나가며 | 현실은 음모론보다 복잡하다

1 https://www.mediasupport.org/blogpost/weaponisation-information/
2 http://www.ndc.nato.int/download/downloads.php?icode=506
3 프리츠 비데만과 오토 디트리히의 증언은 다큐멘터리 〈나치스: 역사의 경고The Nazis: A Warning from History〉 에피소드 2를 참고했다.
4 http://www.cjr.org/opinion/trump-chavez-media.php
5 https://www.buzzfeed.com/mbvd/trump-claims-obama-is-behind-protestsagainst-him-and-white?utm_term=.jjpmNb7v#.vgLdkmQJ
6 http://www.publicpolicypolling.com/pdf/2017/PPP_Release_National_22417.pdf
7 메이는 코빈이 대안적 사실을 말한다고 비난했다: http://www.independent.co.uk/news/uk/politics/theresamay-jeremy-corbyn-alternative-facts-pmqs-leaked-texts-tory-council-leadera7568811.html – and Corbyn on May: http://www.independent.co.uk/news/uk/politics/jeremy-corbyn-theresa-may-alternative-facts-iraq-war-us-speech-visitdonald-trump-voting-for-a7549051.html
8 http://blogs.spectator.co.uk/2017/02/john-majors-brexit-speech-full-transcript/
9 https://medium.com/DFRLab/portrait-of-a-botnet-12fa9d5d6b3#.uuztlrs1p
10 https://www.nytimes.com/2017/02/14/us/politics/russia-intelligence-communications-trump.html
11 https://www.buzzfeed.com/albertonardelli/german-spies-are-alarmedover-threat-to-election-from-fake-n
12 http://www.globalresearch.ca/money-and-intervention-in-venezuela-wikileaks-us-embassy-requests-funding-for-anti-chavez-groups/25444

아래는 이 책에 대한 자료조사를 하면서 참고한 책을 중심으로 선정했다. 본문에서 언급하지는 않았지만 배경지식을 쌓는 데 유익한 책, 본문에서 다룬 주제와 관련해 더 읽으면 좋은 책도 넣었다. 이는 포괄적인 목록이 아니므로 스치듯이 언급한 책이나 논문은 뺐다. 빠진 자료들은 전체 참고자료 목록에 들어있다.

대니얼 부어스틴, 정태철 옮김, 『이미지와 환상』, 사계절, 2004.
대니얼 카너먼, 이진원 옮김, 『생각에 관한 생각』, 김영사, 2012.
대럴 허프, 박영훈 옮김, 『새빨간 거짓말, 통계』, 더불어책, 2004.
스튜어트 서덜랜드, 이세진 옮김, 『비합리성의 심리학』, 교양인, 2014.
해리 G. 프랭크퍼트, 이윤 옮김, 『개소리에 대하여』, 필로소픽, 2016.

Blastland, Michael, and D. J. Spiegelhalter, *The Norm Chronicles: Stories and Numbers about Risk*, London: Profile Books, 2014.

Cowley, Philip, and Robert Ford, *More Sex, Lies & the Ballot Box: Another 50 things you need to know about elections*, London: Biteback Publishing, 2016.

Davies, Nick, *Flat Earth News: An award-winning reporter exposes falsehood, distortion and propaganda in the global media*, London: Vintage, 2009.

Heffernan, Margaret, *Wilful Blindness: Why we ignore the obvious at our peril*, London: Simon & Schuster, 2012.

Hutton, Robert, *Would They Lie to You?: How to Spin Friends and Manipulate People*, London: Elliott and Thompson, 2014.

Oborne, Peter, *The Rise of Political Lying*, London: Free Press, 2005.

Oliver, Craig, *Unleashing Demons: The Inside Story of Brexit*, London: Hodder & Stoughton, 2016.

Shipman, Tim, *All Out War: The Full Story of How Brexit Sank Britain's Political Class*, London: William Collins, 2016.

Sutherland, N. S. *Irrationality: The enemy within*, London: Pinter & Martin, 2013.

Thompson, Damian, *Counterknowledge: How We Surrendered to Conspiracy Theories, Quack Medicine, Bogus Science and Fake History*, London: Atlantic, 2008.

Walker, Jesse, *The United States of Paranoia: A Conspiracy Theory*, New York: Harper Perennial, 2014.

Wheen, Francis, *How Mumbo-Jumbo Conquered the World: A Short History of Modern Delusions*, London: Harper Perennial, 2004.

옮긴이 김선영
이화여대 신문방송학과를 졸업하고 서울대 대학원에서 경제학을 공부했다. 현재 바른번역에서 전문 번역가로 활동 중이다. 옮긴 책으로는 『스트레스에 강한 아이의 비밀』, 『글로벌 고령화 위기인가 기회인가』, 『금융의 지배』, 『근시사회』, 『엑소더스』, 『연금술사들』, 『공부와 열정』, 『과일 사냥꾼』, 『식량의 종말』, 『우리가 먹고 사랑하고 혐오하는 동물들』 등 다수가 있다.

진실보다 강한 탈진실의 힘

개소리는 어떻게 세상을 정복했는가

초판 1쇄 발행 2020년 11월 11일
초판 6쇄 발행 2024년 4월 9일

지은이 제임스 볼
옮긴이 김선영
감수자 이가혁
펴낸이 김선식

부사장 김은영
콘텐츠사업본부장 박현미
콘텐츠사업4팀장 임소연 **콘텐츠사업4팀** 황정민, 박윤아, 옥다애, 백지윤
마케팅본부장 권장규 **마케팅1팀** 최혜령, 오서영, 문서희 **채널1팀** 박태준
미디어홍보본부장 정명찬 **브랜드관리팀** 안지혜, 오수미, 김은지, 이소영
뉴미디어팀 김민정, 이지은, 홍수경, 서가을, 문윤정, 이예주
크리에이티브팀 임유나, 박지수, 변승주, 김화정, 장세진, 박장미, 박주현
지식교양팀 이수인, 염아라, 석찬미, 김혜원, 백지은
편집관리팀 조세현, 김호주, 백설희 **저작권팀** 한승빈, 이슬, 윤제희
재무관리팀 하미선, 윤이경, 김재경, 이보람, 임혜정
인사총무팀 강미숙, 지석배, 김혜진, 황종원
제작관리팀 이소현, 김소영, 김진경, 최완규, 이지우, 박예찬
물류관리팀 김형기, 김선민, 주정훈, 김선진, 한유현, 전태연, 양문현, 이민운

펴낸곳 다산북스 **출판등록** 2005년 12월 23일 제313-2005-00277호
주소 경기도 파주시 회동길 490 다산북스 파주사옥 3층
전화 02-702-1724 **팩스** 02-703-2219 **이메일** dasanbooks@dasanbooks.com
홈페이지 www.dasanbooks.com **블로그** blog.naver.com/dasan_books
종이 아이피피 **출력** 민언프린텍 **코팅 및 후가공** 제이오엘앤피 **제본** 다온바인텍

ISBN 979-11-306-3247-6(03300)

• 이 도서의 국립중앙도서관 출판예정도서목록(CIP)은 서지정보유통지원시스템 홈페이지(http://seoji.nl.go.kr)와 국가자료공동목록시스템(http://www.nl.go.kr/kolisnet)에서 이용하실 수 있습니다. (CIP 제어번호: CIP2020046708)